Christian Gruber

Theatralität der Zauberkunst

Ein Essay zur Praxis und Theorie der Zauberkunst

Diplomica Verlag GmbH

Gruber, Christian: Theatralität der Zauberkunst. Ein Essay zur Praxis und Theorie der Zauberkunst, Hamburg, Diplomica Verlag GmbH, 2. aktualisierte Auflage 2018

Buch-ISBN: 978-3-96146-526-2
PDF-eBook-ISBN: 978-3-96146-026-7
Druck/Herstellung: Diplomica Verlag GmbH, Hamburg, 2018
Covermotive: © Christian Gruber; © hennyvanroomen – fotolia.com

Bibliografische Information der Deutschen Nationalbibliothek:
Die Deutsche Nationalbibliothek verzeichnet diese Publikation in der Deutschen
Nationalbibliografie; detaillierte bibliografische Daten sind im Internet über
http://dnb.d-nb.de abrufbar.

© Diplomica Verlag GmbH
Hermannstal 119k, 22119 Hamburg
http://www.diplomica-verlag.de, Hamburg 2018
Printed in Germany

Inhaltsverzeichnis

Vorwort

Im Folgenden liegt nun ein Text vor, der versucht die Theatralität der Zauberkunst theoretisch und praktisch zu bearbeiten. Der Titel des Textes könnte auch heißen „Strike a pose" laut Madonna, oder „die Pose ist gefragt", was aber nicht in Dilettantismus ausarten soll, da es eine Kunst bleiben soll. Magier sein und zaubern, kann das jeder? Die Frage ist berechtigt. Oder auch, sollte es jeder dürfen? Die Antwort ist generell ja. Jeder kann sich einen Zaubertrick in einem Fachgeschäft kaufen und dann besitzen und sich aneignen. Je nach Kunststück wird er oder sie einen Trick lernen, der vielleicht eine Routine beinhaltet, die den Trick zum Kunststück machen kann oder auch nicht. Nur durch Übung wird man sich eine gewisse Fertigkeit aneignen können, um den Trick so zu beherrschen, um daraus ein Kunststück zu machen und theatral, so wie ich es hier versuche zu definieren, zu sein.

Also prinzipiell, Ja, jeder kann sich einen Zaubertrick kaufen, ob dann daraus ein Kunststück entsteht ist meist unwahrscheinlich, selten der Fall. Das Wissen um die Kunst, mit allen Geheimnissen und Erfahrungswerten der Vorführung, fehlt. Ich sehe aber gerade in den weniger erhabenen Gesellschaftsschichten ein Potential, das den Elitären meist fehlt: Natürlichkeit, Sympathie und allgemeingültiger Individualismus.

Diese Eigenschaften gehen meist bei Könnern verloren, da sie sich allzu sehr von der Allgemeinheit, die sich auszeichnet durch eine unverfängliche Naivität und Natürlichkeit, entfremdet haben und sich meist auch noch allzu erhaben in eine Philosophie von Besitz und Errungenschaften zurückziehen. Das ist, zugegeben, ein wichtiges Element der Zauberkunst: Besitz oder das Erringen von Erfindungen im weitesten Sinne. Es ist mit dem 19. Jahrhundert in Wien und dem Magier Ludwig Döbler, so wie in meiner Diplomarbeit von 2004 festgehalten, belegt. Die Erfindung des Phantaskopes vor allem ist hier zu nennen, welches auf die Verwandtschaft zur Unterhaltungsgattung des Filmes im Kino verweist. Die bringt mich aber zurück zum Umfeld in dem die theatrale Zauberkunst gesetzt ist, nämlich dem Vaudeville und dem Music Hall oder in Wien dem Theater an der Josefstadt und dem Prater. Und genau in diesem Umfeld haben wir ein gemischtes, gesellschaftliches Umfeld und die universale Wirkung der Zauberkunst beweist sich hier am besten mit all ihren verschiedenen Ausformungen und Variationen.

Aus diesem bodenständigen Umfeld, das mitunter derbe Unterhaltung hatte, die auch Bildung und familienfreundliche Atmosphäre, vor allem dann im 20. Jahrhundert, haben sollte und entwickelt hatte, bildete sich die moderne theatrale Zauberkunst. Sie hat ein Ziel: zu unterhalten.

Chris Croydon ;-)
Wien, im Februar 2017

1) Prämisse

Ein Beleg für das „Alter" der Zauberkunst ist der *Westcar Papyrus*, woraus man schließt, dass die Zauberkunst 2900 vor Christi Geburt schon existiert hat. Ich gehe aber davon aus, dass es die Zauberkunst in ihrer ursprünglichen Form schon immer gegeben hat, da es dem Menschen in seiner Natur liegt zu zaubern. Beziehungsweise, dass mit dem Denken und der Sprache, der Menschwerdung, das Zaubern beginnt. Das Imitieren und Nachahmen nach Aristoteles *Poetik*[1] und Johan Huizingas Hypothese des *Homo Ludens* sollen hierfür als Ausgangspunkt dienen.[2] Das heißt, dass der *Homo Sapiens*, der Denker, und der *Homo Faber*, der Macher, eins werden im *Homo Ludens*, dem Spieler, der zum Spielen denken und handeln muss, und das mit List und Lust am Spiel, mit allen Fehlern und Fehltritten, die eine Kreativität und unendliche Kombination von Ideen beinhaltet und Regel aufstellen lässt, mit allen Regeln und Regelbrüchen, mit seiner ureigensten Kombination aus Geist und Körper, der menschlichen Natur, wobei die Sprache als Spiegel der menschlichen Natur gesehen wird.[3] Das Fabulieren und Rationalisieren[4] sind dabei wesentliche menschliche Verhaltenseigenschaften, welche die Täuschung, wie auch die Selbsttäuschung, beinhalten. Dies spricht für die epische Sicht der theatralen Zauberkunst, weil das Fabulieren bei der Selbsttäuschung und auch das Täuschung der anderen Mitmenschen, bewusst und unbewusst, verbal und nonverbal, unausweichlich ist. Die Theatralität der Täuschungskunst liegt, so der Grundsatz dieses Essays, in der strukturellen, menschlichen Abweichung zum Besonderem, Anderem, durch die individuelle Interpretation und Erkenntnis aus der Realitätswahrnehmungsübermittlung; diese Inhalte, sie sind sonderbar, fremd und bekannt zugleich, sie sind originell und singular, der Struktur nach aber universell, sie sind verwurzelt im Menschen selbst und in der Mensch-Natur-Ausseinandersetzung mit anderen Menschen, dass heißt, sie sind zwischenmenschlich und an dem zeitlichen Ablauf des Seins im Momentanen gebunden – einmalig, – damit: weder aufzeichenbar, im authentischen dokumentierbarem Sinne, noch wiederholbar oder wiederherstellbar. Sie bleiben als Moment des Erlebens und der Begegnung dem Gedächtnis als paradoxes Erinnerungsbild der Empfindung zurück und driften in ihrer Fassbarkeit in die Vergänglichkeit des Vergessens. Dem Theatralen wird, durch diesen Zugang dieser Sichtweise, ein Balanceakt zwischen der kreativer Individualität der Andersartigkeit in der Performance der Agierenden im zwischenmenschlichen Geschehen des Begegnungsraumes, und aber auch deren-Zeit-gleich, die zwischenmenschliche, strukturgebundene, der Sinne freundliche und verträgliche, allgemein gültige Formkorrektheit abverlangt. Der Balanceakt ist ein Grenzgang zwischen den Wahrnehmungsabläufen vom gemeinsamen Miterleben, Auseinandersetzen, Begreifen, und Wundern, Staunen einerseits, und andererseits aber auch der Irritationen, der Paradoxien im dezidiert-geformten Rhythmus des Empfindbaren der Sinne mächtigen Wahrnehmungsverträglichkeit der fundamentalen, universellen Sinneswahrnehmungen des Menschen. Es bedarf im theatralen Zauberkunsterlebnis immer des Körpers und der Darstellung von Personnagen und Effekten der Täuschungskunst im rhythmisch strukturierten Zeitablauf der Geschehnisse, welche mit dem Publikum gemeinsam erlebt werden. Die Theatralität der Zauberkunst bedarf des Mittels der Täuschung, welches sich mit der Andeutung, dem konkreten Kontrastierens, der Ähnlichkeiten und Differenzenschärfung, der Betonungen und der Überbetonungen, der Kontrolle jener Kontraste, Gleichheiten und Ähnlichkeiten, Widersprüche und

1 Chesney-Lawrence, Luis: *Towards a Theatrical Attitude in Man The Feeling of Theatricality.* CreateSpace Independent Publishing Platform (February 21) 2012. S. 1.

2 Huizinga, Johan: *Homo Ludens: Vom Ursprung der Kultur im Spiel.* [Übs. H. Nachod; 22. Aufl.] Rororo. 2011.

3 Chomsky, Noam: *On Nature and Language.* Belletti, Adriana und Luigi Rizzi, eds., Cambridge University Press: Cambridge. 2002., S. 1. und Pinker, Steven: *The Stuff of Thought: Language as a Window into Human Nature.* Penguin: London. 2008.

4 Ariely, Dan: *The (Honest) Truth about Dishonesty: How We Lie to Everyone—Especially Ourselves.* Harper: New York. 2012.

Klärungen, Pausen und Sinnintensivierungen, in dem Gedanken- und Wahrnehmungserlebnis im zwischenmenschlichen Kontakt des Geschehens, diesem Essay sodann als Performanz der Theatralität der Zauberkunst beschrieben wird.

Dazu dient die historische Betrachtung des Theaters selbst, wie sie auch von Rudolf Münz mit dem Hervorheben des italienischen Begriffs der Übertreibung, beziehungsweise, der Betonung (*ostentazione*), welche in der Schau (*théa*) unverzichtbar ist.[5] Die Täuschung der theatralen Zauberkunst wird über die *ostentazione*, die elegante Übertreibung und durch Andeutungen, durch ein *Tun als ob*, ein Schauspielen, hervorgerufen, es ist jenes welches die Theatralität der effektvolle Darstellungen ist, jene geregelte, kreative Theatralitätsleistung, welche auch wesentlich für andere darstellende Künste ist. Der Semiotiker Umberto Eco hat den Begriff „ostention" gebraucht, welcher im Englischen vom Antropologen Yann-Pierre Montelle[6] auch in der Betrachtung des Theatralen des Menschen im kuturwissenschaftlichen Zusammenhang der Kommunikation verwendet wird. Ostention beinhaltet, laut Ecos Verwendung des Begriffs als semiotisches Zeichen, die Geste, jener Gesten die alle Menschen nur nützen können sondern auch kennen, wie zum Beispiel, ein „Psst", oder „Sei ruhig", „Schweige Bitte!", welches sich mit der Geste des ausgestreckten Zeigefingers auf den geschnabelten Lippen des Mundes als signifikante Geste beschreiben lässt. Mit dem allgemein bekannten, kultubedingten, aber weitverbreiteten, Zweck das zu zeigen, was nicht ausgesprochen wird oder werden soll, und in einem gewissen Sprachraum universelle Gültigkeit hat, um damit non-verbal verstanden zu werden und somit zugleich der Aussage „nicht zu sprechen" oder „leiser zu sein," selbst nichts verbal äußert, sondern nur *zeigt*, oder eben *andeutet*, sprich, *theatral* wird. Das Motorische des Mundwerkes, sozusagen, wird in den Wahrnehmungsbereich des Viseullen verschoben, oder *verfremdet*, es ist ein Mediensprung, eine Sonderbarkeit, welche hier vor allem mit ein stimmlosen, nicht vibrieren der Stimmbänder, wie bei sch oder ss, oder szLauten es der Fall zu seien scheint (kann stimmhaft sein), in jedem Fall ein Frikative wird bei dieser geste oft gebraucht und dabei artikuliert. Bei solcher Gesten bedarf es keiner verbalen Worte, oder gar Sätze, die gesprochen und klar vernehmlich sein müssen, ausgesprochen werden müssen, viel mehr werden bei solchen Gesten das Gesicht in Kombination mit den Händen als mimischesmannuelles Zeigen verwendet, um den zu kommunizieeenden Inhalt, die Sematik, welches hier zur Semitik wird, durch die kulturelle Funktionsweise dieser und solcher Gesten bedingt, zu zeigen was nicht gesagt werden will, zu zeigen, was getan werden soll, diese, und solcherlei Gesten, sind solgleich auch ein non-verbaler Imperative, wenn es als solches Verwendung findet. Das Wesentlich, im theatralen Kontext für die Zauberkunst, ist dabei, dass der Inhalt über die Geste ausgedrückt wird, gezeigt wird, dass das zu *sehen* ist und die *Hände*, oder eine Hand dabei verwendet wird.

Zum Begriff der Übertreibung mit das Adjektiv *ostentativ* im deutschen Sprachgebrauch und deren Etymologie,[7] sei noch die Verwandschaft und der sprachgeschichtliche Zusammenhang mit dem festgehalten, dass jenes Wort ein Lehnwort aus dem Lateinischen ist, welches auf folgende semantische Inhalte verweist, welcher der Theatersinne des Schauens und des visuellen Wahrnehmens sind, nähmlich: „zur Schau stellen, betonen, herausfordern". Es stammt vom Substantiv: *Ostentation*: „Schaustellung, Prahlerei", welches wieder vom Lateinischen *ostentio* entlehnt ist; und dass nicht gebräuchliche Verb, welches sich aus dem Lateinischen *ostentare* mit der Bedeutung: „entgegenhalten, darbieten; prahlen, zeigen" und dem Lateinischen *ostendre*: „entgegenstrecken, zeigen" mit „bemühen, betonen und veranschaulichen" begrenzen lässt. Diese Wortverwandtschaften belegen, dass das *zur Schaustellen* als Hauptbedeutung zählt. Weiters hat es zudem Verwandtschaft zu „tendieren". Im Lateinischen findet man auch Begriffe wie: Anzeichen,

5   Münz, Rudolf: *Theatralität und Theater: Zur Historiographie von Theatralitätsgefügen.* Berlin. 1998, S. 203.
6   Montelle, Yann-Pierre: *Palaeperformance: The Emergence of Theatricality as Social Practice.* Seagull Books: India. 2007. S. 7.
7   Drosdowski, Günther: *Duden Das Herkunftswörterbuch Etymologie der deutschen Sprache.* Meyers Lexikonverlag: Mannheim/Wein/Zürich. 1989. sub voc: „ostentativ".

Wunder (*ostentum*) und Zeichen, Schaustellung und „Spiegelfechterei" (*ostentus*); Zeigen, Offenbaren, Prahlerei, Prunken und Schein unter „ostentatio"; diese lateinischen Angaben sind im Kleinen Stowasser von 1987 zu finden.[8] Eine wiederholbare und geregelte Abfolge von Gesten und Bewegungen, sprich Choreographie der Hände und des Körpers ergeben in der Zauberkunst die Theatralität; im Besonderen, in gewissen Routinen und Kunststücken der handwerklichen Fertigkeiten jener Zauberkünste.

Aber vorerst noch einmal zurück zu dem Aspekt der Betonung, im Sinne des Übertreibens als theatrales Darstellungsmittel in den Künsten des Theaters und in den historisch evidenten Performativen der Moderne. Diese Übertreibungsarten, die Schechner hieraus beschreibt, sind *verfremdender* Art und Weise. Sie lassen eine verfremdende Wirkung und Wahrnehmung durch ihre Betonung und Sonderbarkeit, ihrer Andersartigkeit, durch ihre kreativen Gestaltung mit der gesamtheitlichen Nutzung des menschlichen Körpers verstehen, und durch die Möglichkeiten auf mehreren Ebenen sich auszudrücken zu können, auch wenn es nur die der auffälligen, ungewöhnlichen Platzierungen, oder nur der Wiederholungen, auch partiellen Umreihungen in der Reihungen, der vereinzelten Verschiebungen auf andere Ebenen, sich hier bezieht, man könnte den Bogen weiter spannen und damit die betonenden Mittel der Darstellungen im Theater auch auf die Medien beziehen. Dies sogar buchstäblich, mit allen Kanälen der Kommunikation. Zum Beispiel, eine unerwartete Stimme aus dem Off, mit einem Lautsprecher, ohne den Sprecher zu sehen, oder, mit einem Erzähler der unerwartet auftritt und das Spiel damit unterbricht, dann reüsiert, fasstzusammen, etc.; oder, mit einem Leitmotif, der Symbolik oder der Musik, welches sich wiederholt oder wird variierend sich andeutend wiederfindet, kontraphrasierend, oder harmonisch betonened, etc.; so und in vielen anderen kreativen Kombinationesmöglcihkeiten lässt sich diese Bandbreite, die ich von Schechner nur in kürze hier erwähne, verstehen:

> Ethologische und neurologische Annäherungen [wie jene der 'Cambridge Gruppe'] haben sich als
> überaus wesentlich [für performative Studien] erwiesen, denn der Ritus hat eine weitere
> Bandbreite als die Cambridge Gruppe annimmt. Die ethologische Perspektive bietet das
> Einbeziehen von Verhaltensweisen der [Versetzungen] Dislokationen, der Übertreibungen, der
> Wiederholgungen und der Transformationen [Wandelbarkeit], welche [durch ihre damit
> charakteristischen Auffälligkeiten] damit im [wahrgenommenen dargestellten] Verhalten, mit
> oder ohne semantischer Symbolik, sich als ***ungewöhnlich*** assoziieren lassen. [...] (1979:14,10).[9]

Schechner zitiert Irenas Eibel-Eibelsfeldt mit dem Aspekt, dass das *Nonverbale*, die *Körpersprache* beim Ritual und, dass sie, in komplexeren Ereignissen welche kulturell bedingt sind, in geregelter Form ablaufen und sich dadurch mit festgelegten Regeln, in diesen Ritualen, (den Bewegungsabläufen) dann zeigen.[10] Somit kommen wir von den einzelnen Stilmittel der Betonung und Übertreibung durch die Geste, mit und ohne dem ganzen Körper, zu einer festlegenden Sytematik der Gestensprache, der Bewegunsgabläufe eine Kodifizierung zu bestimmten Theateralen Inhalten, Sketches, im Italienischen Lazzi genannt, Versatzstücke, etc. im Geschehen des Ablaufes, welche in der Zeitenfolge der Körperbetonungen und deren Rhythmen festgelegt ist und somit einem fixem Ritus entspricht, welches aufgrund dieser strukturellen Gebundenheit dem Ritual verwandt anmutet.

Somit ist die hier angestrebte oder festzustellende Theatralität der Zauberkunst jene, die am universellsten und ursprünglichsten ist. Dieser Essay ist ein Versuch die Theatralität der

---

8   Stowasser, J. M., Petschenig, M. und F. Skutsch: *Der Kleine Stowasser Lateinisch-Deutsches Schulwörterbuch*. Verlag Hölder-Pichler-Tempsky, G. Freytag Verlag: Wien/München. 1987.

9   Schechner, Richard: *Performance Theory*. [üba. Aufl.] Routledge Classics: New York. 2003. S. 295. [Übs., Anmerkungen u. Hervorhebung CG]

10 Ebenda.

Zauberkunst als universell zu sehen, durch das Aufweisen ihres elementaren und naturgesetzmäßigen Erscheinungsbildes, mit Teilaspekten wie: Übertreibung, Ritual oder Routine und die Kommunikation des Wunders, mit den die Zauberkunst relevanten Termini wie: 'Effekte', mit deren Bedingungen, welche sie definieren, was mit diesen Aspekten den Menschen als universell menschlich eigen ist, uns damit auch signifikant als Menschlich auszeichnet. Die moderne Zauberkunst, wie sie allgemein heute bekannt ist, hat einen erheblichen Anteil im zweiten Kapitel dieses Essays mit dem Handwerk und der Sprache, bzw. den damit bedingten und resultierenden sigifizierenden Gesten. Vor allem das spätere Kapitel über die Heilkunst verschiedener Ureinwohner (Schamanen) sollen dazu veranschaulichen, dass das Universelle der Zauberkunst und ihre Tradition (zeitlich - diachron) über Völker und Nationen (örtlich - synchron) hinaus zu finden ist.

Die Definition von Spiel, wie sie Huizinga festhält, lässt sich für diese Sichtweise des Theatralen als das Universelle, welches sich in der Theatralität der Zauberkunst und ihrer Tradition verträglich veranschaulichen, da sie das Wesen der Zauberkunst mit folgendem Aspekt des Spieles beinhaltet, jenen des Andersseins und des außergewöhnlichen Empfinden als Spielteilnehmer im Spiel. Huizinga beschreibt das Spiel als eine freiwillige Handlung. Sie sei räumlich und zeitlich regelgebunden, werde freiwillig angenommen, sei aber freier in der Annahme und Ausübung der Speilregeln der Spieler und deren individuelleren Spielgebräuchen mit den spezifischen Regeln des Spieles, sie individueller umzusetzen, welche sich jedoch selbst signifikant bestimmen muss, da sie als Signifikanz des Spieles selbst sein muss (zum Beispiel: Kegeln, Schach, bis zu Roulett, etc.). Das Spielen des Spieles ergibt ein Spannungsumfeld[11] der Freude daran es auszuüben, wobei es hier auch Raum gibt zur freien, jedoch geregelten Teilnahme des Anderen, ein Erlebens in jenem Zeitabschnitt und auch des imaginären Anders-Seins im Raum des Spielrahmens selber. Es werde bewusst als andere Ebene des Seins und der Realität wahrgenommen und auch bewusst ausgeübt, um vom gewöhnlichen Zeitablauf und sich von dem Alltäglichen zu entheben; und, um damit sich im Spielausüben zu entspannen, mit auch einem Wettbewerbscharakter im Spiel, wie Huizinga es später in seiner gegeben Auseinandersetzung noch ausführt.

Aus der anthropologischen Prämisse, dass es Zauberkunst schon immer gegeben hat, seit es Menschen und soziale Gemeinschaften gibt, und, dass es eine menschliche Eigenschaft ist zu zaubern oder dem Zaubern beiwohnen zu wollen, wie auch ein Bedürfnis zu verspüren das Gezeigte nachzuahmen, ergeben sich verschiedene Ansätze, die diese Sicht bekräftigen. Sie sind deskriptiver Art, universale Eigenschaften des Magiers und seiner Kunst in der magischen Kommunikation mit dem Publikum und, durch die große Zeitspanne, diachroner Art. Das ursprüngliche Täuschen ergibt sich durch das Denken und dem Mustererkennen, dem Annahmen-treffen und für sich Sinn machen, um eine neu gefundene Idee (Feuer, Werkzeug, Hebelgesetz, etc.) zu vermitteln und zu kommunizieren, beziehungsweise in der Kunst, im Spiel, im Theater, darzustellen. Dazu bedarf es Handwerk, um die Echtheit vorzugeben, aber nicht sogleich wirklich auszuüben, körperlich: direkt bei der Ausführung der Erfindung oder Idee selbst wie dann gegenübergestellt auch sprachlich: bei der Abstraktion, dem Verstehen, Kommunizieren und Darstellen der Idee im Laufe der Improvisationen und kreativen Umsetzung der angestrebten Ziele der Effekte, das Unterhalten, die Kunst der täuschung zu bewriken. Im Sprachlichen Bedeutungszusammenhang, ist gerade bei anthropologischen Inhalten und Betrachtungsweisen, mit historischen Zeitspannen zuerwägen. Montelle sieht in der pädagogischen Dimension des Vermittelns von Handwerk, in der Zeit des Oberen Palälithikums (Obere Steinzeitalter ist mit 40.000-10.000 Jahre vor 1950 anberaumt), einen wichtigen Aspekt der Theatralität.[12] Die Gestensprache scheint genauso relevant zu sein, wie die gesprochene Sprache und es gibt wissenschaftliche Forschungen, die bei Nicht-Primaten untersucht wurden, nämlich, wie weit es Gesten als Sprachleistung, so wie beim Menschen, vorhanden ist, vergleichbar ist. Für die Zaubertheatralität ist es relevant zu sehen, dass erstens: es Sprachen mit Gesten gibt; und zweitens: dass es verschiedene Arten der Gesten zu unterscheiden gilt, welche mit

---

11 Huizinga: a.a.O., S. 37.
12 Montelle: a.a.O., S. 48ff.

der Sprache und der Kommunikation in Zusammenhang stehen, wie es im Kontext der Theatralität vorkommen kann. Dazu möchte ich im Gegensatz, die Merkmale der Betrachtungen von Katja Liebal und Josep Call verweisen, welche sich mit Hand- und Gehirnaktivitäten bei Primaten auseinandersetzt.

Bei den Erwachsenen, so Katja Liebal und Josep Call,[13] gebe es eine Reihe von wichtigen Studien, welche sich auf die Sprachperformanz und deren dazugehörigen, manuell ausgeführten Gesten. Beim Menschen sei nun, im Vergleich zu den Primaten, die Komplexität der kreativen Umsetzung von Inhalten der Kommunikation, eine viel Höhere. Diese Komplexität kann sich, laut Liebal und Call bei der Ersatzgestenentwicklung für spezifisch eingeschränkte Informationen der sprachlichen Äußerungen ergeben. Diese Gestenentwicklung und Festlegung für Sprachperformanzen in spezifischen Rahmenbedingungen der situativen Umgebung (Ort, Zeit, Zweck der Komunikation) der Kommunikationsbeteiligten, kann dann eben zum Ersatz für die spezifische sprachliche Äußerung werden, dass heißt, komplett ersetzend für die mündliche Sprachperformanz werden, und diese Gesten, und Gestenkombinationen, sind dann so festgelegt, dass es sich eben zu einer Routine, einem Ritual, im erhabenen nicht alltäglichen Sinne, gestaltet. Diese Festleung beruht auf Konventionen, das heisst, auch soziale und traditionelle festgelegte Regeln und Vorgaben, welche die Situationen und deren Regelwerk damit bestimmen und auf deren Darstellung und Nutzung einschränkend wirken. Eine spzifischere Auswahl von Zeichen ergibt sich aus der Einschränkung und die Möglichkeiten der Gestenkombination und deren Semantik sind damit auch zu einem gewissen Grad damit lokal relevant. Liebal und Call nennen es ein *konventionelles Zeichensystem*, welches sich von denen der Primaten erheblich in der *Graduierung* (degree) unterscheidet und von Menschen-gruppen zu Menschen-gruppen auch verschieden graduierbar sind und dies sich mit verschiedenen Gewichtugnen darstellen kann.[14] Bei Liebal und Call geht also um ganze *Gestenabläufe* und deren *Kombinationen* im Vergleich zum Menschen und deren situativ, spezifisch und damit in einem kulturell-eingeschränktem Ausmaße bedeutsameren Gestenapparat. Die zwei Autoren unterscheiden bei der Gestenkombination und Entwicklungphasen beim Säuglinge bis zum Erwachsenen hin, und beziehen sich auf jene Gesten, welche parallel zum Artikuliertem auftauchen können, aber auch jene Gesten, welche in verschiedenen kontextuellen Situationen, Versetzbarkeit (displacement), vielseitig einsetzbare, individuellere Gestenmerkmale aufweisen, und jene, welche in den Zeichensprachen fixe semiotische und kodifizierte Verwendung gefunden haben, wie es zum Beispiel mit der American Sign Language der Fall ist. Die Forschung, so schließen Liebal und Call, habe hierzu ein sehr großes, dichtverzweigtes Umfeld an Möglichkeiten noch auszuschöpfen.

Die Definition von Geste ist mit: Die motorische Ineffektivität von Gesten, die mit dem Gegenüber durch Verhalten im situativen, kuturellen Kontext gesetzt ist, bedarf einen Aktivrezipierenden, d.h., aufmerksamen Kommunikationspartner, welcher auch die nötige Präsenz, Fokus und Kompetenzschärfe entgegenbringen muss, und in diesen Fällen das Augenmerk, vor allem, entgegenbringen kann. Sprich, der Blick und auch der Blickkontakt sind hierbei wichtige Aspekte, die zu signifikanten, rituelleren Gesten im situativem Kontext zur Geltung gelangen. Die beiden Forscher verweisen auf nonverbale und verbale Möglichkeiten der Blickgestaltungen in solch relevanten kontextuellen Sprachsituationen zwischen Menschen im *sozialem* Kontext. Der Blickkontakt zeigt damit eben eine Rhythmik und wenn man so will, eine Fequen von Blickkontakt-Suchen, des Blickkontakt-Halten und dem Moment der erfolgreichen Blickkontakts-(Bindung), der Blickkontakt-Pausen und dem Blickkontakt-Lösen; die Kombinationsbreite, formbar nach Situation, Kulturaspekten und sozialen Verhältnissen, von den Kenntnissen, Bildung und der gesellschaftlichen Gepflogenheiten sind jene alle abhängig; zusätzlich sind auch individuellerer,

---

13 Liebal, Katja und Josep Call: „The origins of non-human primates' manual gestures." In: *Phil. Trans. R. Soc. B.* 367. 2012. S. 119.

14 Ein erläuterndes Beispiel kann hier dienlich sein: Die bekannte Geste des „OK", welche im Amerikanischen „in Ordnung", so auch in der Tauchersprache diese Bedeutung trägt, trägt in Japan dieselbe Geste whärenddessen aber eine andere bedeutung und auch Symbol: eine Münze, welche Geld, Glück oder Sicherheit impliziert und symbolisieren soll.

persönlicher, charakterliche Akzentensetzen hierbei zu bedenken welche die Möglichkeiten der Interpretationen, der Deutungen und auch deren Intentionen und Empfindungsmöglichkeiten maßgeblich bereichern können.[15] Es erscheint damit auch klar, dass das Schauen und das Zeigen für das Publikum in der non-verbalen gestensprachlichen Darstellung und Kommunikation in Kombination mit dem Blick und den Augen, der Aufmerksamkeit, mitgestalterisch ist und essentiell zur Kompetenz der Theatralität beiträgt.

Ein weiterer beschreibender und historisch ausholender, diachroner, Aspekt der die anthropologische Prämisse zulässt ist mit dem oben schon referenzierten Betonungsbeispiel im der Forschung von Richard Schechner gegeben. Als wohl einer der erste Theaterforscher und Performancekünstler hatte Schechner mit seinem 1979 erschienen Buch über das Theater und dessen Verwandtschaften und Wurzeln, die *Cambridge School* Annahme aufgenommen, dass das Dionysostheater der Griechen ein Tanzritus (*Sacre Ladens*) sei und als Ausgangspunkt (*Primal Rituals*)[16] für das moderne Theater gelte. Nicht nur dies, sondern auch viele andere Aspekte des menschlichen Lebens hatte Schechner zum Performativen Theater eingebracht; das Unterhaltungsgewerbe, zu dem die Zauberkunst zählt, zählen genauso zum performativen wie auch Therapie und Pädagogik. Diese Ausgangspunkte und Disziplinene finden, auch somit begründet und in dieser Tradition stehend, im folgenden dieses Essays über die Unterhaltungskunst *Zauberkunst* als *theatrale* Erscheinungsform der darstellenden Künste an Bedeutung.

Das was die Zauberkunst, historisch gesehen, zu aller erst ausmacht ist das *Handwerk*, das zum Nachahmen und Darstellen der Effekte nötig ist. Zaubern und Nachahmen ist vor allem *Täuschen* und damit *subversiv* und beinhaltet damit auch den ethischen Aspekt und die Verbürgerlichung und Integration in der modernen aufgeklärten Zivilisation und Gesellschaft als Unterhaltungsindustrie, in der modernen Zeit. Im Altertum, wie schon von vielen Zauberhistorikern festgehalten (Milbourne Christopher, Eugene Burger, Olaf Benzinger, Ottokar Fischer, Carl Klinckowstroem, etc.), gab es Maschinen, die zur Machterhaltung die Menschen untertänig machen sollten und Drehmomente, Flaschenzug, Hebelgesetz, Luftdruck, und viele andere physikalische Gesetze ausnutzten (zum Beispiel: die „sich selbständig öffnende Türen des Sibyllischen Tempels in Cumae")[17]. Die theatrale Zauberkunst, darunter verstehe ich alle Künste, die den menschlichen Körper und jede Art von Effekten insbesondere, oder effektvolle Darstellung und Abbildung der Realität, beinhalten, ist eine Art der Schauspielkunst. Diese ist laut Schechner in der griechischen Antike verwurzelt (Dionysoskult) und in der anthropologischen Kulturgeschichte mit den Schamanen als Protagonisten evident. Die Eigenschaft für den Magier als Rolle ist damit *erhaben* und durch die Wurzeln, die mit den Schamanen gegeben sind, ist der Magier ein *Beschwörer*. Damit lauten die wichtigsten essentiellen sechs theatralen Ansätze[18] (Metaphern) zur Beschreibung und Veranschaulichung der anthropologischen Prämisse, die zur Theatralität der Zauberkunst führt, wie folgt:

1. **Zauberkunst = Handwerk;**[19] Erfindungen entwickeln und Gesetze entdecken, ursprünglich wohl, mit den Händen (dann auch Maschinen) produzierten Werkzeugen und Produktionen[20]

---

15 Ebenda.
16 Schechner: a.a.O., S. 4.
17 Benzinger, Olaf: *Das Buch der Zauberer*. DTV Premium. 2003. S. 16.
18 Siehe auch Gruber, Christian: „Zaubertradition bei Penn und Teller". In: *Magie*. 2 2012. 78-80.
19 Mit dem *Homo habilis*, (*habilis*, lat.: geschickt, Hand, handlich, etc.) eine hominine Spezies, die mit etwa 1,55 Millionen Jahre vor unserer Zeitrechnung gelebt haben muss, gilt als Vorläufer und auch zeitgleiche hominine Art, aus der sich unter Umständen der *Homo erectus,* die hominine Art, die aufrecht gehen kann, entwickelt haben mag. *Homo ergastus*, ist der Arbeiter, gilt laut Wikipedia als eine weitere Art der *Homo sapiens* Gruppe. (Siehe Wikipedia: http://de.wikipedia.org/wiki/Homo_erectus#Homo_erectus_und_Homo_habilis_.2F_Homo_rudolfensis)
20 Steele, James, Pier Francesco Ferrari and Leonardo Fogassi: „From action to language: comparative perspectives on primate tool use, gesture and the evolution of human language." In: Phil. Trans. R. Soc. B. 367. 2012. S. 5.

(Feuer, Keil, Knüppel, etc., ... bis zu den Erfindungen in der Zauberkunst: wie Apparate und Kunstgriffe, Routinen und Kunststücke).

2. **Zaubern = Täuschen**; Einsetzen der Werkzeuge zum Vorteil des Menschen, um zu überleben mit manipulativen, abergläubischen Charakter: Opfergaben, Regentanz, onomatopoetische Formeln, um die Vorherrschaft oder Macht zu erhalten. Dazu gehören Selbsttäuschung und Fremdtäuschung, wie auch Betrug.

3. **Zauberkünstler = subversiv**; Manipulation der Umwelt und Übergeordnetem, um Angst zu überwinden, und um mit Bedrohungen von Außen zurecht zu kommen: „Götter", Naturgewalten, andere Menschen und Lebewesen, die einem eine Bedrohung sind. Romantischer Individualismus und Heldentum[21] gehören hier dazu, und prägen das Bild des Besonderen und *Anderen*, welches die Theatralität bestimmt.

4. **Zauberkünstler = Schauspieler**; Nachahmen und imitieren von Ereignissen, um rituell beeindruckend zu kommunizieren, einen Sinn zu finden, zu *tun als ob* unter gewissen Regeln, die sich in der modernen Zeit kulturell verfestigt haben mit dem Schauplatz, dem *theatron*.

5. **Zauberkünstler = erhaben**; Durchsetzungsdrang durch Dominanz und Ostentazione, die Umwelt sich gefügig zu machen, für sich zu gewinnen, durch die Kommunikation von Effekten, in der Spielwelt, in der *andere* Regeln herrschen und damit theatrale Kompetenzen von Spieler und Mitspieler erfordert.

6. **Zauberkünstler = Beschwörer**. Bewusste Täuschung der Sinne und des Verstandes, um Emotionen: Lust, Irrationales, Zuwendung (Begehren) zu erzeugen. (*Mimesis Theorie* René Girard)[22].

Sind Metaphern legitim als strukturalistische, kritische Sichtweise? Und wenn ja, warum? Die Gleichstellung mit Metapher ist im Strukturalismus legitim und wird auf den folgenden Seiten noch mit dem Kartesischen Koordinatensystem ausgeführt. Mit Saussures angewandten und empirisch ausgeführten Strukturalismus im Bereich der Phonologie und der Lautsysteme von Sprachen geht es auch nicht-beschreibend. Bei anderen Sprachgebieten, wie: der Semantik, Semiotik und Syntax, hingegen wird zwangsläufig meist auch beschreibend und metaphorisch vorgegangen. Das Denken und Sinn machen, ebenso wie in diesem Essay, beziehungsweise Rationalisieren beim Menschen erfolgt hauptsächlich über Metaphern, wie es George Lakoff, ein Chomsky-Schüler, mit Mark Johnson in *Metaphors we live by* 1980 ausgeführt hat.[23] Douglas R. Hofstadter und Emmanuel

---

21 Friedrich Nietzsches „Übermensch" zählen hier zum Beispiel dazu, wie auch die Romantiker, zum Beispiel Johann Wofgang von Göthe mit vor allem seinem Faustthema.

22 Garrels, Scott R.: *Mimesis and Science: Empirical Research on Imitation and the Mimetic Theory of Culture and Religion*. [Garrels, Scott R., Hsg. *Studies in Violence, Mimesis, and Culture Series*.] Michigan State University Press: East Lansing, Michigan. 2011.

23 Siehe dazu Pinker, Steven: *The Stuff of Thought: Language as a Window into Human Nature*. Penguin: London. 2008. 245ff. „CONTROL IS UP [...]" S. 245. Diese der Bewegung und Lokation im Raum gebundenen Beispiele der Metaphorik, welche Pinker hier verwendet, um die räumliche Dimensionierung der von Menschen in Verbphrasen raumpräpositionen, aber eben auch in außerzeitlichen und außerräumlichen Kontexten übertragene nicht wörtliche Verwendung finden, wie auch wörtliche Verwendung und jene Analogie aufweisen können, im direkt-räumlichen und -zeitlichen Kontext auffindbar sind. Diese vielseitigen Wortphrasen des Englischen sind recht üblich und menschlich, da weit verknappt, allgemein verständlich, durch Selbsterfahrung spätestens mit den ersten Beobachtungen und auch Schritten vom Säuglingsalter an bis zu den erwachsenen Menschen beinflusst sind, welche sich in der Bewegung im Raum, mit oder ohne Behelfen der Technik oder von Lebewesen bewegt (wie Radfahren, Rikscha, Auto, Bus, Flugzeug, etc. nutzen). Dies gilt auch für Beobachtungen von Bewegten. (Zum Beispiel: eine Phrase wie „look up," „break down," „go by", „look at" und viele andere mehr, sind im breiteren Verständnis, von der metaphorischen Semantik ausgesehen, vergleichbar, einsetzbar und erweiterbar, um die Analogie von essentiellen dem visuellem Raumverbalisieren und damit jenen

Sander haben mit ihrer neuen Publikation[24] beschrieben, dass nicht nur Metaphern unser tägliches Denken und unsere Sprache beherrschen, sondern auch, dass wir in Analogien denken und dass die Triebfeder des menschlichen Denkens an sich Analogie ist. In anderen Worten, so wie ich es interpretiere, die Analogie ist der Wesensbestand des Erkennens von Inhalten und Formen der Realität, ob nun abstrakt oder konkret, als Zeichen oder als Ding in der Umwelt, die angeborene Mustererkennung und damit Zuordnung und das Sinn-machen für den Menschen, stellt das Analogie-denken dar. Als Harlekin-Prinzip (S. 107) wir es uns wieder begegnen, eine zu tiefst menschliche, universelle Eigenschaft aller Menschen.

Zeichnung 1: Theatralität der Zauberkunst

Die sechs Ansätze sind also Metaphern durch ersetzende Gleichstellung von Zauberbegriffen, die diachrone und synchrone beschreibende Gültigkeit haben, wie noch ausgeführt wird, nämlich: anderen Hauptwörtern, Verben und Attributen. Metaphern, so wie sie im Strukturalismus verwendet werden: Damit liegen sie auf einer Geraden, der synchronen Achse, der Achse der Selektion und sind paradigmatisch, einschränkend. (Wie die Metapher: „Er ist ein Tiger in der Klasse.") Das Gleichsetzen (ist), welches die Metapher hier ausmacht, und als Paradigma gilt, ist „zeitlos", hat keine Entwicklung auf der synchronen Geraden. Die Zauberkunst ist aber durch die Ausführung immer diachron, da ein Effekt eine Zeitabfolge haben muss, um rezipiert zu werden. Bewegung, und damit ein Zeitverlauf, ist ein essentielles Element von Theatralität, Theater, Spiel, Nachahmen und Zauberkunst, wie auch der Bewegten Bilder, neben Nachahmungen der Bewegung in Bildern (Marcel Duchamp „Akt, eine Treppe herabsteigend Nr. 2") und theatralen Bildern in der bildenden Kunst und den Tablaux Vivants; sie erzählen von einem Handlungsablauf und beinhalten damit Zeit. Ein Werbeplakat der Heiligen Drei Könige, Kinder, die sich als Könige verkleidet haben, um Spenden zu sammeln, wo das Dritte der Kinder fehlt und nur ein Haufen des Kostüms mit der Krone oben auf am Boden zu sehen ist und die anderen zwei darauf schauen; verweist auf den Effekt des Verschwindens und beinhaltet damit Zeit und Theatralität, neben der Kostümierung, die auf das Theatrale verweist. Dies ist aber nur mit der kulturellen Kenntnis, Kompetenz, verständlicher. Synchron gilt (als Satz ausgedrückt): Die Zauberkunst ist ein Handwerk, eine Täuschungskunst, subversiv und der Zauberkünstler ist ein Schauspieler, der ein erhabener Beschwörer ist. Die Eigenschaft: subversiv ist dem Täuschen untergeordnet und die Eigenschaften: erhaben und beschwörenden dem Schau*spieler*.

---

beeinflussenden Denkstrukturen unbewusst geprägt, auch wenn sie nur metaphorische und abstrakterer Verwendung finden, welche nicht immer dirket augenscheinlich sein kann. Suchen in einem Wörterbuch: „look up," zum Beispiel, Aha! Ach, so ist das, etc., vielleicht auch mit einer Kopfgeste und Handgeste unbewusst in Verbindung, also sensomotorisch reflexiv oder: theatral).

24 Hofstadter, Douglas Richard und Emmanuel Sander: *Surfaces and Essences: Analogy as the Fuel and Fire of Thinking.* Basic Books: New York. 2013.

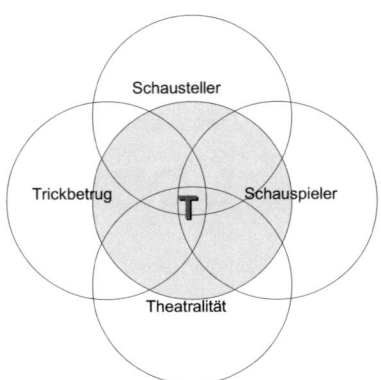

Zeichnung 2: Täuschungskunst (T) im Zentrum
anderer theatraler Aspekte der Zauberkunst

Die Theatralität ist nicht Theatralik, die hier als Dilettantismus verstanden wird, wie Grimassen-schneiden, Übertreibungen ohne Ende, unausgewogen und unbegründet, mit Trügerischen, Verstellung und Scheinhaftem, negativ konnotiert wird.[25] Showmanship wird hier als Schaustellerkunst gesehen, wie sie traditionell von fahrenden Künstlern, Bänkelsängern und anderen verwendet wurden und die Zauberkunst, besonders in den USA,[26] beeinflusst haben und noch immer beeinflussen. Trickbetrug und Zauberkunst sind miteinander verwandt und haben Deckungsflächen, wie Schausteller mit Schauspieler. Die gelbe Kreisfläche soll in der Abbildung die Täuschungskunst (T) sein.

Im Zentrum moderner Theaterwissenschaft steht der Körper, und die Körperlichkeit, die mit einer Live-Performance zu tun hat. Es steht die Fertigkeit im Vordergrund der theatralen Betrachtung von Theater. Schausteller und dem Zirkus nahe Performances, wie auch Installationen und Happening Aspekte des Theaters der 60 – 70ger Jahre, sind bearbeitet und noch immer aktuell. Somit habe ich den Körper als Maßstab für die Phänomene der Zauberkunst genommen und die Fertigkeit ins Zentrum gestellt. Dies erscheint vielleicht dreist, da es gegen Fitzkees Einstufung als magisch weniger wert sei, wenn überhaupt magisch.

Körperlichkeit, gegeben durch die physische Präsenz des Agierenden und seinen manuellen, wie auch körperlichen Tätigkeiten und Posen, steht im Vordergrund des Wesens von Zauberkunst und Theaterkunst. Bei beiden dieser Künste ist das Streben nach Verdopplung der Realität nicht zu bewirken, sondern eine Abbildung derselben, die als Symbol im Raum steht und an der man gleichnishaft einen individuellen Sinn finden kann.

Die Betonung des Theatralen liegt mit der dramatischen Kommunikation im Sinne des *Hic et Nunc* mit ihrer Sprache und Gestik auf der Hand. Der literarische Text, wie auch die Theorie desselben und des Handwerks, ist im Hintergrund zwar wichtig, aber die Performance ist die theatrale Leistung eines Zauberkünstlers, der sein Handwerk nicht nur versteht, sondern beherrscht und ausführen kann. Performance ist, wie es auch Mareike Buss[27] mit Marvin Carlson[28] hervorheben, immer für jemand anderen. Wobei für unsere Betrachtung die zwischenmenschliche Tat zählt und nicht die geistige Zurückgezogenheit in eine Theorie, die meist praxisfremd ist. Mit anderen Worten: das Theatrale beginnt in der Zauberkunst mit der Tat zu wirken. Dazu ist der Körper

---

25 Buss, Mareike: „Theatralität – Performativität – Inszenierung" In: Buss, Mareike, et alias, Hsg., *Theatralität des sprachlichen Handelns: Eine Metaphorik zwischen Linguistik und Kulturwissenschaften.* Fink (Wilhelm): München. 2009. S. 20.
26 Zum Beispiel mit dem Dime Museum, Travelling Shows und Sideshows.
27 Buss: a.a.O., S. 22.
28 Carlson, Marvin: *Performance: A Critical Introduction.* Routledge: London/New York. 1996.

wesentliches Handwerkszeug des Schaustellers und Magiers. Jede sich wissenschaftlich nennende Theorie, die keinen universellen Boden hat ist unbrauchbar, da nicht für alle gültig. Deswegen soll das Universelle als Ansatz dienen, um die Allgemeingültigkeit meiner Prämisse zu konkretisieren.

Die Beteiligung des Zuschauers bei Zaubervorführungen ist zwar auf den ersten Blick passiv. Im Vergleich zu Theatervorführungen im klassischen Sinne auch. Nun ist aber in der Performance einer Theaterproduktion festgestellt worden, dass der Zuseher den Drang habe die Gestik, Handlungen und Wortbildungen, Stimmklang nachzubilden.[29] Alleine das Mit-Vibrieren der Stimmbänder der Zuseher, das messbar ist, ist eine indirekte physische Aktivierung des Zuschauers. Oder auch wie bei Scott R. Garrels mit Marco Iacoboni festgehalten ist, dass Menschen, laut Kognitionsforschung, durch ihre eigenen Spiegelneuronen, genannt (fMRI), die Aktionen des Visa Vis wiederholen, Spiegel, andere nennen es Doublen, wie eine Spiegelgestalt, bzw. der Spiegel uns genseitig wiederspiegelt.[30]

Laut Aristoteles gilt für die Dichtung und auch für alle nachahmenden Künste, das angeborene, menschliche Bedürfnis Nachzuahmen von Kindheit an, wie auch das Lernen wollen beim Wiedererkennen in der Auseinandersetzung mit der Nachahmung (bei Abbildungen jeglicher Art). Als Beweis, für Aristoteles gilt, daß möglichst getreue Abbildungen von unansehnlichen Tieren und von Leichen, welche in Museen ausgestellt den Betrachtern Freude bereite.[31] Dies kann man gut mit der Schaulust in Gladiatorenzeiten vergleichen, oder den Hetzkämpfen von zum Beispiel Gockelhähnen; in modernere Zeit, erscheinen solcherlei im subtieler angelegten Berichtwesens wieder auf, welches zum Beispiel durch Schlagzeilen, welche auf Skandale verweisen, die emotionalsgeladene Inhalte präsentieren können, oder zurepräsentieren abzielen. Von der Skandalpresse bis zum wohlfeinen Krimiroman, soweit kann der Bogen gespannt werden, wenn man von den Motivatione und Impetus der Menschen und ihrer Interessen und Bestrebungen nach Trend oder Populismen, allgemein, ausgehen wollte. Das bürgerliche Millieu, mit ihrem aufstrebenden Bedeutungsgrad im 19. und 20. Jahrhundert, kann man auch mit dem Bouilloireblatt hier zuweisen, welche Interessenshcürt, beeinflusst, setzt, oedr eben solchen Populismen nachgeht sich auf solche Trends setzte und sie weiter fördert und füttert mit mehr an Variaitonen und Anreizen sich zu unterhalten, Freude oder Mitleid daran zu empfinden, oder aber auch nur den Wissensdurst zu löschen, vielleicht auch nur um Informaitonen zu bekommen.

Unter Universalien soll also verstanden sein: menschliche Attribute, vor allem, Imitieren, Sprache, Ego, Denken, Spiel und Kultur, die allen Menschen eigen sind. Zum Beispiel auch, dass Zuseher gerne spielen und wenn es auch nur im Kopf ist und sie eine gewisse Gier nach Sensationen haben, wie auch Anteilnahme verspüren, wie Mitleid und Furcht (laut Lessings Katharsisinterpretation), oder Empathie.

Die universell körperlichen Gegebenheiten, die beim Menschen gelten, sind mit dessen Körperbeschaffenheit und auch seiner Wahrnehmung im Gehirn bestimmt. Das gibt Grund zur Annahme, dass dieser Aspekt den sogenannten anthropologischen Universalien zugehört. Evolutionstheoretisch gesehen ist die Verwandtschaft zu den Schimpansen und deren weniger entwickelte Mundhöhle, die dem Schimpansen das Sprechen technisch nicht ermöglicht, ein erhebliches physiologisches Faktum, das somit den Menschen vom Schimpansen unterscheidet und dieser Unterschied allen Menschen eigen ist. Die Fähigkeit zu Sprechen, nicht nur mit dem Mund (Handgesten also eingeschlossen, da mit dem aufrechten Gang auch die Hände frei wurden) gilt für Menschen als universell. Wobei der Affe, wie auch der Papagei, der genau nachsprechen kann, nicht mit der „Armut der Stimulanz" Sprache entwickeln kann, nicht die Fähigkeit hat mit wenig Input die Sprache zu erwerben, die sich auszeichnet mit all ihrer Kombinationsmöglichkeit und damit Individualität und Kreativität.[32] Des weiteren, komplexe Inhalte, wie Täuschungskunst und Theater, können nur Menschen

29 Fischer-Lichte, Erika und Jens Roselt: „Attraktion des Augenblicks – Aufführung, Performance, performativ und Performativität als theaterwissenschaftliche Begriffe". In: *Theorie des Performativen*. Heft 1, Bd. 10. 2001. S. 240.

30 Garrels, Scott R.: „Human Imitation: Historical, Philosophical, and Scientific Perspectives." In: Garrels: a.a.O., S. 24f.

31 Aristoteles: *Poetik*. Reclam: Stuttgart. [Übs. und Hsg. Fuhrmann, Manfred] 1982. S. 11ff.

32 „Poverty of stimulus," wie später noch erwähnt. Siehe auch Chomsky, Noam: *Cartesian Linguistics. A Chapter in Rationalist Thought*. [James MacGilvray, Hsg., 3. Ausg.] Cambridge University Press:

vermitteln und verstehen, Tiere nicht. Daher die Annahme, dass das Wesentliche der menschlichen Sprache und Kommunikation auch das Wesentliche der Theatralität sein muss, wenn die Theatralität universell gültig ist und eine Täuschungskunst ist.

Theater sowie Zauberkunst sind ein soziokulturelles Ereignis bei dem verschiedene Menschen verschiedener Sprachen und sozialer Schichten auf einander treffen und gemeinsam auf ein Spiel eingehen. Dazu sind Universalien unumgänglich, insbesondere, wenn es zu einem Zusammentreffen von verschiedenen Kulturen und damit Weltbildern der Beteiligten kommt. Der Ort, mit seiner Ansammlung von Menschen, ist ein entscheidender Faktor von theatralen Ereignissen. Damit auch die Psychologie des Menschen, die in der Gruppe besondere Ausformungen annimmt.

In Wien ist und war der Prater einer jener Orte, wo verschiedene soziale Schichten und Kulturen aufeinander trafen und treffen. Die Magier Ludwig Döbler und Anton Kratky-Baschik sind hier vor allem zu nennen, um das Theatrale der Zauberkunst aus dem 19. Jahrhundert in der Metropole Wien zu verstehen und manifestieren.[33] Gerade dort war und ist noch immer der Nährboden für Schausteller, Spektakel und Attraktionen fruchtbar, insbesondere bei einer wachsenden Bevölkerungsanzahl.[34]

Das körperliche, schöpferische, aktive, artikulierte und dynamisch gespielte Theater steht dem dramatischen intellektuellen Text und der illusionistischen Schablone und Technik entgegen. Kraft, für die schöpferische Darstellung und der Schauen, hat das Theater immer aus der niederen Komödie und deren bodenständigen Umfeld der Vaganten und Schausteller mit ihren archaischen und imaginären Figuren und archetypischen Stücken geschöpft. Gerade hier geht Fitzkee fehl, wenn er postuliert, dass das Geistige, Theoretische, (letztlich Mental-Magie), die reinste Form von magischen Effekten ermögliche. Auch die Übergewichtung des theoretischen Effekte Apparats, ein Versuch das Nicht-fassbare in Begrifflichkeit umzuwandeln, ist ein nicht mehr adäquater theoretischer Ansatz, dennoch nicht obsolet! Ein Phänomen kann man nur beschreiben, (Zauberkunst ist hier als Phänomen gesehen – nicht als Übernatürliches, sondern Zwischen-menschliches). Man kann dem Phänomen nicht, wie eine Grammatik in der Sprache, vorschreiben, wie es funktioniert oder zu funktionieren hat.

Sogar in der Naturwissenschaft (Newton) kann man nicht eine ideale Gleichung hernehmen und sagen, die Geschwindigkeit eines Objektes berechnet sich nach der Formel Impuls ist gleich Masse mal Geschwindigkeit (ist gleich Streckeneinheit pro Zeiteinheit, die eine Masse zurücklegt); und bewegt sich ewig lang an einer Geraden ins Unendliche, wenn es einen Impuls bekommt. Es gibt halt noch andere Faktoren, die im Idealen nicht vorkommen und zum Beispiel Reibung heißen, und die ideale Berechnung beeinflussen. Isaac Newton hatte paradoxer Weise aufgrund seiner Unerklärbarkeit seiner Physik (Was ist Bewegung? - damit auch was ist Kraft, Masse, Impuls, Gravitation und Energie? Woher kommen diese?) für sich den Schluss von okkulten Kräften, wie ihm von Kritikern zu Recht vorgeworfen, vollzogen.[35]

Umso mehr, wenn es sich um Betrachtung und Analyse von Menschen handelt und deren zwischenmenschlichen kulturellen Handlungen, Aktivitäten und Kommunikation, und dabei vieles von Annahmen, Vorstellungen, Kulturen, Sprachen, Gewohnheiten, Verhaltensregeln, Glauben, Wissen, Aberglauben und Fehlinformationen, wie auch Fehlern und Kreativität geprägt ist. Weiters kommen beim Menschen erschwerende wesentliche Eigenschaften hinzu, die vieles komplizieren, wie: Irrationales, Emotionales, Präferenzen, Abneigungen und vorgefasste Überzeugungen, Charakter und Meinungen, wie auch das genaue Gegenteil von alle diesen, oder keine von diesen,

Cambridge. 2009. S. 59ff.

33 Gruber, Christian: *Wiener Zaubertradition als theatrale Zeiterscheinung im 19. Jahrhundert*, nicht-publ. Diplomarbeit. 2004.

34 Münz: a.a.O., S. 203.

35 Chomsky: *On Nature and Language*. a.a.O., S. 52ff. „discovery of action"; „Principles of motion"; „nothing falls within the mechanical model [Newtons Physik]."

welches vielleicht noch bedenklicher ist.

Dieser Essay beinhaltet meine subjektive Anschauung und Überzeugung, auch wenn ich versucht habe trotz allem, mit Belegen zu arbeiten und somit: wissenschaftlich, kritisch und sachlich zu bleiben, aber doch selektiv vorgegangen bin, um mein Thema und auch meine Anschauung zu erläutern. Ein Fußnotenapparat gibt Auskunft über Quellen und erweiterte Kommentare und auch Zitate zur Abklärung von spezifischen Inhalten. Nicht immer habe ich auch Seitenangaben gegeben, wenn aus zeitlichen und materiellen Gründen ich das eine oder andere Werk nicht zur Gänze kenne, aber über dessen Inhalt durch sekundäre Referenzen, Literatur und Studien im relevanten Zusammenhang Übungserfahrung. Um abschätzbar sparsam und knapp zu agieren, habe mir erlaubt, wo gegeben, weniges auch nur als Referenz ohne Seitenangabe in der Fußnote anzugeben, um auch eine zusätzliche Quelle aufzuweisen, die einen aktuell referenzierten Aspekt der Theatralität der Zauberkunst oder ein weiterer Baustein in meiner vertreten Sichtweise dieses Essays ergibt, so wie ich es sehe, diese unterstützt. Die Beurteilung, ob der Essay nun philosophisch, pseudophilosophisch, naturwissenschaftlich oder wissenschaftlich oder gar eine Konfabulation, eine Kollage von Zitaten und Referenzen und damit Ideen ist, kann der Leser selbst, nach Abschluss der Lektüre, entscheiden.

1.1) Methodik

In der modernen Sprachwissenschaft mit ihren vielen sich immer wieder verändernden Grammatiken, in der modernen Linguistik also, ist man abgekommen von präskriptiver Grammatik hin zur deskriptiven Grammatik. Das Vorschreiben einer Theorie, die sich in sich beweisen lässt und beobachten, ist aber nicht unnütz, sie wird deswegen verwendet und integriert. Jüngere theoretische Ansätze für die Zauberkunst, wie die von Peter Lamont und Richard Wiseman,[36] gehen auch von einer deskriptiven Betrachtungsweise aus und schreiben keine Theorie vor. So wird auch in der Psychoanalyse beschreibend vorgegangen. Jene Wissenschaft bedient sich naturwissenschaftlicher Methoden, wobei das zu erschließende Naturobjekt, dessen Funktionsweise und dessen universellen Gesetzmäßigkeiten erschlossen werden sollen, als ein Seelen-Apparat, der mit quantitativen und messbaren Qualitäten gesehen wird, wo seinen Phänomenen seziert werden.[37]

Auch hier, in der Tiefenpsychologie, sind Vergleiche zu anderen entfernteren Kulturen der Primitiven im diachronen Sinne als Schlüssel zu sehen mit dem man den Mechanismus und die universell gültigen Typen und Funktionen der Seele versucht zu ergründen. Als Nachweis oder fundierte Anschauung gilt dann, dass es Angeborenes gibt, das die Entwicklung des Menschen und seine Konflikte, Person, etc. beeinflussen oder bestimmen. Für die Betrachtung der Theatralität ist dies relevant, wenn man es auf die Formel bringt, dass Zaubern ein Konfrontieren mit Unmöglichen (Effekte) ist und einen emotionalen Charakter (Irrationales) haben soll, wie es Darwin Ortiz Anschauung ist.[38]

Um sich dem Universelle in humanwissenschaftlichen Fächern beständiger und nutzbarer zu nähern, muss man nicht nur beschreibend vorgehen, sondern auch immer wieder in der Geschichte nachforschen, um Hinweise zu finden, die das Wesen einer Kunst oder des Menschen aufweisen. In der Sprachgeschichte (vergleichenden Linguistik) werden Sprachen miteinander verglichen, um die Entwicklung der universellen Grammatik zu erforschen (oder Rückschlüsse auf diese zu gewinnen). Dies erfolgt diachron mit Varietäten einer Sprache über Jahrhunderte verglichen mit ihrem Sprachwandel (Grimmschen Gesetz und die Große Vokal Verschiebung, zum Beispiel) wie auch synchron (Varietäten von einer Sprache die regional vorherrschen und zu einem engeren Zeitraum gesprochen oder praktiziert werden). Hierbei ist auffällig, dass diachrone Beobachtung

---

36 Lamont, Peter und Richard Wiseman: *Magic in Theory: An introduction to the theoretical and psychological elements of conjuring.* University of Hertfordshire Press: Hertfordshire. 1999. S. 140.
37 Jung, Carl Gustav: *Archetypen.* [16. Aufl.] DTV: München. 2010. S. 58.
38 Ortiz, Darwin: *Strong Magic.* Ortiz Publications. 1995. S. 27.

Rückschlüsse zulässt, die synchron relevant oder entscheidend sind und auch umgekehrt. Roman Jakobson hat das Kartesische Koordinaten System dazu verwendet, um die diachrone und synchrone Achsen zu kombinieren. Der Körper-Geist Dualismus von Descartes[39] (Newton und anderen) wird dabei nicht angewendet, sondern vernachlässigt und eine moderne Anschauung, dass das Geistige ein Teil der Gehirns ist und somit auch materiell und körperlich, da im Gehirn lokalisiert. Die Feststellung, dass die Sprachfakultät (FL= Faculty of Language) im Gehirn angesiedelt ist, mit ihrer Universalgrammatik (UG= Universal Grammar) genetisch ist,[40] ist somit für die Zauberkunst und deren Theatralität als körperlicher Wesensbestand übernommen. Das heißt, dass Effekte wie Wörter auch materiell sind und nicht gottgegebene Ideen oder Geister.

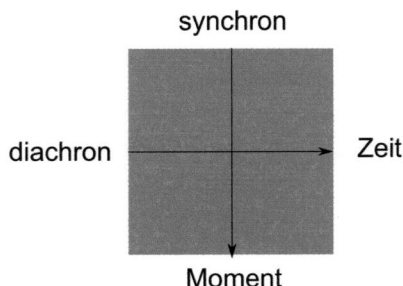

Zeichnung 3: Kartesische Koordinatensystem

Die Wechselwirkung und Rückschlüsse zwischen diachroner und synchroner Achse des strukturalistischen Koordinatensystems nach Descartes, kann man auch auf andere humane Forschungsgebiete anwenden. In unserem Fall ist es die theatrale Zauberkunst. Das rigide Katalogisieren von Kunststücken nach verschiedensten Gesichtspunkten, wie *Tarbell Course in Magic*[41] und dann eben Fitzkees Sicht, durch seine vom Theater beeinflussten Arbeiten, sind, so wie ich es sehe, Entwicklungen zu einem Kanon an Magie Theorien. Fitzkees Trilogie ist beachtlich und keineswegs gering zu schätzen. Im Gegenteil es ist ein Fundament auf dem ich aufbauen will. Es wird somit in meiner Theorie der Theatralität der Zauberkunst eine wichtige Funktion übernehmen, bei der differenzierteren Unterscheidung der verschiedenen Effekte und Erscheinungsformen von Zauberkunst.

Davon ausgehend, dass der Körper eine zentrale Rolle in der Zauberkunst spielt und mit den fahrenden Künstlern als anthropologische Betrachtung der Zauberkunst dient, ergeben sich die oben genannten sechs Ansätze dieser Prämisse. Die Universalien, die für die Zauberkunst in diesem Kontext herangezogen werden, lassen sich in vier Attribute zusammenfassen:

1. *linguistisch* (sprachwissenschaftliche Aspekte der Kommunikation und des Spracherwerbs, die universell gültig sind, wie zum Beispiel, dass Sprache genetisch angeboren ist[42]),

2. *soziokulturell* (zum Beispiel die Rollenverteilung bei Zauberer und Zuseher und der damit

---

39 Chomsky: *On Nature and Language.* a.a.O., S. 49f.
40 Ebenda, S. 64. LF ist von Ferdinand de Saussures Langage-Konzept und von Noam Chomsky übernommen und weiterentwickelt (UG), wobei er die Haltung der Rationalistischen Romantiker hat. Siehe dazu McGilvray, James: „Introduction to the Third Edition" In: Chomsky, Noam: *Cartesian Linguistics.* a.a.O., S. 25.
41 Tarbell, Harlan: *Tarbell Course in Magic.* [Bd.1- Bd.8] New York. 1971-1993.
42 Gazzaniga, Michael: *The Mind's Past.* University California Press: Berkley Los Angeles London. 2000. S. 7f.

verbunden oder abhängigen theatralen Kommunikation und Kompetenz[43]),

3. *psychologisch* (Subtext und Suggestion, die von der Sprache beeinflusst ist, Motivationen, Techniken und das Unbewusste), wie auch

4. *physisch* (Kommunikation über fünf Sinne zum Beispiel, aufrechter Gang und die damit entwickelten physischen Gegebenheiten wie Atmung, Motorik beziehungsweise Gebrauch der Hände und des Sprechorgans[44]).

Diese vier Bereiche der Universalien, wie ich sie hier verwende, lassen sich nicht komplett getrennt behandeln und greifen ineinander. Trotzdem sei festgehalten, dass das zweite Kapitel dieser Arbeit sich vor allem mit der Sprache, das heißt konkret: der Semantik, oder allgemein, der linguistischen Betrachtung der theatralen Zauberkunst widmet. Hier fließen unweigerlich auch kulturelle und traditionelle (geisteswissenschaftliche) Inhalte ein, die der europäischen Philosophie und Kultur zugehörig sind.

Das dritte Kapitel hebt viel mehr den kulturellen Aspekt hervor, mit den gegebenen Herrschaftsstrukturen durch Glaube und rechtlich-ethischen Einflüssen in der Zauberkunst, die sie somit definieren, oder durch die es zu einer Definition kommt, um zu unterscheiden, was zu dem kulturellen Phänomen Zauberkunst gehört und was nicht zur modernen Unterhaltungsgattung Zauberkunst gehört. Betrug und Zauberkunst werden an Beispielen der menschlichen Natur beschrieben, um die Grenzen der Theatralität der Zauberkunst aufzuzeigen. Die Täuschung ist das Hauptthema, neben dem damit verbundenen Subversiven und den Machtverhältnissen in der Gesellschaft.

Das vierte Kapitel behandelt die Rolle des Zauberkünstlers und seine Möglichkeiten, wie sie schauspielerisch umgesetzt werden könnten mit anthropologischen Beispielen aus der Geschichte und Völkerkunde. Die Verkörperung der Rollen und deren theatrale Eigenschaften stehen im Vordergrund. Die Verwandtschaft zur Heilkunst soll aufgezeigt werden, bei der der menschliche Körper im Zentrum steht.

Das fünfte Kapitel soll die theatrale Komik der Zauberkunst mit ihren verschiedenen Aspekten ausführen und den Kreis zur spirituellen Schamanen- Thematik schließen. Der Psychologie ist kein eigenes Kapitel zugeordnet, sie ist eingebunden in Teilen der anderen Kapitel.

Als Modell zur Systematisierung und Veranschaulichung der Ähnlichkeiten oder Verwandtschaften der einzelnen Elemente der Zauberkunst soll das generelle Oppositionsmodell der Täuschungskunst gelten, welches in verschiedenen Formen in dieser Arbeit vor allem im zweiten Kapitel verwendet wird (Zeichnung 4).

---

43 Tomasello, Michael: *Die Ursprünge der menschlichen Kommunikation*. [Jürgen Schröder, Übs., 2. Aufl.] Suhrkamp Verlag. 2011. Dieses Werk bringt nicht nur die Geste als universelle Sprachentwicklung in den Vordergrund der Betrachtung, sondern vor allem den universell gegebenen sozialen Kontext mit dem jeder sprechende Mensch verwurzelt ist; Sprache braucht andere Menschen und entsteht beziehungsweise lebt mit dem *anderen*, ist sozial.

44 Leroi-Gourhan, André: *Hand und Wort: Die Evolution von Technik, Sprache und Kunst*. [Michael Bischoff, Übs., 5. Aufl.] Suhrkamp Verlag. 1987. Leroi-Gourhan erwägt, dass durch den Aufrechten Gang des Menschen und der damit Freigabe für Gesichtsmimik und Sprache, wie auch der Hände zur Handmotorik und Werkzeuganfertigung, die Gesten (Zeigesprache mit Händen und Mimik) und Worte (gesprochene Sprache) entstanden sind. Damit aber auch die Technik und die Artefakte des Menschen; also die Kultur und die Kunst möglich wurden.

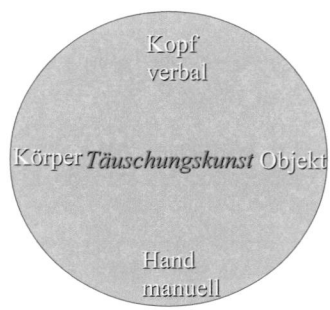

Zeichnung 4: Oppositionsmodell für die Täuschungskunst

Zusammenfassend ist die Methodik eine Beschreibende und Vergleichende. Die Methodik ist die Sichtweise durch das Oppositionsmodell, um die Bezüglichkeiten der Begriffe der Zauberkunst zu beschreiben im Sinne der Dialektik. Wobei es bei der minimaler Opposition der zum Beispiel Effekte der Zauberkunst, *Effekteme*, es um semantische Inhalte geht. Damit sind wir auf der Ebene oder Schnittstelle (interface) der Semantik,[45] einer Satzkomplementierung der lexikalen Einheiten, mit der Kombination der einzelnen Bestandteile, die unendlich kombinierbar und nach gewissen Regeln kombinierbar sind, wie in der menschlichen Sprache. Diese Ebene auf der die Kommunikation der Zauberkunst (letztlich das menschliche Denken, der Kombination oder in der Sprache dem sogenannten *Merge*,[46] einer Operation die das menschliche Gehirn seit es denken kann ausführt) sich abspielt, ist konstruktivistisch[47] und damit sieht jeder etwas anderes in der dargebotenen theatralen Zauberkunst.

Deswegen soll auf der synchronen Geraden eine Systematik erstellt werden und im diachronen Vergleich die Differenzen, die Unterschiede und Zusammenhänge der Facetten der Zauberkunst im Lichte des Theatralen, der Theatralität, veranschaulicht werden. Das vergleichende System der Analogie im synchronen und diachronen Umfeld der theatralen Zauberperformance und damit Integration verschiedener geistes- und kulturwissenschaftlicher Aspekte der theatralen Zauberkunst wird dadurch ermöglicht. Die Haltung dieser Schrift ist somit kritisch- strukturalistischer Art. Der Strukturalismus hat ein anthropozentrisches Weltbild, das heißt, der Mensch mit seinen Bezüglichkeiten zu einander über die Sprache steht im Zentrum und nicht etwas außerhalb, draußen oder Übergeordnetes, wie der Himmel, Geisterhaftes, Gottgegebenes.

Das Jakobsonsche (Kartesische) Koordinatensystem[48] der Sprache wende ich als semiotisches Zeichen in der Sprachperformanz der Zauberkunst an. Gerade in der Zauberkunst sind Kompetenzen und Ausdruck oder Performanz relevante Aspekte, die man genauso in zwei Achsen aufteilen kann.[49] Die Achse der Langue und Selektion, die Ähnlichkeiten setzt und gleichsetzt (=),

45 McGilvray, James. In: Chomsky: *Cartesian Linguistics*. a.a.O., S. 13.
46 Ebenda. S. 29.
47 Siehe auch ebenda. S. 16: „[...] RR [Rationalist-romantics] […] Sichtweise nenne ich eine Form des Konstruktivismus: unser Verstand 'macht' die Welt, mehr als es umgekehrt der Fall ist. Ich hebe dies hier hervor um den Unterschied der Einstellung der RR Gruppe und den Empiristen hervorzuheben. Für die Empiristen ist das Credo, dass die meisten Konzepte (auch vielleicht auch nicht alle rein sensorischer Natur sind) und das kombinatorische Prinzip dass die Welt den Verstand formt." [Übs. CG].
48 Siehe dazu auch Saussure, Ferdinand de: *Course in General Linguistics*. [Hsg., Bally, Charles und Albert Sechehaye, Übs. Roy Harris] Open Court: Chicago and La Salle, Illinois. 2008. S. 80: „Axis of simultaneity and axis of succession".
49 Siehe dazu auch Schneider, Jan Georg: „Sprachkompetenz als Sprachspielkompetenz" In: Buss Mareike et. al. (Hsg.) *Theatralität des sprachlichen Handelns. Eine Metaphorik zwischen Linguistik und Kulturwissenschaften*. Wilhelm Fink: München. 2009. S. 59ff. Die Kompetenz und Performanz ist

paradigmatisch ist, und jene Achse der Parole und Kombination, die kombiniert und die Unterschiede beinhaltet, syntagmatisch ist. Die Achse der Kombination hat die Zeit als Ablauf der Kombination inne, wo hingegen die Achse der Selektion ein Zustand ist, gleich einem Moment, einen Zeitpunkt darstellt. Die Kompetenz hat mit der Metapher (zum Beispiel: „Er ist ein Tiger im Klassenzimmer.") zu tun, in dem Sinne, das etwas was ähnlich ist *ersetzt* wird und ein Konzept darstellt; es basiert auf Unterdrücken von Ideen und selektiert, legt fest. Wo hingegen bei der Metonymie („Der Tiger holte ihn aus dem Klassenzimmer."), etwas das die Assoziation hervorruft und eine Tätigkeit (aktives Verb: „holt") beinhaltet, eine Kombination von Ideen, auf angrenzende Nähe beruhen und ungleich, unterscheidbar zu einander sind. Bei der Metapher ersetzt der „Tiger" das Hauptwort komplett (=), wo hingegen bei der Metonymie „Der Tiger" verglichen wird und die Ähnlichkeit unterstrichen wird. Analog zu Jacques Derrida zählt das gesprochene Wort (Parole) über dem geschriebenen Text (Langue) und führt dadurch, bereitet den Weg, zur Theatralität (Roland Barthes Definition von Theatralität, wie noch später erwähnt wird).

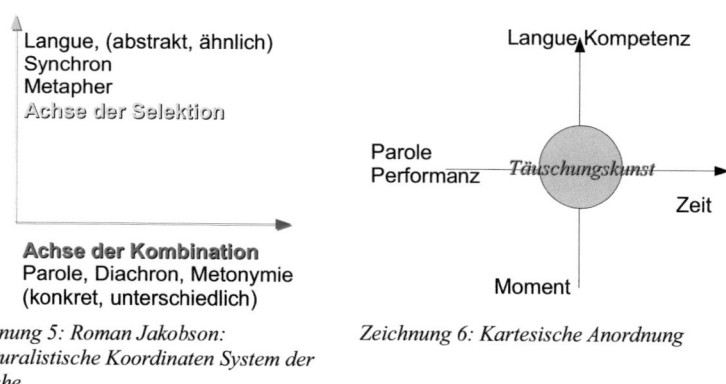

Zeichnung 5: Roman Jakobson: strukturalistische Koordinaten System der Sprache

Zeichnung 6: Kartesische Anordnung

---

abgeleitet von Chomskys „'mentalistischer' Unterscheidung zwischen *competence* und *performance* [...]".

2) Die anthropologische Herkunft der Zauberkunst – Sprache & Handwerk

1. Metapher: Kunst = *techné* (Handwerk)

Theaterkunst und Zauberkunst sind anthropologisch und geschichtlich gesehen mehr mit einander verwandt als allgemein vielleicht bekannt ist. In dieser Abhandlung soll dezidiert die Kunst im Zentrum der Zauberei und des Zauberers stehen. Somit soll nicht der Zauberer und die Zauberei generell beschrieben werden, sondern soll das Augenmerk auf den Zauberkünstler mit seiner Rolle Magier und die Zauberkunst als theatraler Unterhaltungsgattung gerichtet sein. Da es also um Kunst geht und der Zugang, der hier gegeben ist, von der europäischen Kultur und Philosophie geprägt ist, setzte ich Kunst mit Handwerk gleich. Also mit dem griechischen Wort „techné" für Handwerkskunst, wie zum Beispiel der Tischler, mit seinem Wissen von Prinzipien und geistigem Inhalt des Tischlerns, also die Kompetenz und Performanz. Die Kompetenz zeigt sich vor allem in der sprachlichen Leistung (Körpersprachliches eingeschlossen) und die Performanz in der Fertigkeit der Kunststücke, der Zauberaktivität, die Zaubervorführung, das was vorgeführt und dargestellt wird. So wie es in der Alexander Technik[50] gilt, dass Geistiges und Körperliches nicht getrennt werden können, verhält es sich mit Kompetenz und Performanz. Beide zusammen ergeben die Handwerkskunst des Magiers oder Zauberkünstlers. Das heißt also, auf die Zauberkunst umgelegt, dass das Handwerk selbst und das Wissen von Prinzipien des Handwerks zur Zauberkunst dazugehören. Theoretisches Wissen und das Anwenden derselben machen das Handwerk aus. Einerseits sind gewisse Grundprinzipien in der Zauberkunst gültig und trotzdem muss ein Zauberkünstler die Fähigkeit haben sein Handwerk von selbst zu lernen und einfach Talent mitbringen. Alle Methoden, ob psychologischer oder reine Technik der Ablenkung und Trickwissen der Routinen und Kniffe sind dabei Wichtiges immer Erweiterbares an Fertigkeit, das bei einem Untalentierten die grundsätzliche Fähigkeit nicht ersetzen aber die Präsentation verbessern kann. So wie es Noam Chomsky formuliert bezüglich den Naturwissenschaften, wie Chemie, im Vergleich mit dem Handwerk des Schuhmachers. Die Methodologie der Chemie gehört zu den „Knochen" des Chemikers und so auch beim Schuhmacher, dieser muss ein Talent haben oder ein Schuhmacher von Natur aus sein. Es wird in einem Studium Chemie im Vergleich zu einem Studium wie Psychologie nicht viel mit Methodologie verbracht; entweder: der Lerner hat es in sich oder der Lernende wird nie ein guter Chemiker (oder Schuhmacher) sein.[51] In der Zauberkunst ist das Produkt, das der Zauberkünstler anbietet geistiger Natur, weil es zum Ziel hat Effekte im Kopf der Zuseher durch Beeinflussung deren Wahrnehmung zu erzeugen, egal ob es sich um Mentalkunststücke (Hellsehen, Vorhersagen) handelt oder um buchstäblich Handwerkliches, wie Manipulation mit Karten. Das heißt, der Zauberkünstler bietet Kunststücke an, in der Kommunikation mit dem Publikum. Die Hände bilden mit der Geste den theatralen Verknüpfungspunkt zwischen Performanz und Kompetenz.

Neueste wissenschaftliche Forschung gibt Grund zur Annahme und Hypothese, dass Praxis der Werkzeugherstellung mit den Händen und Sprache mit einander verwandt sind beziehungsweise das eine vom anderen sich entwickelt haben mag.

"Broca's area"[52] ist in der Neurolinguistik bekannte Hirnregion, welche zu der Sprachbildung

---

50 Alexander, F. M.: *Der Gebrauch des Selbst: Die bewusste Steuerung des Gebrauchs im Bezug auf Diagnose, Funktionieren und Reaktionskontrolle*. [Übs. Ruth Krügel vom Original 1946] Karger. 2001. S. 2: „1. dass das sogenannte „Geistige" und das sogenannte „Körperliche" keine separaten Einheiten sind [...]."

51 Chomsky: *On Nature and Language*. a.a.O., S. 102.

52 Stout, Dietrich und Thierry Chaminade: „Stone tools, language and the brain in human evolution". In:

erheblich beiträgt und unersetzlich ist. Dieser Bereich des Gehirns beinhaltet auch jenen Teil, den des Bewegungsapparates, bzw., dieselbe Gehirnregion steuert auch die Bewegung der Hände und das Bilden von Sprache bezüglich ihrer Kreativität, dem Sattzbau und den visuellen Funktion, wie dem Suchen, und den motorischen Steuerunbungsbereich der Hände. Die Basis des motorischen Gehirnteils beinhaltet den Satzbau, die Reihung der Worte und deren Teile im Satzgefüge, das Bedeutungsetzen aber auch deren Erfassen von Bedeutungszusammenhängen. Dieser Bereich wird in der kognitiven Gehirnforschung mit IFG abgekürzt: "inferior frontal gyrus". Es ist in der Wissenschaft gegeben, dass jene Regionen des Gehirns an hierarchische Machnismen gebunden sind, dass heißt, in einer hierarchischen Struktur funktionieren, welche sowohl auch für die Phonetik, die Phonologie und deren Produktion, wie auch für deren Dekodierung zuständig sind. Die Froscher gehen soweit anzunehmen, dass die Erfindungsgabe, in Technikbelangen, von essentiellen, simpleren Maschinen und Werkzeugen, wie es sich beim Menschen ergeben haben musste, somit ihre körperliche Umsetzung, also, das Erfindungen von Werkzeugen und Arbeiten mit solchen simplen Maschinen und Werkzeugen, auch in jener erwähnten Hirnregion aufzufinden sind.

Kunststück ist hier als Handwerk oder Fertigkeit ähnlich zu verstehen, wie „arte" in der *Commedia dell'arte* verstanden wird. Es gibt in dieser Theatergattung aus Italien nicht nur verschiedene charakteristische Figuren, wie im deutschsprachigen Raum Hanswurst woraus der Kasperl heutzutage bei Kindern doch noch bekannt sein sollte, sondern auch verschiedene Versatzstücke. Wenn man will: Sketches, Handlungen, Szenen oder Situationen, die bekannt und die uneingeschränkt kombinierbar und erweiterbar sind.[53] Die Ähnlichkeit zu Zauberkunststücken ist gegeben durch verschiedene Methoden, Kunststücke und Routinen, die ein Zauberkünstler beherrscht und kombiniert, frei improvisierend oder vorher fix eingeübt und in einer fixen Abfolge nur vorführbar sind. Sie sind aufgrund ihrer meist historischen Existenz – die meisten Grundgriffe gibt es schon länger als die Neuerfindungen von Routinen – diachron (das Becherspiel mit seinen Grundprinzipien ist seit den ägyptischen Pharaonen bekannt gewesen), wie alle performativen Künste diachron sind, wie es Victor Turner festgehalten hat.[54]

Peter Samelson hat auf seiner Websitepublikation von 2008 publiziert, dass Kunststücke eine Geschichte und einen individuellen Sinn mit dem Text beinhalten können, beziehungsweise begrenzte textliche Gestaltung vorgibt, und so ein neues Kunststück als theatrales Zauberkunststück ergeben, wenn der Zauberkünstler sich der Mühe unterzieht und sein Kunststück skriptet.[55] Mit Carl Gustav Jung gesprochen gibt es sozusagen universelle Geschichten zu den Kunststücken, die auch dramatischen Ursprungs und dem kollektivem Unbewussten entspringen können.

Die Figur des Zauberkünstlers hat auch eine lange Tradition und viele Facetten und Ausformungen über die Jahrtausende entstehen lassen. Das Geheimnisvolle, das Wissen von Mächten, Geistern oder schlicht im Zauberjargon Methoden, wie man einen Effekt kreiert, sprich zaubert, steht dabei im Vordergrund bei einem Laien und macht den Magier erhaben. In der Zauberkunst geht es aber nicht bloß um Geheimnisse, bloßes Handwerk und Trickgeschehnisse von dem der Zuschauer während der Vorführung nichts durchschauen soll, sondern um mehr. Zauberkunst und Zauberkünstler heben sich von der Gesellschaft ab und erscheinen als über die Norm gestellte Persönlichkeiten, eben Künstler der Zauberkunst, wie Schauspieler sich der Kunst des Schauspiels

Phil. Trans. R. Soc. B. 367. 2012. S. 75f.

53   Fo, Dario: *Kleines Handbuch des Schauspielers Mit einem Beitrag von Franca Rame.* [Übs. Peter O. Chotjewitz. 2. Aufl.] Verlag der Autoren: Frankfurt am Main. 1993. S. 15-18.

54   Siehe Zitat: „Performances sind niemals amorph oder offen geendet, sie haben diachrone Struktur, einen Anfang, eine Sequenz von überlappenden und isolierbaren Phasen und ein Ende. Jedoch ist ihre Struktur ein abstraktes System; sie ist durch die dialektale Opposionierung von Prozessen und Stufen von Entwicklungen." (Turner 1988:80). [Turner, Victor: The Ritual Process: Structure and Anti-Structure. Aldine de Gruyter: New York. 1969/1995. S. 80] zitiert nach Buss: a.a.O., S. 15.

55   Samelson, Peter: *The Patter Debate.* [http://www.samelsonmagic.com/linkedItems/PatterDebate.pdf] 2008. S. 1-3. [Zugang 17.11.2012.]

widmen und Aristokraten sein sollen, so wie es zum Beispiel Stella Adlers Auffassung ist.[56] Sie haben eine Kompetenz der Vorführung, die mit der Psychologie verwandt ist. Dies zeigt sich vor allem in der theatralen Gestaltung der Vorführung, der Theatralität. Wobei die Theatralität den Zuseher mit dem Vorführer verbindet und das über das Gezeigte, die Schau.[57] Das bedeutet aber auch, dass Kommunikation und vor allem Sprache notwendig und essentiell sind.

Um diese Unterscheidung zum Publikum, oder der allgemeinen Realität, mit der Erhabenheit des Künstlers, in der Zauberkunst zu veranschaulichen und darzustellen kann man mit Begriffen wie Trick, Kunststück und Effekt im Kontext der Kommunikation beginnen. Dies wird im Kapitel 2.3 ausgeführt und soll zur Rolle „Magier" führen. Die universell gültige Kommunikationssituation und deren Bedeutung soll jedoch vorerst beschrieben werden, um den sprachwissenschaftlichen Hintergrund und die Semantik der Terminologie besser zu verstehen, wie auch die Semiotik der Theatralität der Zauberkunst. Diese werden in der Betrachtung der Zaubertätigkeit und der damit verbundenen Kommunikation nun ausgeführt, um die strukturalistische Sichtweise darzulegen.

2.1) Kommunikation im Kontext der Zaubervorführung

Davon ausgehend, dass mit dem ersten gesprochenen menschlichen Wort die intellektuelle Erhabenheit des Menschen mit seinem Denken sich die Umwelt untertan, beziehungsweise, gefügig, zu machen oder in den Griff zu bekommen, ergibt sich die Schlussfolgerung, dass nicht nur das Denken, sondern die Zauberkunst und auch das Wahrnehmen von Glück und Freunde an, wie auch Wut, Zorn und Furcht vor, der Natur, wie auch vor allem die Fähigkeit zu staunen den Menschen ausmachen oder ihr und ihm eigen sind. Analog dem archaischen Thema der Bibel, im Anfang war das Wort. David Byrne[58] interpretiert den Big Bang als erstes Wort, das in der Bibel angesprochen ist und damit nicht als Wort an sich, sondern hebt mit dieser Metapher das durchdringende Vibrieren und Schwingen der entstehenden Massen, dem Universum, hervor. Ich sehe aber auch im Wort das gesprochene und damit das Sonore und Performative als Urthematik an, als Sprachevent, und plötzlich hat sich Sprache mit dem ersten gesprochenen Wort ergeben, eine Art Big Bang, wenn man so will, für die Menschwerdung und damit Theatralität und Magie.[59] Der Ursprung der Worte und damit des sozialen Menschen ist aber nicht nur vor langer Zeit von Bedeutung, sondern geht jeder Mensch als Säugling durch und zählt zum magischen Denken.[60] Weiters ist die Macht der Worte für alle Menschen von Bedeutung durch die archetypischen Themen, die verschiedene Kulturen in sich bergen. Die universelle archetypische Rolle Magier (die der Zauberkünstler darstellt) gilt es zu finden. Von dieser Urthematik ausgehend, dass mit dem Wort die Zauberkunst dem Menschen inne wohnt, ist es auch naturbedingt folgerichtig von einer Kommunikation auszugehen, oder anders ausgedrückt, die Zaubervorführung, das Zaubern, als Kommunikation von Effekten zu sehen, das heißt, als ein Abbilden von Effekten im Kopf des Zusehers zu interpretieren, damit dieser oder diese staunt. Dies erfordert eine zwischenmenschliche Situation, das heißt: das Zaubern ist ein soziokulturelles Phänomen und performativ. Als moderne Sichtweise, dass Kommunikation eine wichtige Rolle spielt und

---

56 Adler, Stella: *Die Schule der Schauspielkunst*. [Übs. Maria Buchwald und Angela Schumitz] Henschel: Berlin. 2005. Auf S. 23 ist von Größe die Rede, die ein Schauspieler haben muss und das Kapitel von Seite 169 bis 174 behandelt den Aspekt, dass Schauspieler Aristokraten sind.

57 Vgl. Féral, Josette: „Theatricality: The specificity of theatrical language." In: *SubStance* Vol. 31, 2/3. 2002. S. 105. Siehe Zitat in Buss: a.a.O., S. 15f.

58 Byrne, David: *How Music Works*. Edinburgh/London: Canongate. 2012. S. 301ff.

59 Pinker, Steven: *The Language Instinct: How the Mind Creats Language*. HarperPerennial: New York. 2007. S. 351. (Zitat von Elizabeth Bates).

60 Fraiberg, Selma: *Die magischen Jahre in der Persönlichkeitsentwicklung des Vorschulkindes*. Rowohlt: Hamburg. 1986. Seite 42-44 behandelt das Verschwinden von Gegenständen, das dem Säugling als „normal" erscheinen.

Geschichten dem Zaubern inne wohnen, also dass Zaubern episch ist, soll Darwin Ortiz, ein moderner Close-Up Magier aus den USA, angeführt werden, der festhält, dass jeder Trick eine Geschichte beinhaltet, die die Konfrontation mit dem Unmöglichen darstellt, und die die emotionale Wirkung des Kunststücks verstärkt.[61] Ein Beispiel für theatrale Gestaltung, die einem Kunststück innewohnt und mögliche definierte Geschichten und eine Theatralität der Zauberkunst verlangt, ist das Kartenstechen, das im 20. Jahrhundert und bis jetzt als beliebtes theatrales Kunststück von verschiedenen berühmten Magiern Interpretationen bewirkt hat.

Aus dem 19. Jahrhundert führe ich Ludwig Döbler und Robert-Houdin an, die beide sich der Macht der Worte und Sprache bewusst waren und die Sprache auch eloquent und theatral eingesetzt haben, ihr ein besonderes Augenmerk geschenkt haben; beide waren auch auf Theaterbühnen erfolgreich tätig. Houdin hatte ein eigenes Zaubertheater und Döbler war bekannt als eloquenter Charmeur mit Blumensträußen, die Gedichte von Dingelstedt,[62] dem Theaterdirektor und Freund von Döbler, befestigt hatten. Hier soll nun ein Zitat von Houdin nicht vorenthalten sei, das Einblick auch auf das Universelle von Sprache gibt: der gebrauch von Sprache als Verkleidung, als Andeuten, als indirketes Beschreiben von den eigentlichen Gedanken und Ambitionen, dem Bestreben und der Intuition der menschen in Kommunikation mit einander. Iese sind immer kuturell und sozial gebunden. Sie führen im Kunstsektor zu den performativen, bewegungs aund formritualen im soziokultiúrellem Sinne des Theatralen. Auch das Schweigen, aber durch die situarive im kontext der geschehnisse im fixem Raum-Zeitgefüge der schau, des Theaterraumes, des ereignisses für die Zusseher arangierte Darstellen von Aufmerksamkeiten und Effekterziehlung, dem zaubern zur Unterhaltung und zum erleichtern und Staunen der Zuschauer. Dazu ist eine Situation zu kreieren, aufzubauen; physisch, wie auch dann performativ, praktisch gesehen im Sinne der Aktionen im Raum, die Zauberaktivitäten.[63]

Diese Zitate zeigen die Beschränktheit der Sprache und Worte auf, auf die ich später noch eingehen werde. Das was Worte darstellen ist der Verweis auf Realität und sollen für den Inhalt Garant stehen. Es ist letztlich ein Nachahmen. Da aber Worte nicht die Realität sind und auch nicht direkt überprüfbar, da abstrakt und nicht immer analog zu dem was gegeben ist geäußert werden, ergibt sich die Lüge. Ein Beispiel und Beweis, auf die Unzulänglichkeit und Einschränkung der Worte in einer Sprache sind ungrammatische Aussagen und Nonsens, wie: Küsst der Mädchen Bub das. Hingegen werden Schreibfehler übersehen: Mersenunrntkg des Msehecnn ist gtecisenh vaknrreet. In diesem Falle reicht es den Anfangsbuchstaben und den letzten Buchstaben der Worte zu belassen und den Rest der Buchstaben kann willkürlich angeordnet sein, trotzdem schafft es das Gehirn, die richtigen Worte zu sehen und den Sinn zu machen. Mustererkennung[64] des Menschen ist genetisch verankert. Der Mensch muss Sinn machen und geht automatisch davon aus, dass das was gesagt wurde so ist. Die Macht des Sprechers beruht auf diesem Effekt der sprachlichen Realität, der Rhetorik und Eloquenz. Magier und Zauberkünstler sind sich dessen bewusst, auch wenn Sie nicht sprechen.

Die Situation des Zauberers, ob er, oder auch sie, nun spricht oder nicht, ist von der Art, dass der Magier etwas (Information) seinem Publikum, dem Rezipienten, vermitteln muss, über die Möglichkeiten (räumlich gesehen ist das der Kanal mit seinen akustischen Beeinflussungen, die vom Raum abhängen und dem was dort zusätzlich stattfindet oder sich befindet), die ihm zur

61 Ortiz: a.a.O., S. 27.
62 Debler, Werner: *Leopold Ludwig Döbler. Wiener Hoftaschenspieler und Zauberprofessor aus einem alten Schwäbisch Gmünder Geschlecht.* Einhorn: Schwäbisch Gmünd. 2001. S. 196f.
63 Houdin, Jean Eugène Robert [Übs. Hoffmann]: *Secrets of Conjuring and Magic: Or How to Become a Wizard.* Cambridge Library Collection: Cambridge UP: New York. 2011. S. 78.
64 Block, J. Richard und Harold E. Yunker: *Ich sehe was, was du nicht siehst 250 optische Täuschungen und visuelle Illusionen.* Goldmann Verlag. 1996. S. 48-49: die Flecken auf dem Bild lassen eine Gestalt sehen, wenn man länger hinsieht und eine Person mit Gesicht sehen will, wird man hier zum Beispiel, die Jesus Gestalt erkennen können, oder auf der nächsten Seite, ein Fleckenbild: den Dalmatiner im Park.

Verfügung stehen. Dies gilt auch für *Verbal Magic* von Juan Tamariz, ein Buch das Kunststücke beinhaltet, welche den Zuseher zaubern lässt und den Magier nur über das Wort agieren lässt. Wenn der „Kanal", zum Beispiel über das Radio oder die Objekte mit denen der Zuseher zaubert defekt sind (kleben etc.) wird die Kommunikation der Effekte nicht funktionieren.

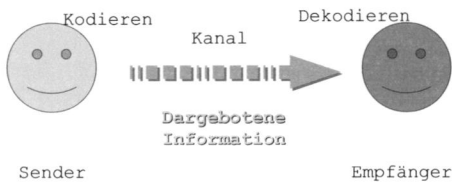

Zeichnung 7: Kommunikationsmodell der Linguistik

Ob das Vermitteln der magischen Information nun in den grob gebräuchlichen Sparten, der Mikromagie (Close-up, Tischmagie, Eckenzauber) oder der Salonmagie (Parlour magic und Partymagie) oder Bühnenmagie (Schau- oder Show- oder Varieté-Programm), Bereiche der physischen bedingten räumlichen Gegebenheiten, zugeordnet wird und damit die Sparten-

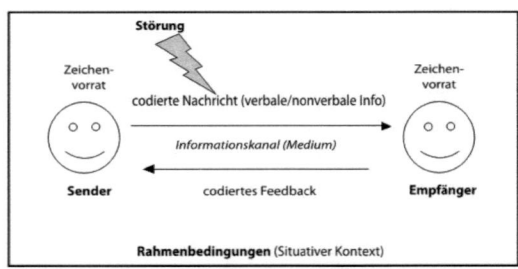

Zeichnung 8: Shannon-Weaver-Kommunikationsmodell

Bezeichnungen tragen, ist zwar praktisch wichtig, aber die Grundstruktur der Gesetze für die Darstellung oder Kommunikation bleibt dieselbe (Zeichnung 8). Im Vergleich dazu gilt das Kommunikationsmodell von den Mathematikern Warren Weaver und Claude E. Shannon, wie in Wikipedia angegeben ist.[65]

Egal, ob Varieté, Kabarett-Bühne, Zirkus oder Schaubuden im Prater, Nachbars Gästezimmer, im Café oder auf der Straße, vom Straßenmagier bis Trickbetrüger, stets gilt: A sendet B eine Nachricht oder eine Information über einen Kanal, bzw. für theatrale Performances, einen Schauplatz, das *theatron*. Vorerst aber ist einmal das Senden relevant und dessen Theatralität in Kontext der Zauberkunst.

Die Information, die vermittelt wird ist von magischer Natur in dem Sinne, dass sie unterhält aufgrund der sensationellen Naturwidrigkeit der Information und ist von der Neugier nach Neuem und Unerwartetem, von der Schau-, Aufnahme- und Wissenslust der Zuschauer, der Rezipienten, getragen und motiviert. Schausteller und Bänkelsänger haben buchstäblich sensationelle Nachrichten und Geschichten dargeboten. Das Publikum hat sich daran erfreut. Das Umfeld der fahrenden Schausteller ermöglicht die Sicht und Erschließung der epischen Tradition der Zauberkunst, bei welcher die zwischenmenschliche Kommunikation im theatralen Rahmen des zur Schaustellens universell gültig ist.

Mordtaten, Verbrechen, Skandale und Sensationen, Leichen und in gewissem Maße auch Kriege oder Schlachten und Gräueltaten sind auf dem Theater und in Filmen, wie auch in Videospielen

---

65 http://de.wikipedia.org/wiki/Sender-Empf%C3%A4nger-Modell [Zugang 09.03.2013]

beliebt, weil gerade hier die Lust an diesen und die Neugier an diesen befriedigt wird. Der Krimi hat seine Anziehung in der intellektuellen Befriedigung, die Tat des Verbrechers aufzudecken. Ich verweise auf das zu Beginn Zitierte von Aristoteles *Poetik* auf Seite 10 diesem Essays. Das Lernen an der Nachahmung von Handlungen und der Aufdeckung zum Beispiel des Mordes, dem Ödipus nachgeht in Sophokles *Ödipus Rex,* ist eine Detektivarbeit, an der die Zuseher großes Vergnügen haben; auch wenn es sich als, oder gerade weil es, eine Tragödie im besten Sinne von Aristoteles Standpunkt aus ergibt.

Als wesentlich für Zauberdarstellungen ist das Staunen der Zuseher. Bei guter magischer Unterhaltung staunen die Rezipienten und wollen mehr erfahren, über ihre Empfangsorgane, den fünf Sinnen (Sehen, Hören, Tasten, Riechen, Schmecken) an dem was der Zauberkünstler darstellt und an Informationen darbietet im Kopf[66] zu erleben, gerade auch um zu überprüfen, ob das alles echt ist. Es ist eine körperliche und sinnliche Kunst, die gerne auch mit Essen in Verbindung gebracht wird. Es hat zu Döblers Zeiten zum Beispiel auch Döbler Torten und Bretzen gegeben. Ob die Kommunikation nun stumm oder verbal ist, ist nicht entscheidend oder beeinflusst die Struktur des Sendens und Empfangens von Informationen nicht, diese ist und bleibt universell gültig.

2.1.1) Psychologische Universalien – die Lust als Motivation der Zuseher

In einer gelungenen magischen Kommunikation kommt es zum Kontakt, oder Austausch von Informationen, zwischen Magier und Zuseher. Magische Information wird vermittelt. Das diese Informationen streng genommen Desinformationen sind, sprich Lügen, ist jedem regulären Zuschauer bekannt. Wenn nicht, ist er zum Opfer geworden, wenn der Magier die Situation unlauter ausnutzt. Der gebildete Zuseher lässt sich vielmehr wissentlich auf dieses Spiel des überzeugenden Blendwerks ein. Auch bei *Carneval Magic* und betrügerischen Gaunern, die meist in jenem Umfeld, wie auch Trickbetrüger auf der Straße im Prater, ihr Geschäft oder ihren Betrug betreiben, lassen sich Zuseher immer wieder auf ein Spiel ein. Die Betrüger, wie auch Schausteller, wissen, dass der Zuschauer zum Opfer wird, da er seine menschlichen Eigenschaften und Laster nicht ablegen kann, nämlich die Gier nach Geld und Gewinn, wie auch dem Geltungsdrang und dem Streben nach Ansehen und Beachtung, wie auch Freude an der Schau und Lust am Vergnügen des Beschauens und Erlebens von Ungewöhnlichem, Spektakulärem. Eine Nische des Theatralen, wo sich die Lust am klarsten zeigt, wie sie Aristoteles auch erwähnt, ist mit den amerikanischen Sideshows, Carneval Magic und den Dime Museen, Travellingshows, dem Zirkus, Artisten und Attraktionen, und dem britischen Music Halls gegeben. Bei den Glücksspielen wird der gebildete oder wissende Zuseher ebenso zum Opfer, da auch er in der aufgebauten Situation des, zum Beispiel, Kümmelblättchens, dem verführerischem Blendwerk des Betreibers solcher manipulierten Glücksspiele ausgeliefert ist und ist verleitet doch zu setzten oder mitzumachen. Die Gier und den Geltungsdrang kann man den psychologischen Universalien zuordnen, in deren Ausgangspunkt die generelle Lust steht. Die Lust wird umso größer, umso eher der Vollzug der Erfüllung gegeben ist. Theodor Lipps[67] beschreibt die Lust, als etwas, das auf die Möglichkeiten der Gegebenheiten angespannt lauere und als eine Art Energiebündel, wie bei einer chemischen Reaktion, das da nur eine Art Hemmschellenwert brauche, um zur Lösung und Reaktion zu gelangen, damit dann das Lustprinzip seine Befriedigung bekommen kann. Lipps sieht das Listprinzip als etwas, das auf körperliche Sachverhalte Ausgerichtes, das scheinbar alles, oder vieles, über längere Zeit, an Kombinationgabe aufwende, wie: Warten, Suchen, Kombinieren, bis dann die Faktoren so günstig sind, dass das Befriedigungsziel, die Lusterfüllung, erreichbar erscheinen. Zeit und Wahrscheinlichkeit,

---

66 Letztlich sind alle zu erzielenden Wahrnehmungen der Umgebung im Gehirn der Zuschauer. Siehe dazu: Martinez-Conde, Susana und Stephan L. Macknik: „Wie Zauberer mit der Wahrnehmung spielen". In: *Spektrum der Wissenschaft.* Juni 2009. S. 44-53.

67 Lipps, Theodor: *Komik und Humor: Eine psychologisch-ästhetische Untersuchung.* Outlook: Bremen, Deutschland. 2011. S. 151.

Ansammeln von Informationen, und das Merken, beziehungsweise dann, Abrufenkönnen, solcher zielversprechenden Inhalte, sind, bei Lipps, ansätzliche Beschreibungsblickwinkel, die so gesetzte Perspektive, wie sie auch bei auffindbar ist, des von Sigmund Freud begrifflichgewordenen Lustprinzipscharakters. Diesen Charkterzug des menschen finden wir aber nicht nur bei sexuellen oder anderen körperbedürfnissen, welche zu den essentielleren des mennschen gehören, wie Kälte zum Beispiel, oder essen und andere mehr wie noch später nach Abraham maslow zietiert oder refrenziert werden soll.

Beim Hütchenspiel gewinnt der Zuseher zu Beginn, nachdem er gesehen hat wie andere verloren haben wo er eindeutig gesehen hat wo das Bällchen ist und gewonnen hätte. Dies bestätigt den Spieler weiter zu machen, um die Situation des illegalen Spiels auszunutzen und das allzu leichte Spiel zu gewinnen. Doch dann kippt alles. Umzingelt von anderen Zusehern ist das Opfer im Zentrum der Aufmerksamkeit und glaubt die Situation im Griff zu haben, ist aber eingeschlossen und kann nicht so leicht den Verlauf abbrechen und Aussteigen. Im Gegenteil er wird dazu indirekt gezwungen weiterzuspielen und letztlich alles zu setzten und zu verlieren. Gerade dann, wenn auf einmal alles verloren ist, komme die Polizei und alles verflüchtigt sich, das Opfer ist allein und ohne Geld. Zudem kommt ein Fremder zufällig vorbei und nimmt sich dem Opfer und seiner Erzählung an und raubt ihm auch noch die gesamte Brieftasche mit allen eventuellen Dokumenten. Das Opfer hat keine Chance gehabt zu gewinnen, beziehungsweise durch Teilhabe am vermeintlich durchschauten Betrug sich bereichern zu wollen hat das Opfer übersehen, dass er das Opfer ist, das ausgenommen wird und von Anfang an werden sollte und niemand anderer. Die Lust ist zu groß sich zu bereichern und schlägt um mit einem bösen Erwachen und Erkennen der Situation.

Wie sehen nun die mechanisch interpretierten Abläufe bei jedem Menschen nun aus die universell gelten sollen in der Psychologie? Sigmund Freud[68] hat zu Lust und Unlust im Zusammenhang mit dem *Ich* festgehalten, dass jene Lust und Unlust automatisch und kontrollierend wirken. Nachdem das Ich Erfahrungen der Außenwelt gespeichert hat es verschiedene Arten der Reaktionen auf die Wahrnehmung der Außenwelt. Bei einer Reizüberstärkung, zum Beispiel, folgt eine Flucht des kontrollierenden Ichs, als Reaktion, jedoch passt sich das Ich an bei mäßigen Reizeinflüssen der Außenwelt. Aber immer ist das Ich, laut Freud, bestrebt die eigene Lust zu erfüllen, dass heißt, die Außenwelt zweckmäßig zu verändern sucht, durch Einflußnahme auf das Es, welches die Triebe leitet und so über die Kontrolle und Erfassung der Möglichen Aktionen zum Zwecke der Wahrnehmung der Außenweltsveränderung, um eben den Trieb der Lust dann zu bewirken. Also ein Abwarten auf den richtigen Zeitpunkt, der günstigen Lage der Außenwelt. Dabei entsteht eine Spannungslust und steigert daher die Lust durch den Wechsel zur Unlust, und wieder Reizspannungsaufbau bei wiederholung der Reize der Außenwelt. Es sei, so Freud, der Wechsel der Reizspannungen, dass heißt, der Rhythmus in dem die Reizspannung stark erhöhten und zu schwachen abwechseln. Generell strebt das Ich nach Lust mit deren Erfüllung, aber die Unlust will es ausweichen.

Der Mensch hat also die Tendenz überstarken Reizen auszuweichen oder empfindet die Auflösung derer als angenehm. Ein Vergleich dazu ist die universelle Harmonie in der Musik, wo Dissonanzen in Wohlklang folgerichtig gelöst wird und sich ein Wohlklang ergibt, so ist auch der Mensch dazu generell geneigt dem Lärm und Übertriebenen eher auszuweichen. Der Zauberkünstler versteht es ruhig und angenehm zu wirken, in dem er sich den Gegebenheiten und Normen anpasst und sie zu seinem Vorteil nutzt. Zudem setzt er Ungewöhnliches so ein, dass es interessant wirkt und eine Steigerung der Aufmerksamkeit verspricht, was das Interesse und die Lust der Erfüllung im Zuseher erhöht. Durch die Erfüllung des Spektakulären mit den Effekten, erzeugt der Magier eine Entspannung, eine Abfuhr von Affekten, eine Katharsis. Das Muster oder der Rhythmus von Spannung und Entspannung und die Leitung der Gedanken der Zuseher durch erzeugte Verdachtsmomente, wie was funktionieren könnte, steigert die Lust und die Aufmerksamkeit der Zuseher so, dass mit dem Höhepunkt, der Vollzug des Kunststücks mit dem Effekt, die Befriedigung einsetzt. Wenn der Zuseher ausgenutzt wird, tritt Unlust ein, wenn er aber als Sieger

---

68   Freud, Sigmund: *Abriss der Psychoanalyse*. Reclam: Stuttgart. 2010. S. 10f.

hervorgeht, er verliert nichts und nichts Negatives ist geschehen, das dem Zuseher Schaden zugefügt hat oder er auf seine Kosten kommt und unterhalten ist, dann will er meist mehr. Mit diesem positiven Gefühl des Publikums der Lust nach mehr, muss der Zauberkünstler es verlassen.

2.1.2) *Kulturelle und sprachliche Universalien – das Unbewusste als Ursprung der Wunder*

Kulturelle Universalien, die die europäische Tradition betreffen, sind philosophischer Natur im klassischen Sinn. Dass uns Menschen die Sinne bekanntlich nicht alle Informationen bieten, die wir haben wollen oder manchmal bräuchten, um der Realität näher zu sein, ist nichts Neues unter der Sonne. Optische Täuschungen[69] von Escher und anderen Nachfolgern im deutschsprachigen Raum oder philosophische Nachfolger von Platons Höhlengleichnis gehören zur Tradition der Konstruktivisten. Das Höhlengleichnis besagt, dass wir, gleich Gefangenen, in einer Höhle gefesselt sind, dem Licht und der Kenntnis der Außenwelt abgewandt, dass nur Schatten, also Abbildungen der äußeren Realität, zu sehen sind. Jeder Versuch ist, sich dem Licht der Kenntnis zu nähern, mit Schmerzen und Opfern verbunden.

Nach Arthur Schopenhauers *Welt als Wille und Vorstellung*,[70] der sich mit Immanuel Kants *Ding an sich* auseinander setzte, wo die eigentliche Realität der Wahrnehmung und dem Denken des Menschen verborgen bleibt, ist der populäre Höhepunkt nun mit dem Konstruktivismus[71] des 20. Jahrhunderts gegeben; wenn man so will, die kritisch-skeptische Sicht der menschlich wahrgenommenen Welt.

Heinz von Foerster[72] und Paul Watzlawick,[73] so auch Ernst von Glaserfeld und andere, haben diese Philosophie und wissenschaftliche Haltung stark vertreten oder tun dies mit ihrem Werk noch heute. Die Welt an sich ist eine Realität und eine Wahrheit, die nicht dem Menschen zugänglich ist. Das ist allen Kulturen meist bewusst und findet sich in der Philosophie oder Religion aller Kulturen wieder. Wir sind sozusagen Blinde, die mit den Worten und Handlungen versuchen Kenntnis oder Licht ins Unwissen und Dunkel zu bringen. Wir bedienen uns der abstrakten Worte, um die Realität zu manipulieren.

Trotz der klar durch eine Gemeinschaft definierten Worte und der Kommunikationsprozesse, die an sich messbar und aufzeichenbar sind, spielt sich vieles nonverbal ab und vieles an der *Chemie*

---

69 Dazu gibt es im visuellen Bereich viele Beispiele in der Literatur:
    Ditzinger, Thomas: *Illusionen des Sehens Eine Reise in die Welt der visuellen Wahrnehmung.* Elservier
    Spektrum Akademischer Verlag. 1. Ed. 2006. Zum Beispiel S. 37: Quer- und Längsstreifen, die Oppel-
    Kundt'sche Täuschung, man sieht in einem T-shirt mit horizontalen Streifen, die Höhe verlängern, also
    schlanker aus als wenn die Streifen vertikal sind, da sieht man breiter aus. Und S. 153: zwei waagrechte
    Zeigefinger vor der Nase in einem bestimmten Abstand gehalten ergeben eine wurstförmiges, fleischiges
    Fingerteil, wenn man den Hintergrund fixiert und nicht die zwei Finger.
    Picon, Daniel: „Optische Täuschungen". In: *Spielen Denken Lernen.* Fleurus Verlag. 2004., um einige zu
    erwähnen. S. 19: Oppel-Kundt'sche Täuschung: sechs schwarze Balken neben einander sehen kürzer aus
    als der gleichlange weiter entfernte Siebente, der gleichen Länge, der sieht länger aus. Und S. 94: ein
    Bleistift zwischen zwei Fingern (Daumen und Zeigefinger gehalten und hin und her geschüttelt mit
    gleichzeitiger Auf- und Abbewegung der Hand, gibt die Illusion, dass der Bleistift aus Gummi sei, sich
    verbiegt.
70 Schopenhauer, Arthur: *Die Welt als Wille und Vorstellung.* [Bd. I u. II] Reclam Verlag. 1987.
71 Oberbeck, Stefanie und Karin Hoffmann, Hsg.: *Einführung in den Konstruktivismus Beiträge von Heinz
    von Foerster, Ernst von Glaserfeld, Peter M. Hejl, Siegfried J. Schmidt und Paul Watzlawick.* Serie Piper
    Verlag. [10. Aufl., Bd. 5] 2008.
72 Foerster, Heinz von und Berhard Pröksen: *Wahrheit ist eine Erfindung eines Lügners Gespräche für
    Skeptiker.* Carl-Auer Verlag, [8. Aufl.] 2008.
73 Watzlawick, Paul. Hsg.: *Die erfundene Wirklichkeit Wie wissen wir, was wir zu wissen glauben?
    Beiträge zum Konstruktivismus.* Piper Verlag. [17. Aufl.] 2004.

zwischen den Menschen spielt eine Rolle, die den eigentlichen Erfolg von Kommunikation gewährt oder scheitern lässt. Das sind Dinge, die man nicht offensichtlich wahrnehmen kann, abgesehen vom Resultat der gelungen oder fehlgeschlagenen Kommunikation. Diese versteckten Faktoren und Kommunikationseinstellungen oder Mittel werden dem sogenannten Unbewussten zugeschrieben. Wenn die Kommunikation ein Eisberg wäre, dann ist der Großteil des Eisberges Unterwasser (das Unbewusste), den man nicht sieht und der eine Titanik zu versinken vermochte, dient dabei meist als bedrohliche Metapher. Es ist also kein Wunder, dass aus dem europäischen Raum die Psychoanalyse und die Sichtweise des Unbewussten bald aufkam, die der Tradition des Skeptizismus entspringt. Gerade in humanistischen Belangen können gerade auch hier im weiten Land des Unbewussten vielfältige Fehleinschätzungen und Irrläufer stattfinden. Es ergibt sich das populäre Verstehen durch, das läuft „unter"bewusst ab, oder das hab ich „unter"-bewusst gespürt, etc. Gemeint ist selbstverständlich das Unbewusste von Freud. Auch im Englischen heißt es unconsciousness und nicht subconsciousness, und bedeutet auch nicht bewusstlos, also nicht KO-Schlag. Doch was ist auch hier nach dem Stand der Wissenschaft bis jetzt doch anerkannt und gilt als universell gegeben beim Menschen?

Carl Gustav Jung hat in Zusammenhang mit dem *kollektiven Unbewussten* (welches das teils Bewusste und teils Unbewusste des Über-Ichs darstellt) zur Religion und den Mitgliedern von europäisch-christlichen Gemeinschaften festgehalten.[74]

Er verweist dabei auf die Bilder der kulturell evidenten Religionen, wie er sie interpretiert hatte, und damit kann man schließen, dass es auch vor allem die Ikonen der erwähnten Religionen einschließen müsste, welche die übermittelten Symbole und deren körperlichen Gesten, damit auch bildlich beinhalten können. Auch buchstäblich sind sie mitunter in Ritualen ein wesentlicher Bestandteil im Geschehnis, wie ich es behaupte. Zum Beispiel ein Pietabild, oder ein Stab, in all seinen Darstellungsformen, ein Kreuz, ein Dom des Gebäudes, welches sich als bildliches Signifikat der äußeren Formgebung in der Architektur verstanden werden kann, aber auch eine Kirchenturmspitze, ein signifikantes Händehalten im Gebet, oder die Hände in Verwendung bei anderen ritusähnlichen Bewegungen, so wie zur Taufe, zur Segnung, zum Grüßen, und vieles in diesen solcher uniformen oder konnotierten Religiongebräuchen verankerten Gebärdenspiels, als Bewegungsablauf der Gesten. Bei Passionsspiel ist derlei auch dramaturgisch relevant und somit Theatral. Auch bekannte Gemälde, welche *Tableau Vivants* zeigen, wie sie mitunter in Geschichtsbüchern zu finden sind. Diese visuell beinflußten und signifikanten Eindrücke und deren Symbolen und Symbolik ergeben sich als Thema in den diversen beeinflussten Religionen, welche Jung für seine Archetypen verwendet hatte, sind aber auch Gegenstand des Theatralen, des mit dem Körper dargestellte Emphase und Kommunikation mit Verweis auf etwas Anderes, nicht Gegenwärtiges, darstellbar Wundersames und Besonderes. Was Jung hierbei auch erwähnt sind die Wirkung der Symbole, welche sich einer Vernunft ergeben und damit zur Abnutzung der Symbole selbst geführt habe. Es sei mit jenem Vernuftsgebrauch dieser Bilder und deren populistisch gewordenen Nutzungen, welches sich in modernern Theaterstücken des Mitte 20. Jahrhundert im sogenannten Theater des Absurden, wie auch bei der späteren Off-Off-Broadway Theateravantgard, der Französichen Theateravandgard des 20. Jahrhunderts, jenes Genres des Absurden welche immer wieder nicht funktionstüchtige Symbole verwendet haben. Ein Martin Esslin war es nicht nur gegeben bis heute noch uns solches klärende Wissen über das Absurde der modernen Kultur und deren Fortschrittes mit all ihren Bildern und ihrem Lauf der Zeit der postindustriellen Revolutionen. Das Absurde Theater, welches oft als Stoff und damit Thema sich in solchen Stücken des Theaters signifikant ergeben, sind symbolischer Wirkung auch durch deren Symbolkritik. Die kulturellen Symbole und die Bildersprachen sind so mechanisch und unbewusst bekannt, jedoch mit der modernen Zeiterscheinung überreizt und somit funktionstüchtig geworden. Sogar ein simpler Totenschädel, wie er in Hamlet oder Dr. Fautus anmuten kann, wird als schal und unbedeutend wirken können. Durch die moderne Zeit ist der Totenschädel als Symbol des Todes oder des Sterbens, mit dessen kuturellen Implikationen, mehr alleine als solcher nutzbar oder alleine als

---

74 Jung: a.a.O., S. 16.

Gegenstand wirksam, wie es zuvor wahrscheinlich mehr symbolische Wirksamkeit als Requist und Thema im Theater wahrgenommen werden konnte. Nur durch eine bewusstgewordene Erkenntnis dieser modernen Realitätsentwicklung jener Zeit, macht das Absurde der theatralen Situationen jenes Genres als Theatererlebnis sinnhaft. Die regulative, vorschreibende Vernuft, die Kenntnis, wie auch Fehlkenntnisse, durch Überkenntnisse der Tatbestände, es vereiteln können, die simplen Funktionsweisen der Symbole von Traditionen, Riten und der Religionen selbst, sinnhaft zu begehen, wenn jene überhaupt von den Wurzeln her soweit erfassbar und für betroffene konsolidiert werden konnten. So wird bei Jung die Annahme klar, dass die Vernunft, welche er hier anspricht, den modernen Menschen in den Metropolen mit all ihren seelischen, sozialgebundenen Problemen durch solch Vernuftsanbahnung, im auch therapeutischen Kontext, bewusst klarstellenden und heilenden Charakter haben und durch Bewusstwerden dieser Inhalte heilsam werden können. Das individuelle Selbst im Bezug zu den Anderen als kuturelles Hindernis und Spaltung durch Analyse in der biographischen, frei assozierten Sprachperformanz der Patienten, wird in der modernen Psychologie des beginnenden 20. Jahrhunderts mit der Tiefenpschologie damit etwas klarer. Bei Jung ist der Nutzen der Bilder der Religion, und deren Ritus, damit einer kontraproduktiven, allgemeinen Benutzung ausgesetzt, sie steht ihrer Funktionweise des Reinigenden, der Karthasis und der Läuterung, des Purgativen der praktischen Nutzung und Anwendung im psychosozialem Kontext im Wege. Wenn demnach es sich so darstellt, kann interpretiert werden: die Bildernutzung solcher Symbole sind einfach durch die Massenwirkung bildlich übersättigt. Auf die heutige Zeit, der hyperrealen, digitaldominierten Technologiezeit und deren Zeitgeist des Akquirierens von Informationen und Nutzung derselben, übertragend: Menschen sehen vor lauter Display die Realität nicht mehr, und diese, absurder Weise, auch erkennen, trotz ihrer funktionalen Demutshaltung und Abhängigkeit im Gebrauch selbst, sich selbst nicht mehr.

Die Trennung des Bewusstseins des Menschen in Bewusstes und Unbewusstes, ist seit Freud, spätestens mit seiner Psychoanalyse, weitverbreitet, aber schon vor ihm Thema gewesen und diskutiert worden, wie von Friedrich Nietzsche, Eduard von Hartmann und Schopenhauer.[75] Das Unbewusste hat seine fundamentale Bedeutung in der Tiefenpsychologie und in der Psychoanalyse gewonnen. Unter Unbewusstes wird alles Verdrängte und Vergessene des Bewusstseins gezählt. In der kognitiven Neurowissenschaft sind alle Automatismen des Menschen Unbewusst. Für Magier erscheint relevant, dass dieser durch Training und Übung verschiedene Kunststücke auch durch Schauspielmethoden internalisiert, das heißt, automatisiert hat und nicht darüber nachdenken muss wenn er agiert, sondern die Aufmerksamkeit dem aktuellen Sachverhalt widmen kann.

Freud hatte vor allem in der zweiten Hälfte seiner Forschung versucht seine Philosophie und seine Ergebnisse und Ansätze als universell zu belegen, um naturwissenschaftlich damit zu werden, denn was er tat war introspektiv und damit, erstens, relativ subjektiv, autoritär und kritikscheu, bis zu, zweitens, selbstneurotisierend.[76] Er war zwar Mediziner hatte aber mit der Annahme, dass er mithilfe des Wortes des Patienten zur Heilung von psychischen Erkrankungen kommen könne Neuland betreten und war auch angefeindet, beziehungsweise kritisiert worden.

Jacques Lacan[77] hatte, als Freudianer, dieses System der Spaltung der Psyche in Bewusstes und Unbewusstes auf die Linguistik übertragen und damit, analog zu Freud, betrachtet, dass das Wort, beziehungsweise die Sprache, der Schlüssel zum Unbewussten ist. Das Zeichen, dazu gehören auch Geste und Körpersprache, sind mit dem Konzept des Unbewussten für die vorliegende Betrachtung und Darlegung wichtige Bestandteile, um die Struktur der Theatralität der Zauberkunst und dessen Wesen besser zu veranschaulichen und zu verstehen. Die Kunst liegt in dem, was nicht gesagt wird, was vorenthalten wird, das was sich unbewusst und durch Andeutung ergibt und somit das Unbewusste der Zuseher anspricht. Oder wie es Thomas Stern Eliot formuliert hat: „To allude is to create", was sich auf alle Künste bezieht; und wie Pablo Picasso es formuliert hat: „Die Kunst ist

---

75 Onfray, Michel: *Anti Freud – Die Psychoanalyse wird entzaubert*. Knaus: München. 2010. S. 45 ff.
76 Borch-Jacobsen, Mikkel und Sonu Shamdasani: *The Freud Files: An Inquiry into the History of Psychoanalysis*. Cambridge University Press. 2012.
77 Lacan, Jacques: *Ecrits*. Paris. 1966. S. 502ff.

eine Lüge, die uns die Wahrheit erkennen lässt".

Beim Zaubern ist die *Wahrheit*: dass wir alle an *Wunder* glauben, beziehungsweise uns nicht des *Glaubens* entziehen können, da naturgegeben. Oder konkreter, der Mensch macht sich selbst gern was vor und lässt sich gerne belügen, sozusagen will belogen werden, wenn es zur angenehmen Illusionierung beiträgt, wie auch kann sich nicht der Illusion entziehen oder sich vor Täuschung schützen. Der Denkansatz, der nun folgt ist: Im Unbewussten liegen die Wunder, die Freude an der Natur und dem Dasein des Menschen, wie auch seine Ängste. Denn wo sollten sie denn sein, wenn nicht im Unbewussten, wo sich die Gefühle, das Irrationale und das passive Wissen angeblich befinden? Denn Wunder verlaufen offenbar gegen den Verstand und werden mit der Bezeichnung Wunder funktioniert, nicht kritisch und vernunftmäßig erklärbar gemacht, sonderen religiösen Semantik der Freude und Erlösung von Leid zugewiesen. Man kann sie scheinbar nicht wissenschaftlich erklären, wenn man nicht weiß, wie sie zustande kamen oder auch wenn Informationen verheimlicht wurden, oder verloren gegangen sind. Ein Lüften des Geheimnisses und der Täuschung klärt den Sachverhalt und wenn das nicht möglich, hilft ein Double-Blind Test, in der Wissenschaft der Fakten, zu belegen, dass es kein Menschenwunder ist, dass nichts passierte, was behauptet werden kann. Doch was sei die universelle Struktur von Sprache, über die man zu den Wundern verbal und nonverbal (Geste, Körpersprache) als Magier gelangt, jene Phänomene, die man nicht erklären kann und nach einem *Wie* verlangen, *Staunen* und *Rätseln,* bzw. auch Emotionen hervorrufen können?

2.1.3) Strukturelle Unzulänglichkeit der Sprache

„Sprache ist ein Trick"[78]
Laurie Anderson

Worte und Wortfolgen gleichen einer Landkarte, einem U-Bahnnetzplan, welches nur ein Modell ist und nie 1:1 übersetzbar ist; es sind nur gewisse Informationen beinhaltet, die für die Betrachtung und den Zweck des Modells nötig sind. Bei Worten ist die Betrachtung und der Zweck vom Betrachter und seinem Denken und Wortgebrauch abhängig. Dieser sieht seine subjektive Anschauung als die Entscheidende an und wird sie somit dementsprechend vertreten und auch das finden wonach er sucht, um sein Modell, seine Idee, sein Konzept oder Weltbild in Worte zu fassen. Laut Jacques Derrida, dem Dekonstruktivisten, gilt, dass jede textliche, wie auch, mündliche Äußerung eine Lüge ist, da sie aus Zeichen, Worte, bestehen, die auch diachrone, also sprachgeschichtliche und andere referenzielle Zusammenhänge zu anderen Zeichen haben, die in einer Äußerung ausgespart werden müssen, um in der Sprachperformanz Sinn zu machen. Sprich für Derrida ist es unmöglich mit Sprache nicht zu lügen, aufgrund der polysemischen, generativen Natur von Zeichen und Worten. Das heißt: das Zeichen synchrone und diachrone Vernetzungen zu anderen Zeichen haben mit anderen Zeichen, die bei den Strukturalisten durch die Struktur der Unterschiede zu einander erst die Tiefenstruktur ausmachen. Das heißt, die Natur der Worte ist generative und beinhaltet weitere Worte, die nicht alle in einer Sprachperformanz ausgesprochen oder geschrieben werden können. Somit ist jeder Text, jede Sprachleistung, ein Konstrukt, das die versteckte Struktur, die Tiefenstruktur des humanen Bewusstseins beinhaltet. Diese Tiefenstruktur ist interdisziplinäre und lehnt jedes ontologische und epistemologische Wissen oder jede solche Annäherungen ab, die vor allem durch Platons und Aristoteles Philosophie vertreten sind. Das heißt, dass vom Platonischen Ansatz, der Suche nach Ideen, die göttlich von Außen gegeben oder von *Oben* (dem Jenseits) kommend sein, nun nicht mehr ausgegangen wird, sondern in der Analyse der *am Boden* in der Realität, die den Menschen umgibt, nun die Lösungen und Inhalte zu suchen sind, in der Tiefenstruktur des irdischen und sozialen Konkreten. Die Wahrheit oder die Wissenschaft ist unter uns und die Kenntnisse werden versucht im Detail mit analytischer Methode zu gewinnen.

---

78 [Übs. CG] Ein Kommentar von Laurie Anderson, amerikanische Künstlerin, [performative] Sängerin (Lied: „Language is a Virus" inspiriert von William S. Burroughs gleichnamigen Roman.)

Wenn man so will hatte Freud den Stein ins Rollen gebracht, er war Atheist aber äußert abergläubisch, und erfolglos mit all seinen Sitzungen, denn geheilt war niemand von seinen Patienten der gehobenen Klasse; die Niederen konnten sich das auch nicht leisten und sollten nicht sein Analysefeld sein.

Aus der kognitiven Psychologie weiß man, dass jeder Mensch eine subjektive Wahrnehmung hat und immer etwas anderes wahrnimmt als ein anderer: jeder Mensch sieht durch seine persönliche Erfahrung und Neigung andere Inhalte als wichtig an. Weiters sieht jeder Mensch gerne Zusammenhänge auch dort, wo keine sind.

Die Außenwelt und ihre Darstellung [selektive und adaptierte Wahrnehmung] in unseren Köpfen, mit den Verbindungslinien der beiden, sind nicht viel mehr in Zusammenhang zu sehen, wie die Verbindungslinienbildungen im Sternenstaub am nächtlichen Firmament, der aber nicht mehr ist, als eine mit Linien verbundene Punktelandkarte, welche von uns selbst bekannte Muster in unseren Köpfen in deren offenbaren Konstellation der Sterne projizieren lassen, um dort für uns als signifikantes Muster erkannbar zu werden, wo sich gar nicht existieren können. Unser Vorstellungvermögen und unserer Sinne lassen uns zwei Fische an einer Angelleine sehen, wo nur eine Sternenarche ist.[79]

Ein Beispiel bei dem sich belegt, dass jeder mit Sprache das individuelle Vorstellungsbild, die Wünsche und Begierden eines Menschen, Probleme, die einen beschäftigen, erraten kann oder andeuten kann, ist das sogenannte *Cold Reading*. *Cold Reading* gehört zur Zauberkunst der Mentalisten und zu sogenannten Wahrsagern, das dem Publikum das bietet, was es bewusst, und vor allem das, was es unbewusst, hören will gibt. Die Opfer bekommen das zu hören, was sie insgeheim wollen und damit ist der Effekt des Wahrsagens und Hellsehens manifestiert. Dies sind die selben Prinzipien von Horoskopen und anderen ähnlichen Wunscherfüllungen, wo so allgemein zutreffend etwas beurteilt oder vorhergesagt wird, dass es bei allgemeingültiger Logik und nicht-skeptischer Interpretation, dann auch stimmig wirkt und richtig erscheint. Ein Werbeprospekt wie: „Großer Ausverkauf, morgen, auf dieser Straße!" sagt scheinbar etwas Konkretes aus, bleibt aber komplett unkonkret. Der deiktische (deiktische Worte: Personal Pronomen, hier, heute, diese, bestimmte Artikel etc.) Gebrauch von Worten suggeriert etwas Konkretes ist aber aus dem Kontext gerissen und ziemlich sinnlos. Das heißt, jede Sprachperformanz ist eine textliche Äußerung mit ihrer eigenen Realität und Bezüglichkeit, wie auch Romane, eine eigene Welt darstellen und der Erzähler (Ich Erzähler, Dritte Person Erzähler, etc.) nicht der Autor selbst ist, ist der Zauberer nicht der Zauberkünstler. Der Unterschied zur literarischen Epik zeigt sich in der Länge und in der Struktur der beiden Medien. Das eine, die Erzählung, beziehungsweise der Roman, mag, je verwickelter und länger er ist, um so unterhaltsamer sein; wo hingegen (analog zu Aristoteles) die dramatische Zauberkunst sich vor allem in der Kürze und Pointiertheit auszeichnet und dadurch zur besonderen Wirkung aufsteigt. Mit anderen Worten ausgedrückt, ein polysemischer Wortschwall in der Zauberkunst führt zur Verwirrung, und die Verwirrung ist, laut Dai Vernon, nicht magisch. Durch die Kürze und Klarheit gekreuzt mit Einfallslosigkeit und Unwissen aber, ist der Zauberkünstler dazu verdammt, immer dasselbe, wie andere, zu präsentieren, wirkt dadurch banal und früher oder später uninteressant; hast Du einen dieser Magier gesehen hast Du so gut wie alle dieser Art von Magiern gesehen; wahrscheinlich sogar mit denselben Pointen. Ein unterfordern des Zusehers ist also nicht zu bewirken. Doch wie kann der Zauberkünstler kompliziertere, anspruchsvollere Inhalte theatral gekonnt kommunizieren, mit Worten die einerseits nicht konkret sind und andererseits scheinbar nur in einer gewissen Kombination überzeugen? Ich meine es ist möglich, durch eine Kontaktaufnahme und ein Rahmen-setzten, dem, so wie ich es nenne: Referenzsystem, nicht nur

---

79 Chabon, Michael: „Foreword." In: Hyde, Lewis: *Trickster Makes This World: Mischief, Myth, and Art.* Farrar, Straus and Grioux: New York. 2010. S. xi. [Übs. u. Anmerkung CG]

Deixis der Zeit und des Raumes, sondern auch von Bezugspersonen, die nicht zugegen sind aber erwähnt werden und von suggerierter Atmosphäre und Stimmung, wie auch Handlung und Manipulation der Gedanken der Zuseher. Dazu bedarf es Körpersprache und weniger, allgemeiner Worte, als man es sich vielleicht vorstellt. Darauf aufbauend kann man dann weiter fortfahren und erspart sich viele Worte und unnötiges Plaudern, um gute Stimmung zu machen oder wichtige Informationen zu bekommen, um treffend zu formulieren oder den „Text" umzusetzen. Dazu sind Gesten nötig.

Die *Ostentazione* mit ihrer Geste wurde zu Beginn ausgeführt. Dies ist ein Aspekt der für die Zauberkunst, gerade im manipulativem Zusammenhang mit der Fertigkeit, ein wichtiger Aspekt, der universelle Gültigkeit beim Menschen in seiner ursprünglichen Form hat. Denn für allgemeine Sprachleistungen im Alltag gilt auch eine unumgängliche Gestensprache, vor allem auch mit den Händen. Dies zählt für mich zum Kopf-Hand Dualismus in meinem Oppositionsmodell auf Seite 16, Zeichnung 4. Wie Ellen Fricke ausführt,[80] ist der gebärden- und handsprachliche Aspekt generell in die Aufmerksamkeit gerückt. In der Linguistik zum Beispiel: mit den Grammatiken, die auf dem geschriebenen und gesprochenen Wort oder der verbalen Sprachleistung beruhen, ist jene vernachlässigt worden, oder durch die Verbreitung von Gebärdensprache ist jener Teil formal der in der Kommunikation ins Zentrum der Aufmerksamkeit gerückt. In anderen Sprachanwendungen, wie zum Beispiel der Umgangsprache, wie sie im Alltag vorkommen können, wurde von der traditionelleren Linguistik, die mit einem strengeren, selektiven, außschließungsbewussten Fokus arbeitete meist rudimentär, zensorisch behandelt; welche sich meist auf eine vorschreibende, präskriptive, 'Schwarz auf Weiß' Grammatik beruft hatte, von solcher beeinflusst war, aber auch jener unterworfen war. Mit Fricke wird klarer, dass die Gebärden und deren Stellenwert in der modernen Linguistik, welche sich nun auch auf erfassbare, beobachtungsbeeinflussten Daten beziehen, welche sich auf den aktuell umgangsprachlich vorkommende und verwendeten Sprachgebrauch beziehen. Dadurch ergeben sich neue Einflüße für die Theaterforschung. Der somit erweiterende Bereich der Performanz und deren sprachlichen Performance im Theater, in den darstellenden Künsten, wie: Gesang, Musical, und anderen relevanten Künsten, wird ermöglicht erschlossen zu werden, welcher für Erkenntnisse der allgemeineren, verwendeten Gesten, als signifikantes Zeichen in der Umgangsprache, die hierbei im Allgemeingebrauch Verwendung findet, in einer kontextuellen Situation und den üblichen, signifikaten, beobachtbaren Gesten, und ihrer Semantik, ihrere Funktionweise, ihrer Art und Weise wird mit der phonologischen Sprachebene und jener performiertbaren, betreffenden Semantik ergänzt und vieles an Kommunikationsmöglichkeiten und Fertigkeiten aufweisbar gemacht. Fricke bringt ein, dass dies durch die Deixis der Gesten gegeben ist, welches sich mit deiktischen Grundvokabular in Sprachen verbal äußert. Zum Beispiel im deutschen die Päpositionen, oder Personal Fürwörter, und vieles mehr. Einen räumlichen Aspekt beinhaltet zum Beiepiel ein „dort" im Deutschen, ein „Morgen" hingegen eine zeitliche Ausrichtung oder Bezugsrahmen, Zusammenhang in der Anwendung der Sprache.

Die Grenzen der Sprache im Kommunikationsgebrauch sind dort zu finden, wo ein Kontext fehlt, oder der Subtext, auf zum Beispiel kultureller Ebene oder Beziehungsebene, nicht bekannt ist zwischen Personen, die kommunizieren. Ein Friedemann Schulz von Thun spricht vom vier Ohren und vier Munde Modell. Eine Äußerung kann mehreres bedeuten. „Das Fenster ist offen": Bitte schließe das Fenster mir ist kalt *Selbstoffenbarung*, oder schließe das Fenster ich will nicht gesehen werden und mit dir alleine sein …, *Beziehung*, Tatbestand *Sachäußerung* im Krimi zum Beispiel, oder *Appell*: Schließe das Fenster bevor die Gelsen und Motten kommen. Dieses Vier Ohren und Munde Modell ist vom Kommunikationsmodell von Roman Jakobson abgeleitet, welches von sechs Faktoren, die jede Mitteilung hat, handelt:

1. *dem Kontext* in dem eine Kommunikation stattfindet und die Aussage beeinflusst also *referenziell*, sachlich ist: „Wasser kocht bei 100 Grad Celsius";

---

80 Fricke, Ellen: „Deixis, Geste und Raum: das Bühlersche Zeigefeld als Bühne." In: Buss: a.a.O., S. 165.

2. Die Nachricht selbst, auf sich selbstbezogen, also Kunstsprache oder *poetische Mitteilung* und durch zum Beispiel poetische Lizenz der Schreibung dem Versmaß den Inhalt verstärkt zum Beispiel in Macbeth: „The king comes here tonight";

3. auf den *Empfänger* abzielt und eine Konnotation beinhaltet, die nur durch die Beziehung zu einander entschlüsselt werden kann und eine Aufforderung, Anstrengung (Konation oder ein *Konativ*) darstellt: „Die Sonne scheint" dem Kind gegenüber kann sein: wir gehen Baden, pack deine Badesachen ein;

4. expressive, emotionale, offenbarende Mitteilung, die vom Sender abhängt und auch eine Beziehung zum *Empfänger* beinhaltet (*Emotiv*: Erregende, emotionale Mitteilung) „Da schauts wieder aus": Es macht mich wütend, räum endlich auf;

5. *Phatische Mitteilung*, die eine soziale bindende Funktion hat und verbindend wirkt wie Etiketten, Grußformeln und Plaudern über das Wetter, etc. könnten somit auch Witze sein, die eine Bindung und *Kontakt* der Teilnehmer herstellt und bewirkt;

6. *Metalinguistische Faktoren* die den *Code* betreffende Mitteilungen sind wie: die Bedeutung der einzelnen Worte von „Es regnet": was ist „es", im deutschen Sprachcode ist es ein Personal Pronom, etc. also paradigmatisch.

Die Bedeutungen oder Funktionen, können mit Konnotationen und Subtext verglichen werden, die über Parasprache oder körpersprachliche Kommunikation und situative kontextgebende, darstellerische und räumliche Mittel zum Ausdruck gebracht werden. Vieles in der menschliche Kommunikation ist von dem abhängig, was nicht gesagt wird, aber impliziert wird, welches unbewusst abläuft. Freud hatte das Eisberg Modell geprägt und davon ausgehend wird es in vielen Formen zur Veranschaulichung herangezogen, dass das was nicht gesagt wird über das Unbewusste laufe und die 80% unter dem Wasser nicht sichtbar und nur erahnbar und interpretiert werden muss.

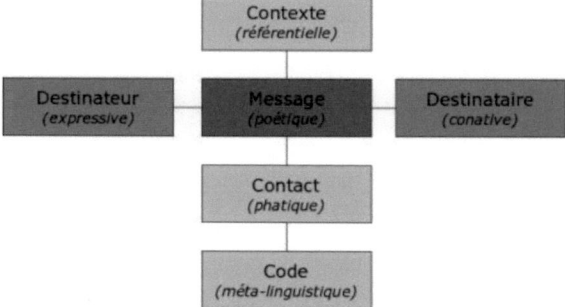

Zeichnung 9: Jakobsonsches Kommunikationsmodell (Quelle Wikipedia)
http://upload.wikimedia.org/wikipedia/commons/1/1b/Schema_c
ommunication_generale_jakobson.png

Es ist Körpersprache und Blinder Fleck, Fehlleistungen, Kontext, Situation, Kultur, Sprachgebrauch, wie Dialekt und formaler Standard, und vieles mehr, das im Subtext mitschwimmt und zu decodieren ist, um eine erfolgreiche Kommunikation zu bewirken oder zu erzielen. Für die theatrale Kommunikation sind gerade der Subtext und die Situation relevant, um die relevante Theatralität zu erzeugen, wie auch die sechs Faktoren von Jakobsons Kommunikationsmodell.

2.1.4) Referenzsystem in der magischen Kommunikation

Die allgemeine Kommunikationssituation bei Zaubervorführungen ist ein komplexer Prozess, der mehrere Zuseher beinhaltet und alleine damit schon kompliziert ist. Hinzu kommt, dass die Wahrnehmung des Vorführers und die Wahrnehmung des Zusehers mit Ihren Befindlichkeiten und den individuellen physischen Wahrnehmungen, Bedürfnissen und Interessen die Ausführung der Kommunikation erheblich beeinflussen und strukturieren. Die Wahrnehmung wird durch Sprache und die Situation, in der die Personen sind, beeinflusst und stellt verschiedene Realitätsempfindungen und somit verschiedene Realitäten dar, die in Bezug gesetzt werden müssen, um zu kommunizieren. Diese verschiedenen Bereiche und deren Funktionsweise und Eigenarten sollen in ein Referenzsystem gebracht werden, um deren Gewichtung und Zusammenhang zu erfassen. Der Vorführer muss dazu zu aller erst Kontakt zu den Zusehern schaffen, über das Auge, das heißt, seinen Blick. Dieser Blickkontakt muss alles abtasten was nötig ist von den Personen, die im Raum zu sehen sind und der Auge zu Auge-Kontakt darf nicht zu lange bei einzelnen Personen verharren, da das generell als anstarren und unbehaglich empfunden wird. Durch die Aufnahme des Raumes und der Personen im Raum baut sich für den Magier ein Bild auf, ein Referenzsystem in dem er arbeitet.

Unter Realität wiederum, im Kontext der Zaubervorführung und deren Kommunikation, ist zu verstehen, wie sie wahrgenommen wird, sie ist subjektiv. Das kann nun sein, die individuelle Charakter-Natur der Menschen, die die innerliche Realität bestimmt. Oder die allgemein gültige Typologie (genetische Archetypen) von Selbsteinsicht im unbewussten Zustand, wie im Traum und der Phantasie. Oder die Äußere Realität, die allgemein auch in archetypischer Art und Weise mit dem *kollektiven Unbewussten* vertreten ist.[81]

In der inneren Realität sehen wir uns selbst, introspektiv meist in retrospektiver Situation. Die äußere Realität wirkt auf die innere Realität ein.[82] Es ist wie ein Referenzsystem, das bei verschiedenen Menschen verschieden strukturiert ist und funktioniert, also verschieden ist. Die äußere Realität, von anderen und anderem beeinflusst, das sind andere Menschen und die physische Natur *per se*, jene Realität, wie auch die innere Realität selbst, wird versucht verstandesmäßig zu erfassen und damit intellektuelle Distanz zu den nicht-bezeichneten, wahrscheinlich ursprünglich auch beängstigenden, Dingen der Realität zu gewinnen, um uns erhaben die Welt untertan zu machen. Ein Referenzsystem, das eine allgemeine Zuordnung mit angst-enthemmender Wirkung für den Magier und auch Zuseher erzeugt, kann nur dienlich sein für das bewusste Annähern und vor allem für die Kontrolle der Geschehnisse in der magischen Kommunikation. Freuds Psychoanalyse, somit auch seine Nachfolger, wie vor allem Jung, und die Schule der Tiefenpsychologie, haben versucht eine Systematik, einen Mechanismus nach dem die Seele funktioniert zu erstellen und zu erforschen versucht. Die Kontrolle der Psyche oder Seele und damit dem eigenen Denken und das Denken der Zuseher oder Mitmenschen ist für Magier nötig, um eine Personnage zu erzeugen neben den Effekten der Zauberkunst. Deswegen soll das Referenzsystem mit der Psychoanalyse ergänzt sein, die vorerst die einzige wissenschaftliche Methode zu sein scheint, um den Mechanismus der Wahrnehmung und dem Denken und Empfinden der Zuseher und des Vorführers sich hier zu nähern. Dazu sollen nun einige, wie von den modernen Psychoanalytikern und Seelenforschern ausgeführte, universelle Faktoren und Mechanismen helfen zu verstehen, wie die menschliche Seele oder der psychische Apparat funktioniert oder wie er aufgebaut sein soll.

---

81 Jung: a.a.O., S. 111.
82 Zwei relevante Werke die in diesem Essay noch von Bedeutung sein werden, zur Selbsterforschung bei der Verkörperung einer Rolle und deren Erlebens beim Schauspielen, sind:
Stanislawski, Konstantin Sergejewitsch: *Die Arbeit des Schauspielers an sich selbst im schöpferischen Prozess des Erlebens.* [6. Aufl. 2 Bde. Bd.1, Die Arbeit des Schauspielers an sich selbst; Tagebuch eines Schauspielers.] Henschel Verlag: Berlin. 2002.
Stanislawski, Konstantin Sergejewitsch: *Die Arbeit des Schauspielers an sich selbst im schöpferischen Prozess des Verkörperns.* [6. Aufl. 2 Bde. Bd.2, Die Arbeit des Schauspielers an sich selbst; Tagebuch eines Schauspielers.] Henschel Verlag: Berlin. 2002.

Jeder Mensch will *Herr im eigenen Haus* (wie es Freud formulierte) sein und Geltung in seiner Welt oder Realität und im unmittelbaren Referenzsystem besitzen.[83] Dies ist für den Magier wichtig, er muss jedem einzelnen Zuseher genügend Respekt und Aufmerksamkeit zukommen lassen. Er muss dazu so viel Informationen über sein Publikum haben oder heraus finden, um die Einstellungen und Gemütsverfassung aktuell abschätzen zu können. Das heißt, was für Motivation hat das Publikum, welche Altersgruppen, Berufsgruppen und welcher Anlass ist gegeben. Welche Charaktereigenschaften sind anzutreffen? Was sind die tagesaktuellen Themen, die das Publikum interessieren könnten? Sind es intellektuelle, erwachsene Zuseher, die mit Satire und Spitzfindigkeiten umgehen können oder sind es Kinder, die eher mit einem Märchenton und simplerer Sprache zufriedener sein werden. Doch zurück zu Universellerem, das bei allen Menschen gleich sein soll.

Laut Freud teilt sich die Seele in das Über-Ich (das Gewissen, beziehungsweise, das kollektive Bewusstsein, welches auch Unbewusstes, Verdrängtes und Vergessenes beinhaltet), das Ich und das Es auf. Das Es steht für den Instinkt, der die Triebe zu erfüllen und die Lust zu gewinnen sucht, die wiederum vom Ich im Bewusstsein erzielt werden kann und durch das Über-Ich, dem Gewissen, das sind zum Beispiel die internalisierten Gesetze und die Kultur in der man aufgewachsen ist, beobachtet wird. Das Ich ist die Zensur des Es. Wenn das Es dem Ich einen Streich spielt, komm es dazu, dass das Ich überrumpelt wurde und das Lustprinzip insofern siegt und zum Beispiel ein Versprecher aus dem Unbewussten das bewusste Ich umgangen hat. Dem Magier muss es also gelingen die Lust der Zuseher an Wunder hervorzulocken. Die Lust an Wunder und damit die Unterhaltung und der Genuss an der Zauberkunst mit ihren Effekten sind vom Bewusstsein der Zuseher durch kritische Beobachtung gehemmt. Um diese bewusste Hemmung der Zuseher zu durchbrechen oder zu umgehen, braucht es nicht nur psychologischer Methoden, sondern genereller Menschenkenntnis. Der Magier kann nur über seine überzeugende Personnage zu dem Respekt und der Autorität gelangen, wenn er sich der Realitäten der Zuseher näher will und auf diese Einfluss nehmen will; er muss deren Denken genau erkennen und so ihr Vertrauen und ihre Skepsis interpretieren können, dass die Zuseher Sympathie für den Magier empfinden. Dazu bedarf es Empathie und Menschenkenntnis. Freud soll letzteres nicht gehabt haben und hatte auch die Hypnose nicht sehr erfolgreich angewandt und als Technik in seiner Therapie, wie auch Kokain Versuche, fallen lassen.[84] Die Menschenkenntnis ist aber für Magier essentiell. Es gilt auch den Raum zu „erobern", den akustischen Widerständen (Impedanz) und auch damit physischen Dingen im Kanal der Kommunikation, dem Ort, sich entgegenzustellen und gefügig zu machen. Ein Close-up Magier hat es dementsprechend schwerer als ein Zauberkünstler, der in einem Theater arbeitet. Trotz allem müssen alle Zauberkünstler in der Vorführung den Raum erneut und aktuell erobern und ein Referenzsystem herstellen können.

Magier sind beängstigend, weil sie diese unmittelbare zensurierte Realität, in der sich die Zuschauer sehen, die durch Worte und vor allem durch den Subtext des Magiers durchbrochen und vom Magier geformt wird. Die Frage, wie der das gemacht hat ist somit eine logische, naturgemäße Folge dieser magischen Kommunikation, wo Naturgesetze auf den Kopf gestellt werden und Unbewusstes herauf beschworen wird (Zeichnung 10 und Zeichnung 11).

---

83 Dies ist den psychologischen Universalien zugehörig. Der Herr im eigenen Haus ist das „Ich", das Unbewusste, das „Es", und das Gewissen, das „Über-Ich".
84 Onfray: a.a.O., S. 223ff. „Freuds Wundertüte" Kapitel handelt Freuds Fehlschläge und seinen verzweifelten Geltungsdrang und Manipulation von Daten ab.

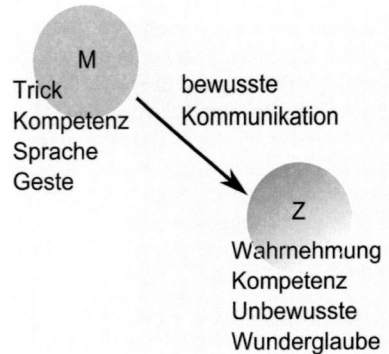

Zeichnung 10: Wikipedia Zeichnung Persona mit vier Funktionen sub voc „Persona"

Zeichnung 11: Kommunikationsmodell für das Unbewusste

Murray Stein fasst Jungs psychologische Typen und deren Funktionieren bezüglich Außen und Innen so zusammen: dass sich über ein vier Funktionen Werkzeug des ichs eine introvertierte und eine extravertierte person sich darstellen kann, welches sich als Charakter oder soziales äußeres von anderen wahrnehmbares ich zeigen kann. Es werde als Werkzeug vom Ich als Kontrolsystem des inneren Ichs und äußeren Ichs gebraucht, um den individuellen Menschen und dessen Funktionsweise des Denkens und Seins, dessen Agierens und Teilnehmens in der Realität zu veranschaulichen.[85] Im Theaterkontext kann man davon ausgehen, dass es Zuseher gibt, die eher introvertiert sich verhalten und jene, die eher extrovertiert sich zeigen oder auch bewusst so geben. Beiden ist vom Zauberkünstler dem Publikum gegenüber Gewährung und Respekt ihrer Teilnahme im Geschehen zu geben. Diese Informationen, introvertierter Charakterzug oder extrovertierter Charakterzug von Zuseheren, mit anderen vielleicht zusätzlich signifikanten Eigenschaften und Neigungen, können sich schon im ersten Kontakt zeigen und werden im Referenzsystem der Zauberperformanz nach individueller Fertigkeit des Zauberkünstlers nach dessen Gegebenheiteinschätzung berücksichtigt (Siehe Zeichnung 10: das 'kollektive Ich' und sein 'Innere Ich,' Anima genannt; und Zeichnung 11: welches die übergeordnete Performaz des 'Magiers' (Rolle, 'M') darstellt, in Aktion zum Publikum, (Zuseher: 'Z'), um auf dessen Unbewusstes unterhaltsam einzuwirken).

Juan Tamariz[86] spricht in seinem Seminar von unsichtbaren Verbindungsdrähten, die ich als Referenzsystem interpretiere, das aufzubauen ist und in dem gearbeitet wird. Es ist wie ein Modell (oder auch wie eine „Landkarte") der Realität zu verstehen. Also abstrakt und schließt nur die nötigsten Inhalte ein, welche die Kommunikation des Magischen ermöglichen sollen . In diesem Bild zum Beispiel: drei eher legere, aber doch die Etikett wahrende, junge Pärchen, die von der Körperhaltung Aufmerksamkeit zeigen, die etwas verhalten, kritisch aber aufgeschlossen und interessiert sind, einer raucht eine Zigarette. Sie tragen keine Masken, obwohl ein Maskenball, haben vielleicht gegessen und sind unter sich, ein runder Tisch mit Getränken und elektronischem Gerät (Mobiltelefon oder Photoapparat (Zeichnung 12)). Sie haben es sich gemütlich gemacht einer hat sein Jackett nicht an. Diese Inhalte können für die Performanz ausschlaggebend sein.

85 Stein, Murray: C. G. Jungs Landkarte der Seele – Eine Einführung. Patmos. [4. Aufl. Übs. Denzel, Siglinde und Susanne Naumann] 2011. S. 45.
86 Tamariz, Juan: Die fünf magischen Punkte. [Seminar Skript Übs. Robert Giobbi] Magic Hands: Herrenberg. 1982. S. 7ff: (erster magische Punkt: der Blick).

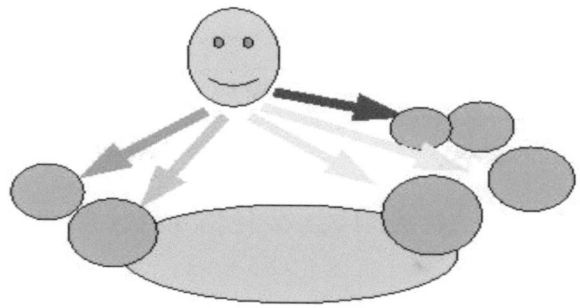

Zeichnung 12: Referenzsystem

Im Allgemeinem, sind die Rezipienten größtenteils passiv, und Empfänger, sind aber nicht unbeteiligt, verbal, wie auch körperlich; so sollen sie doch hie und da auch etwas auswählen oder überprüfen, halten, Aktionen durchführen, sie sind physisch involviert, auch wenn sie nur dasitzen. In diesem Zusammenhang ist wichtig, dass es keine nicht Kommunikation gibt sobald man Teil des Geschehens ist. Dies gehört zu den pragmatischen Axiomen, wie es von Paul Watzlawick und anderen festgehalten wurde.[87]

Die „aktuell wahrgenommene Landkarte" für die Realität zu halten wäre selbstverliebt, ein überheblicher Trugschluss, asozial bis pathologisch, da ja jeder etwas anderes wahrnimmt und für real hält. Der Selbstbetrug, wie auch Glauben an übernatürliche Fähigkeiten, oder Überschätzung der eigenen Fähigkeiten, ist nicht nur bei „Psychics," sondern auch bei Zauberkünstlern möglich. Die Zuseher, je nach Naturell und Eigenschaften, spielen auch Rollen und geben sich dezidiert in Gesellschaft so oder so. Als Magier sollte man sein Publikum keines Falls unterschätzen. Sie können jederzeit ihre Rollen ändern und haben freien Spielraum. Deswegen, nicht alles als etwas allgemein Bekanntes und Gegebenes annehmen. Auch ein frenetischer Applaus kann zum Beispiel gönnerhaft sein oder einfach durch den Alkoholspiegel zustande kommen. Stille kann zum Beispiel komplette Illusionierung bedeuten. Je nach Neideigenschaft oder Perplexheit setzt dann der Applaus ein.

2.1.5) Rolle – die Personnage

Der Vorführende trägt seinen Charakter gleich einer Maske (*Personnage; Persona, griechisch für Maske*) zur Schau. Er zeigt Kunststücke, die ihm liegen zu ihm passen und mit dem Charakter, den er darstellen will, stimmig sind, die er in wohlfeiler Kleinarbeit eintrainiert hat. Das Kommunikationsmodell für die Zauberkunst lässt sich wie folgt so bildlich darstellen; Kontakt zu dem Publikum über Wort und körperlich-geistige Präsenz, Zuwendung des Vorführenden (Zeichnung 12).

Für die Rolle, die der Zauberkünstler verwendet und darstellt, möchte ich vor allem das Wort Personnage fort an verwenden. Ich wähle jenes Wort *Personnage,* weil die Rolle Magier in der Zaubervorführung einer Maske gleicht, da sie sich aufgrund der Künstlichkeit (nicht Dilettantismus!), durch die Zaubertätigkeit, ergibt. Die Maske verheimlicht das Individuum, so verheimlicht auch der Magier nicht nur die Methode, sondern auch seine eigene Privatperson. Das französische Wort Personnage beinhaltet vor allem Größe und Heldentum und wird für Rolle oder für das Theater und den Film verwendet, wie auch für Persönlichkeiten mit besonderer

---

87 Siehe das Kapitel "Unmöglichkeit nicht zu kommunizieren" in: Watzlawick, Paul, Beavin, Janet H. und Don D. Jackson: *Menschliche Kommunikation. Formen, Störungen, Paradoxien* [11. Aufl.] Huber: Bern. 1969. S. 50ff.

Charakternatur. Das Darstellen von Effekten im Gehirn der Zuseher führt zu, insbesondere, Fertigkeiten, Posen und Gestik und ruft den Körpereinsatz hervor, ähnlich wie es bei den Figuren der *Commedia dell'arte* der Fall ist. Diese Figuren tragen Masken; deswegen ist ihre Gesichtsmimik durch Körpermimik ersetzt. Die „Ostentazione" ist die Folge. Die dezente „Übertreibung" oder Betonung, insbesondere von Effekten, wird auch beim Magier unter anderem durch Körpersprache und Posen augenfällig.

2.2) Manipulation durch Sprachperformanz

Durch den Vortrag soll die Suggestion und Zauberkunst, das Gelingen der Vermittlung von Kunststücken, Effekten im Kopf der Zuseher, erleichtert werden;[88] dazu bedarf es sprachlicher Kompetenz. Die sprachliche Kompetenz des Magiers und der Zuseher soll nun linguistisch betrachtet werden, um Universelles hervorzuheben und auch zu differenzieren, wie die Fertigkeit dazu beim Zauberkünstler meist aussieht. Linguisten würden die Wissenschaftlichkeit der Klubmitglieder eines Zaubervereins bezüglich der Sprache und deren regionalen Semantik und Phonetik, wie auch Phonologie und Morphologie, also die allgemein gültige und bekannte Grammatik, als Volkslinguistik bezeichnen. Die Abbildung (Zeichnung 13) zeigt die linguistischen Kompetenzen, die jeder Mensch in seiner Sprache hat. Diese Kategorien sind universell gültig.

1. Semantik ist die Grammatik der Bedeutungen von Worten.

2. Lexis ist, grob gesagt, das Vokabular und auch deren Zusammenhänge zu anderen Worten, zum Beispiel, wie sie über- und untergeordnet (Hypernym, Subnym, etc.) sind, kurz, wie sie zu einander in Beziehung stehen.

3. Phonologie ist der Aussprache-Unterschied der Worte im Vergleich auf den minimalsten Bedeutungs-Unterschied zu einander.

4. Morphologie ist die standardisierte Schreibung der Worte im Vergleich auf den minimalsten Bedeutungsunterschied.

5. Syntax ist die Kompetenz des Menschen bezüglich Satzbau, d. h., zum Beispiel, die Flexionen: wie Konjugation und Deklination von Worten in Sätzen, wie auch deren Reihung.

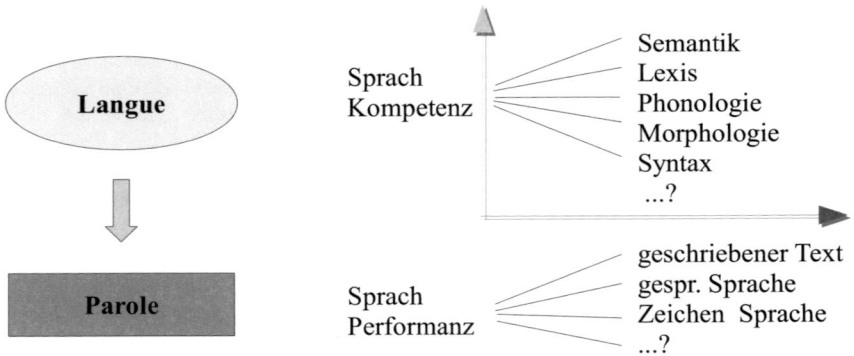

Zeichnung 13: Linguistische Sparten der Kompetenz und der Anwendung: Die Begriffe Langue, Parole, (Kompetenz und Performanz) in dieser Zeichnung sind von Ferdinand de Saussure, Saussure, Ferdinand de: a.a.O.

---

88 Klinckowstroem, Carl: *Die Zauberkunst*. München. 1954. S.14f.

Hierzu sei festgehalten, dass die Kompetenz der Semantik und die Semiotik umso bedeutender wird je theatraler und, in der Zauberkunst, je wortbasierter die magische Kommunikation sein soll und auch meist ist. Rhetorik wird unumgänglich wie auch theatrale Kompetenz. Insbesondere gilt das, wenn man Mentalmagie betreiben will. Für die theatrale Kompetenz sind Zeichenkenntnisse (Semiotik), Rhetorik Kenntnisse, die dem Logos angehören, der Rede, Phonetik, die Kenntnisse des Theaterdeutsch zum Beispiel (/ae/ statt /aɪ/), die Körpersprache mit Gestik und Mimik, wie auch Pantomime, und zu guter Letzt die Kenntnisse der dramatischen Strukturen, dazu zählen, Trickhandlung (plot) Routinen, Rhythmus, Pausen, Pacing, Wiederholungen, Verstärkungen, Ablenkung und Leitung der Gedanken der Zuseher, die in die Psychologie und Wahrnehmung führen. Die Performanz-seite, die sogenannte Parole-ebene, zeichnet sich dadurch aus, dass sich zwar aufzeichenbar ist aber, weil vom Menschen für Menschen vorgeführt, nicht wiederholbar ist im strengen Sinne des Theatralen *Hic et Nunc*, Hier und Jetzt. In der Sprache ist die *Parole*, das was den Sprachwandel ausmacht, bei Kontakt mit anderen Sprachen und untereinander. Die zwei Ebenen oder Seiten, Kenntnisse und Leistungen, Kompetenz und Performanz, lassen sich nicht trennen und verhalten sich wie die beiden Seiten einer Medaille, eben wie *Signifié* und *Signifiant* von Saussures Münzmodell, Bezeichnendes und Bezeichnetes, Form und Inhalt, Ausführung und Konzept, oder Idee. Die Semantik, die Bedeutung der Zeichen ist die Tiefenstruktur der Sprache mit der Kommuniziert wird analog wie sie von Noam Chomsky angesprochen wird in seinem Essay *Cartesian Linguistics*, Seite 78 bis 92. Die *Logik* liegt unter der Sprachperformanz und somit der äußeren Formen in der Performanz und führt zu einer universal Grammatik oder zu universalen Ideen in der Zauberkunst angewandt.[89] In der Zaubertheatralität sind es diese Ideen, die Inhalte, die die Zauberkunst ausmachen, also die Effekte, die mit dem Intellekt und der Logik, dem Denken eng verbunden und universal sind.

Die Tiefenstruktur, welche die Bedeutung ausdrückt, ist allen Sprachen eigen, wie es behauptet wird: eine einfache Reflexion der Gedankenformen.[90]

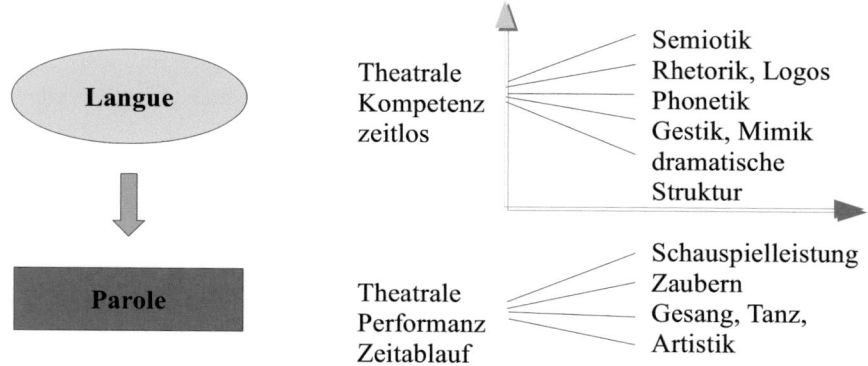

Zeichnung 14: Theatrale Kompetenz und Performanz

Manuelle Magie ist zwar auch Text-bezogen und muss auf den Subtext achten, für Suggestion und Lenkung der Gedanken der Rezipienten, aber die manuelle Tätigkeit steht im Vordergrund der Präsentation und Performance jener Art von Zauberkunst, ist daher weniger Text und laut Barthes dann mehr Theater, da physisch performativ. Beim Mentalmagier ist das Verbale, die Worttheatralität offensichtlich, durch die besondere Gewichtung und Inszenierung der Darbietung; wenn gut erarbeitet kommt es zur Theatralität. (Dazu, siehe Zeichnung 22). Dariel Fitzkees Einstellung[91] zur technischen Magie, der Apparate, war, und da schließt er wohl oder übel auch

---

89 Chomsky: *Cartesian Linguistics*. a.a.O., S. 81.
90 Ebenda. [Übs. CG]
91 Fitzkee Trilogie.

manuelle Techniken mit ein, dass er diese als zu wenig magisch erachtet hatte. Die Art der Zauberkunst der Mentalisten ist augenscheinlich epischer Natur. Sie stellt für Fitzkee die ideale Magie dar. Was ist aber beim Magier alles theatral, oder wie kommt es zur Theatralität bei der magischen Kommunikation?

„Theatralität = Theater - Text" (Roland Barthes)

Generell könnte man somit definieren, dass alles was nicht Text ist, also im Skript das für das Theater geschrieben ist nicht vorkommen kann, zur Theatralität gehört, also: Bühnentechnik, Bühnenbild, Bühnenrequisiten, Kostüme, Schauspieler, Protagonisten, Zuseher, Zuschauerraum, Musik, und das was dargestellt wird und geleistet wird, das Stück in der aktuellen Vorführung mit allen körpersprachlichen, nonverbalen und verbalem Sprachleistungen, somit auch Tanz beziehungsweise Choreographie und Bewegungen, Aufstellungen, Situationen etc. Unter Theatralität soll also gelten, dass es Theater ohne Text ist, wie vom Semiotiker Roland Barthes[92] festgehalten. Sprich Theatralität ist das, was passiert, nicht was aufgezeichnet oder vorgeschrieben oder festgehalten wurde. Der gesprochene Text ist immer theatral, da er den Körper und die aktuelle Situation und eben den Sprecher beinhaltet. Jeder geschriebene Text ist sozusagen ein „toter" Text, und bekommt eine Theatralität, die der Autor nicht mehr verändern kann und auch nicht auf die Rezipienten und die Interpretation des dargestellten Textes einen Einfluss nehmen kann, wie es auch Jacques Derrida versteht, und für unsere Belange ist das Geschriebene damit nicht theatral, so wie Noten selbst keine Musik sind. Für die Zauberkunst gilt dann, wenn sie von purer Worttheatralik weg gelangen möchte und wahrlich theatral sein soll, wie sie laut Definition von Barthes ist, muss sie den Text vergessen und das Gewicht auf die Tat legen und wird dadurch zur Theatralität gelangen. Jede Aufzeichnung, Aufarbeitung für Film und Fernsehen, Youtube und andere digitale Medien, ist somit nicht Theatralität. Sie verlieren den aktuellen Körper und das *Hic et Nunc*, das im Moment der Zaubervorführung alleine existiert. Aufzeichnungen von Personen sind „Geister", wie es Derrida formuliert hat. Sie sind entweder schon Legenden oder werden dann zu Legenden und können im Mythos enden, haben mit der aktuellen Theatralität, wie es Barthes definiert hatte, nichts direkt mehr zu tun. Diese Mythen und Legenden, wie auch Gerüchte, können zur mythischen Perzeption der Personnage bei den Zusehern beitragen, wenn der Zauberkünstler als Begriff schon bekannt ist und den damit Zusehern beeinflusst; Ruf und Mundpropaganda spielen hier eine große Rolle in der aktuellen momentanen Performanz und deren Rezeption.

2.2.1) Technik und Inhalt der Sprachperformanz

Die Artikulation, Atemtechnik, wie auch Körperhaltung in Verbindung mit der Muskulatur und der umstrittenen ‚Stütze',[93] die bei Schauspielern eine erhebliche Rolle spielen, wie bei Aderhold nachzulesen ist, sind für Zauberkünstler einerseits relevant. Diese Aspekte sind physischer Natur, bzw., wenn man so will rein technische Fertigkeiten und gehören in der Linguistik der Sparte der Phonetik an. Für die Klarheit der Inhalte (magische Information), die vermittelt werden, um die Gedanken, die Vorstellungen der Rezipienten und letztlich deren Wahrnehmung zu beeinflussen, sind sogenannte paralinguistische Phänomene, wie sie Watzlawick ausführt zu berücksichtigen und nach Gegebenheit einzusetzen oder deren Kontrolle nicht zu verlieren. Dazu gehören alle mündlichen, mit deren vielseitigen akustischen, Äußerungen und zeitlichen Abläufen, (Seufzen, Tempi, Zesuren, und anders mehr), aber auch, „Verhalten jeder Art",[94] somit auch alle Gesten und die Körpersprache. Neben solchen akustischen, temporalen Fromgebungen mit den spezifischen, sprechtechnischen Fertigkeiten des Schauspielers sind, andererseits auch jene inhaltliche,

92   Ette, Ottmar: *Roland Barthes. Eine intellektuelle Biographie.* Suhrkamp: Frankfurt am Main. 1998. S. 142.
93   Aderhold, Egon: *Sprecherziehung des Schauspielers Grundlagen und Methoden.* [5. Aufl.] Henschel: Berlin. 1998. S. 90ff.
94   In Watzlawick: *Menschliche Kommunikation.* 1969. S. 51. [Anm. CG]

bedeutungsbezogene Aspekte bei sprechenden Zauberkünstlern zu berücksichtigen.[95] Dies führt unweigerlich in die semantische, kuturellbedingte und umgrenzte Sprachrealität der Umgebung. Angewandt und konkret gesprochen ist es aber nicht möglich alle aktuellen Rahmenbedingungen der individuellen Realitätswahrnehmung hier in kürze zu fassen. Im konkreten Fall des Becherspiels, mit vor allem drei Bechern als Hauptrequisiten der Aufmerksamkeit, ist es hingegen ist relevant, das zu erwähnen, welches auch sichtbar der Fall ist, um hervorzuheben, was wichtig ist zu realisieren, um folgen zu können. Zum Beispiel die Anzahl der Becher, wenn gegeben zu betonen, oder eben mit anderen Sachverhalten zu überlagern. Das kann verbal, oder auch subtiler nonverbal ablaufen. Sachverhalte von den Gebrauchsgegenständen, wie sie für die Zauberkunst gebraucht werden, falls offensichtlich benötigt, werden je nach konkreter Situation hervorgehoben, oder vernachlässigt. Es gibt bei anderen Kunststücken auch Verschiedenes, der Hergang, oder Umstände, die festzuhalten sind und notwendig sich ergeben, um zu betonen und auszusprechen, was auch zu sehen ist. Dies sind Erfahrungen, die in der Mentalzauberkunst, wie auch in der fertigkeitsorientierten, manuelleren Zauberkunst sich meist von selbst erklären und gesammelt werden.

Das Gesprochene der Erzählung, des originellen Textes oder der Pointen, soll auch klar und eindeutig in Analogie zu dem stehen, was tatsächlich vorgeführt wird.[96] Dazu gehört auch klar Sprechen und Zaubern (oder hervorzuhebende Aktionen) zu trennen, damit die Wahrnehmung nicht reizüberflutet wird und weder das eine noch das andere vom Zuseher rezipiert werden kann.

Bei der erfolgreichen Kommunikation von magischer Information entstehen Bilderfolgen in den Köpfen der Zuschauer, (Bilder, Assoziationen und Fantasien, welche durch Erinnerungen beeinflusst sind) und letztlich, der zu erzielende Effekt, wenn nicht bekannt, um so erstaunlicher wirken. Eine gedachte, konstruierte Moment der Wunderwahrnehmung wird übermittelt, welche die Gedanken des Magiers implizieren, von denen beeinflusst sind. Die Informationen, der Text und die Darstellung mit allen Konnotationen und Inhalten, werden über das *Hier und Jetzt* im Kanal in der theatralen Situation abgebildet und von den Zuschauern rezipiert.

Ein detaillierter Text oder ein dramatisches Skript von dem, was gesagt, wie auch sehr wohl von dem, was dargestellt werden soll, welches zu dem Effekt führen soll, ist heute unter Zauberkünstlern keine Seltenheit mehr.[97] Die Folge von: wann welche Information dem Zuschauer präsentiert wird und wie dies geschieht sind, strukturelle, dramaturgische Stilmittel, wie auch die Beschreibung von Raum und Stimmungsmomenten, die entstehen sollen, welche Technik dazu gebraucht wird (Beleuchtung, Fenster, Vorhang, Tisch, Requisiten, Musik, etc.). Da das Denken und damit auch der Hergang des Tricks, also die Methode, sich auch in der Sprache ausdrückt, kann davon ausgeggangen werden, dass das Texten umso wichtiger ist und mit Bedacht und Sorgfalt zu praktiziert werden sollte. Ich verweise hierzu noch einmal auf Robert-Houdin, der das Wort *Boniment* verwendet, welches mit Verkaufsgespräch oder Produktpräsentation, so wie es Scharlatane betreiben oder Verkäufer und Vertreter von Produkten, mittelalterliche Quacksalber, die mit den Fahrenden unterwegs waren und zu den Betrügern gezählt haben.[98] Der Quacksalber ist ein Verkäufer, der eine gewisse Art zu verkaufen aufweist, und dabei psychologische Techniken anwendet, die dem Showmanship, den Jahrmarktschreiern und auch den mittelalterlichen Taschenspielern gleicht, beziehungsweise ähnliche Methoden beinhaltet, wie Informationen verheimlichen und dem Prinzip von „einem Schritt voraus sein", dem Leiten der Aufmerksamkeit und des Verdachtes, dem Lenken der Gedanken der Zuseher verschrieben ist. Dies zählt durch ihre psychologischen und darstellerischen Methoden zur deren Theatralität.

Benjamin Lee Whorfs Schriften[99] sollen als Quelle dienen, dass die Worte die Realitätswahrnehmung

---

95 Gruber: a.a.O., S. 15-16.
96 Ebenda. S. 16.
97 MacCabe, Pete, Hsg: *Scripting magic.* Canada [Eigenverlag]. 2009.
98 Houdin: *Secrets of Conjuring and Magic.* a.a.O., S. 78-79.
99 Carroll, John B, Hsg.: *Language, Thought, and Reality: Selected Writings of Benjamin Lee Whorf.* The MIT Press. 1956. S. 210.

und somit die Realität des Denkens, der in der Kommunikation involvierten Personen, beeinflussen. Eskimos haben zum Beispiel verschiedene Worte für verschiedene Arten von Schnee, wobei geographisch und klimatisch anders lokalisierte und lebende Menschen weniger Worte für Schnee haben. Die Anzahl von Worten, deren Verwandtschaften oder Bezüglichkeiten zu einander, und deren Häufigkeit und Idiomatik strukturieren das Denken der verschiedenen Kulturen und Menschen, und bestimmen somit auch ihre Wahrnehmung und Realität. Dies ist bedeutend für alle zwischen-menschlichen Tätigkeiten, wie in dieser Betrachtung für Zaubervorführungen. Der Zusammenhang zwischen Sprache, Gedanken und Realität weist auf die Wichtigkeit der Worte und deren Einfluss auf das Denken und die Wahrnehmung, welches beim Zuseher beeinflusst werden soll.

Für gelungene magische Kommunikation sucht sich der Zauberkünstler am besten suggestible Zuseher aus und wartet den richtigen Zeitpunkt ab.[100] Dazu bedarf es einer Menschenkenntnis und Erfahrung im allgemeinen Leben. Der Magier assimiliert sich an die Situation und das Publikum dementsprechend, beziehungsweise integriert sich äußerlich, wie auch innerlich. Die wahrhafte, glaubwürdige, begründete innere Haltung, die sich durch Körpersprache und Körperhaltung ausdrückt,[101] welche zur Kommunikation der erwünschten Atmosphäre dienen soll, unterstützt die Darstellung der Personnage. Das bezieht sich auch auf den Text und Subtext (auch Untertext genannt). Das was sich der Zauberkünstler vorstellt, soll nicht buchstäblich alles ausgesprochen werden und muss daher über die Andeutung und den Subtext laufen. Wobei hier die Glaubwürdigkeit der darzustellenden Personnage schlüssig und natürlich zu den Zuschauern dringen soll. Der Text muss an die Gesellschaft, die der Zauberkünstler unterhält, nach bestem Einschätzen und bester Möglichkeit angepasst sein, um auch verstanden zu werden um die Aufmerksamkeit zu erlangen, wie auch in weiterer Folge soll die Aufmerksamkeit aufrecht erhalten und gesteigert werden.

Insofern, wollte man von der Bekanntheit und dem Nicht-extra-erklären-müssen ausgehen, wer die Persönlichkeit ist, die erwähnt wird oder gar in einer zu erzählenden Geschichte vorkommt, dann wären berühmte, allgemein bekannte Persönlichkeiten des öffentlichen Lebens, wie ein Albert Einstein, ein Harry Houdini, etc. zum Beispiel besser geeignet, um mit einem Namen die Aufmerksamkeit zu erlangen und die Vorstellungskraft der Zuschauer zu aktivieren. Die richtigen Worte, beziehungsweise die Varietäten, einer Sprache sind auch nach sozialer Schicht und aktuellen lokal-politischem Zustand wichtig. Das bezieht sich auch auf tagesaktuelle Themen, wie auch auf Andeutungen von jenen, oder historischer Art, und von regional und allgemein bekannten Ereignissen.

Worte aus dem Grundwortschatz (zum Beispiel: Vogel) sind mitunter nicht immer alle gleich an Bedeutung und manches kann man voraussetzen, anderes muss angedeutet werden; oder der Zuseher muss zum Vorstellungsbild hingeführt werden, damit der Inhalt vermittelt werden kann. Hierbei sollte keine Belehrung vom Vorführer ausgehen. Spitzfindigkeiten in der Wortwahl sind zwar relevant in Zusammenhang mit wissendem Publikum, aber meist bei der Präsentation bewusst zu vermeiden. Es sollte keine Grundsatzdiskussion stattfinden, wenn sie nicht zur klaren Darstellung der magischen Information dient oder den Effekt des erhabenen, wissenden Magiers beiträgt, verbale Klarstellung oder verdeckte, schlichte Ablenkung ist. Der Effekt wird nicht durch komplizierte ungewollte Wortklauberei erhöht, sondern eher vermindert, da es zur Verwirrung beiträgt. Verwirrung in der Zauberkunst beim Zuseher ist laut Dai Vernon, wie schon erwähnt, nicht magisch. Ausnahmen gibt es auch hier: ein komischer Effekt kann mit Verwirrung erzielt werden, der auch zur Unterhaltung und Ablenkung *per se* bewusst und gezielt eingesetzt werden könnte.

---

100 Siehe Debler: a.a.O., S. 128.
101 Gelb, Michael: *Body Learning An Introduction to Alexander Technique Regain your natural poise*. [2. Aufl.] Henry Holt and Company: New York. 1994. S-124-125. Balancierte natürliche ausgewogene Körperhaltung, die die Aufmerksamkeit zum Publikum verstärkt und Aufnahmebereitschaft der Impulse der Umgebung darstellt.

2.2.2) Eigenschaften von Worten

Die Willkürlichkeit[102] der Worte soll in der folgenden Zeichnung gezeigt werden und gehört vor allem zum Strukturalismus von Ferdinand de Saussure (Zeichnung 15). Eleanor Rosch[103] hat das kognitive Bild zu Worten festgehalten und ausgeführt. Der Spatz kann zum Beispiel als Prototyp für den Begriff Vogel gesehen werden. Die Buchstabenfolge aber hat nichts mit dem Spatz oder der Kategorie Vogel zu tun.

Zeichnung 15: Coin image von Ferdinand de Saussure im Original mit Baum als Beispiel

Oder wie es Theodor Lipps formuliert (im Kontext mit der erhabenen oder bedeutungsvollen witzigen Äußerung): dass es in der Formulierung von Sprachsätzen und Schlussfolgerungen nur darauf hinauslaufe, Zusammenhänge zu verbalisieren, welche die Schlüssigkeit und den Geist, die Formalkorrektheit zudem, aufweisen und mit Witz belustigen, aber mit dem Sachverhalt, dem Gegebenen und deren zugewiesenen Worte, welche verweisend auf Inhalte referenzieren, aber nichts solchen zu tun haben, was dann belustigend erscheint. Sie seien genauso willkürlich, wie der Unzusammenhang von Zeichen und Inhalt, beziehungsweise, genauso wie die Bedeutungen der einzelnen Worte mit ihrer Form mit dem äußeren Erscheinungsbild, an sich, nichts zu tun haben: das Signifikante und Signifizierte, sie haben keine Analogie in ihrer Verbindung, die Zuweisung ist rein willkürlich getroffen worden, wie ein Ferdinand deSaussure[104] es beschrieben hatte.

Es gibt aber auch Sprachen, die nicht komplett willkürlich sind, die ikonografisch sind, wie zum Beispiel in der chinesischen Schriftsprache, wo die Zeichen direkt von dem Bezeichneten beeinflusst sind und es einen Zusammenhang ikonographischer Art gibt. Aber auch hier kann man davon ausgehen, dass es das abgwandelt, oder eben fragmentarisch, vereinfacht vorhandene Wortzeichen gibt, welches als nicht-Bild direkt interpretiert oder wahrgenommen wird. (Zum Beispiel: das Wortzeichen für 'Sonnenaufgang' im Chinesischen).

Das Konzept (oder auch Idee nach Platon) und auch die Lautäußerung, als Lautmuster des Wortes neben dem schriftlichen Wort, haben miteinander nichts zu tun, sie sind meist willkürlich. Das heißt, es gibt keinen Zusammenhang warum ein Hund /hund/ heißt, zum Beispiel.[105] Dies ist streng genommen nicht als universelles Merkmal von Sprache gültig. Worte, wie: „kickerickie" und „cockadoodledoo" und „gugurigu" sind onomatopoetische Worte, i.e. Lautmalereien, die den Klang des Hahns nachahmen und sind damit von dem Bezeichneten beeinflusst und Ausnahmen in den

---

102 Saussure: a.a.O., S. 110-120.

103 Rosch, Eleanor: „Cognitive representations of semantic categories." In: *Journal of Experimental Psychology General*. Vol. 104. No.3. 1975. S. 192-233

104 Lipps: a.a.O., S. 115.

105 Saussure: a.a.O., S. 67.

meisten Sprachen der Welt. Schamanen sollen sich onomatopoetischer Ausdrücke bedienen bei ihren theatralen Riten. Das Ikonographische der Onomatopoetik ähnelt dem Chinesischen, wo es direkte Zusammenhänge zu den Bezeichneten im bezeichnendem, geschriebenen Wort gibt, wie eben erwähnt. Es soll Ansätze geben, dass die Urworte lautmalerisch waren. Freud ist davon ausgegangen, dass es eine Urhorde einmal gab, die im Unbewussten jedes Menschen den Vatermord in sich birgt und aus Angst und Gewissensbissen den Menschen zu Dingen und Taten zwingt, die dann eben die Neurosen oder Psychosen sein können. Jung, vor allem, hatte das Konzept des kollektiven Unbewussten geprägt und gewisse Archetypen und Situationen beschrieben, die wir alle unbewusst gespeichert haben und damit unser Denken und Handeln beeinflussen. Es ist anzunehmen, dass in der Evolution der Menschwerdung es eine Urangst gab, wohl jene vorm Sterben oder vor Bedrohungen, die auch Grund für Sprachentwicklung und damit dem sozialen Gruppenbilden und den Austausch von Informationen bewirkt hatte, um letztlich zu überleben. Katharsis ist auch Abfuhr von Emotionen durch das Aussprechen und Ausagieren. Ähnlich sieht es Steven Pinker, der meint, dass die Sprache ein Fenster zum Menschsein ist. Er geht davon aus, dass der Mensch die Sprache braucht, um zum Beispiel Emotionen, Beziehungsverhältnisse, Glaube und Übermenschliches auszudrücken. Er sieht Ähnlichkeiten und Verwandtschaften zu Tieren, die bei Schmerz oder Drohungen auch Laute von sich geben, als instinktive Reaktion, wie Menschen zumindest „Au" schreien und dann fluchen. Pinker ist der Auffassung, dass das Fluchen im Bereich der Religion, des Übernatürlichen, den Tabuwörtern, die meist mit Ausscheidung verbunden sind und eine stark emotionale Konnotation haben.[106] Diese Wörter, wenn aktiv, das heißt gesprochen oder wahrgenommen, rezipiert, sind in den älteren Teilen des menschlichen Gehirns lokalisiert, durch dessen Aktivität, die der Teil aufzeigt, damit wohl auch universell.

So verhält es sich in der Familienaufstellungstherapie und dem sogenannten Pyschodrama von Jacob Levy Moreno, wo das agieren und ausspielen eine reinigende Wirkung hat für die Akteure oder Patienten, wie auch für die Zuseher, die mitleben. Der rituelle Charakter bei Schauspielen und Therapien zeigt die Verwandtschaft zur Messe in der Kirche, wie auch dem Ursprung des Theaters im Dionysuskult. Der Mensch hat die Neigung ein Artefakt zu produzieren, das heißt etwas zu produzieren, etwas zu tun, aktiv zu werden, das heißt jeder Mensch ist von Natur aus ein Macher und bedarf der Arbeit, welches ja auch zu den Menschenrechten gehört. Wie sieht nun das Machen beim Zauberkünstler aus: Ist dieser ein Dampfplauderer und Poseur? Was ist das Handwerk, das den Dampflauderer und Poseur vom Zauberkünstler unterscheidet; worin liegt der Unterschied der Theatralik und Theatralität beim Magier?

2.3) Theatrale Kommunikationsprozess

Auf der synchronen Geraden haben wir, wie ich oben festgehalten habe, die verschiedenen Momente der theatralen Kommunikation von allen aktiven Magiern, die wieder zeitlich von einem Magier, M, und einem Zuseher, Z, oder Empfänger von magischer Information der Effekte, betrachtet werden sollen. Auf dieser Minigeraden des diachronen, zeitlicher Ablauf des magischen Moments in der gesamten diachronen Zaubertradition, spielt sich das Zaubern ab und beinhaltet Begriffe wie Trick, Kunststück und Effekt. Hierbei, Kunststück ist die theatrale Leistung des Magiers. Dazu bedarf der Magier eines oder mehrerer Tricks. Was ist ein Trick?

2.3.1) Trick

Fitzkee versteht unter Trick auch das Geheimnis des Kunststücks. Wenn aber das Geheimnis beziehungsweise der Trick im Vordergrund des Kunststücks steht und wichtiger ist als die Vorführung und nicht mehr natürlich und offen vorgeführt werden kann, da sonst der Hergang bloßgelegt werden würde, sei das Kunststück nicht wert vorgeführt zu werden und schade nur der

---

106 Pinker: *The Stuff of Thought*. a.a.O., S. 327.

Reputation des Zauberkünstlers und der Zauberkunst generell.[107] Kein einziges Trickgeheimnis sei so viel wert, dass man es komplett verheimlichen müsse. Wenn es durch offen zeigen den Wert verliere, sei es nicht wert verheimlicht zu werden, schon gar nicht mit solcher vehemenz wie es jene Strenggeheimnisträger betreiben. Zauberkunst sei da, um gesehen zu werden. Daher solle man es nicht überbewerten, wenn das Geheimnis so sperrig ist und mehr an Aufwand bedarf, verräterischer Aufmerksamkeitskontrolle bewirkt oder fördert bei der Perfromanz und dem Hüten des Geheimnisses überhaupt, dann sollte man es vernachlässigen. Professionelle, artistische und dem Showmanship zugehörige Zauberkünstler kann zwar potenziell jeder Mensch sein oder werden, jedoch seien Zauberkünstler keine Sammler. Das Anhäufen von sperrigen, unbenutzten Apparaten, Kunststücken und Geheimnissen, auf welche jene dann selbst unbefriedigt blicken, zeigt den Unterschied auf zwischen einem Numismatiker und einem frustrierten Zauberer. Die Geheimnisse selbst seien nicht so extrem wichtig, wie es den meisten fehlgegangenen Sammlern und manch Hobbyisten erscheinen mag. Man sollte die Zauberkünstler mit solcher Einstellung immer wieder darauf hinweisen, dass Zauberrequisiten und das Geheimnisseanhäufen nicht der Zweck der Zauberkunst sei, solange und so oft solle man jene darauf hinweisen, bis diese Erkenntnis, des eigenen Maßes und Zieles, in ihr Unbewusstes eingedrungen ist. Die analytisch folgerichtige und individuel erforschbare Balance des den Zauberkünstlers in der Aneignung und im Gebrauch von Kunststücken ist ein Gleichgewicht, welches zum Artisten und dem Showmanship der Unterhaltungsindustrie gehört und den Unprofessionellen damit verwehrt bleibt, aufgrund der fehlenden professionellen Erfahrungen und Vernunftentscheidungen auf Zeit gebunden, mit den gegebenen leistbaren Mitteln und Umständen, zeitlich limitiert, zu Unterhalten.

Wie auch ein Erklären von Tricks und Kunststücken der Zauberkunst schadet, insbesondere bei Laien, die nur wissen wollen, wie was funktioniert und die weder etwas für sich behalten können noch an dem Genuss des Effekts und Staunens sich erfreuen können oder wollen. Der Fokus der Laien in der Ausübung und deren Zugang, sei von dem Geheimnis und dem bloßen Tick,[108] als Schlich, übergewichtete, was laut Nelms auch zu einer unbeholfeneren darstellung und Ausübung der zauberkunst führe. Zwar sei der zugewiesene Inhalt der erklärung oder Beschreibung der zauberkunststückes bei jenen Laien im Vordergrund, doch bleibe es ein simples Faktum, ein Mittel des Zauberkünstlers und daher an sich nicht so wichtig oder prominent inm der Aufmerksamkeit des agierenden zauberkünstlers, da dann eben durhc das verhalten unbewusst eine Auffälligkeit sich damit ergibt. Dies beinhaltet auch ein unangenehme Vorführung, im Sinne es ist nicht auf die Illusion, den Effekt ausgerichtet, da der Fokus der agierenden Zuaberkünstler sich dabei immer noch auf den trickhergang konzentriert, oder eben bewusst fokusiert ist. Das ist nicht nur eine Übungssache, sondern auch eine Überzeugung und Einstellung der zuabrekünstler und der Interessierten an der Zauberkunst, beziehungsweise, kann der Fokus auf das Geheimnis, des Tricks, zur Verfremdung und Ablenkung genutz werden, bis zu dem Aufsitzereffekt können sich solche Anwendungen abgewandelt nutzbar machen, wenn gegeben. Von Nelms wird der Vergleich hierzu in der Musik gezogen, dem Ausüben der Musiker mit ihren Instrumenten, welche sie so beherrschen, dass sie die Hilfsmittel, wie Kolophonium, als Sache nicht übergewichten, beim Ausüben ihrer Kunst. Zudem vergleicht Fitzkee den Trick auch mit den Noten eines Musikstücks. Die gespielte Melodie, Musik, die Interpretation von der geschriebenen Musik, ist die eigentliche Kunst und zu Deutsch damit das Kunststück.[109] Das Muster hinter der Musik, wie ee von Hofstadter[110] festgehalten wurde, und den Stukturen im Ablauf der ausgeübten Zauberkunst, macht die Ähnlichkeit und Universalität der beiden Künste klarer.

107 Fitzkee, Dariel: „Showmanship for Magicians: Complete Discussion of Audience Appeals and Fundamentals of Showmanship and Presentation." In: *The Fitzkee Trilogy*. [3. Aufl. 3 Bde. Bd.1] Lee Jacobs Productions Publication: Pomeroy, Ohio. 1988. S. 14ff.

108 Nelms, Henning: *Zauberei und Schauspielkunst. Ein Handbuch für Zauberkünstler.* [Übs. Christian Scherer, 2. Aufl.] Thun. 2000. S. 124

109 Fitzkee: „Showmanship for Magicians": a.a.O., S. 122.

110 Hofstadter, Douglas: *Metamagical Themas: Questing for the Essence of Mind and Pattern*. Basic Books: New York. 1985.

Ein Vergleich zur Musik und dem Muster der Noten ist mit der Kartenmanipulation in der Zauberkunst gegeben, da es sich hierbei um simple gegenstände in visuellem Handhabungsmustern ergibt. Bei jener sehen die Zuseher, wie ein Zauberkünstler, nur mit seinen Händen, Karten herbeizaubert und verschwinden lässt und dies auf variantenreiche Art und Weise in einem gewissen Rhythmus und Abfolge, untermalt mit Musik und mit theatralen Gesten und Körpersprache, bzw. Choreographie der Hände und des Körpers. Diese bewirken ästhetische, poetische Bilder und Wahrnehmung von Wunder in intensiver Form, die den Effekt erhöhen. Gewisse rhymisierte Wiederholungen können stimmungsgebend genutzt werden, sind als Motif in der Zauberdarstellung damit nutzbar, besonders, wenn diese Zauberkunstgattung mit Musik begleitet wird. Der Wunderbegriff von Richard Wagner in seinem Gesamtkunstwerk fürs Theater, beziehungsweise für die Oper, den Friedrich Nietzsche übernommen hatte, zeigt deren Theatralitätsverständnis, die ins Emotionale und auch Mythologische gehen können.[111]

Das heißt also, dass die Struktur der Vorführung hinter einer bewusst ausgeführten Vorführungshandlung, die Theatralität des Magiers, steht, diese bedingt und formt. Die ausgeführte Dramatik des Trickplots stellt das Kunststück dar.

2.3.2) Kunststück und Effekt

Mit Kunststück lässt sich das vergleichen, welches sich im Kopf der Zuschauer abspielen soll und zu erzielen gilt, das Resultat der Zaubervorführung, der Effekt.

> Im Zaubersprachgebrauch ist der Effekt das allgemeine Resultat, das durch scheinbar übernatürliche Fähigkeiten passiert.[112]

Die drei Begriffe, Trick, Kunststück und Effekt, gehen offensichtlich in einander über, lassen sich aber auch von einander getrennt betrachten, vor allem in der Perspektive des Vorführers und Zauberkünstlers. Kunststück steht in der Kommunikation zwischen Zauberkünstler und Zuseher. Aus den oberen Zitaten, bezüglich Trick als Mittel, lässt sich eine Differenzierung festhalten, die hilfreich sein kann beim Gebrauch von jenen drei Begriffen. Da es um Kommunikation geht, der Zauberkünstler erzeugt im Kopf des Zuschauers den Effekt, eine getäuschte Wahrnehmung, soll zunächst Trick, Kunststück und Effekt in einem linearen Kommunikationsprozess vom Sender ausgesehen werden. Der Trick ist die Idee der Methode im Kopf des Zauberers, wie man ein Kunststück bewerkstelligt, das Kunststück ist die Tat, die Durchführung in der Kommunikation, und der Effekt ist das Resultat im Kopf der Zuseher, die zur Folge das Staunen bewirkt. Die Effekte liegen im Unbewussten der Zuseher; durch die magische Kommunikation erzielt der Magier, dass das Unbewusste bewusst wird, in die Wahrnehmung der Zuseher gelangt, der Glaube an Wunder kommt zum Vorschein und das Ich vom Zuseher wurde überrumpelt. Dieses Empfinden ist mit Staunen verbunden und stellt einen Moment in der Kommunikation von Effekten dar, ist somit also synchron, zeitgleich bei den verschiedenen Zusehern.

Diese magische Kommunikation (Zeichnung 16) ist zielgerichtet und einseitig vom Magier, M, ausgehend und daher muss der Magier dominant sein und die Kontrolle über diesen Transfer nicht verlieren. Er muss vor allem sein Handwerk beherrschen, um sich auf die Präsentation und die aktuellen Gegebenheiten und Möglichkeiten zu konzentrieren. Der vorführende Magier, M, hat verschiedenste Mittel zur Verfügung. Das Können liegt nun darin den Trick kunstvoll anzuwenden. Sein Denken und sein Charakter beeinflussen die spontane, individuelle und originale Interpretation durch das Anwenden seiner *erhabenen*, da sie unbekannt – geheim – sind, (psychologischen wie auch materiellen) Hilfsmittel, denen die Aufmerksamkeit hier gelten soll, aber in der Vorführung nicht

---

111 Balme, Christopher, Hsg.: *Das Theater von Morgen*. Königshausen & Neumann: Würzburg. 1988. S. 42.
112 Fitzkee, Dariel: „The Trick Brain: A thorough Handbook on the Mechanics of Magic." In: *The Fitzkee Trilogy*. [2.Aufl. 3 Bde. 2.Bd.] Lee Jacobs Productions Publication: Pomeroy, Ohio. 1999. S. 34. [Übs. CG]

hervorgehoben, geschweige denn, bloßgelegt werden. In der Vorführung wird der Effekt und die Personnage hervorgehoben, die in den Köpfen der Zuseher als Erinnerung verbleiben sollen.

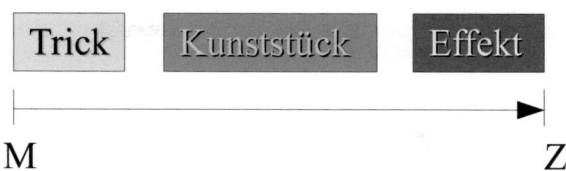

Zeichnung 16: Magisches Kommunikationsmodell im Moment der Theatralität (synchron) (M = Magier, Z = Zuseher)

Hilfsmittel der Ablenkung (misdirection), die eine schauspielerische Darstellung erfordert, werden verwendet, um den Effekt im Kopf des Zuschauers, Z, zu bewirken. Trick also wird verstanden als Mittel, das physischer, mechanischer, technischer und psychologischer Art sein kann, das der Magier durch Handhabung oder Einsatz desselben erst zum Kunststück macht. Ein Zauberkünstler ist ein anwendender Theoretiker seiner Zunft. Theoretiker und Praktiker in einem.

Eine fixierte Abfolge von Handgriffen, Handhabung oder Trickplot, mit bestimmten Gegenständen, wie Münze(n) oder anderen Gegenständen, durch die eine gewisse Effektfolge nur erzielbar ist, wird Routine genannt. Dies verweist auf die Struktur des Dramatischen hin und ergibt ein Muster, vergleichbar mit Musik. Die Interpretation, wie auch Varianten von schon tradierten Routinen, des Tricks, ist die besondere individuelle Vorführung, die sich in Originalität des Kunststücks widerspiegelt, welches sich auch mit dem Text, den der Magier vorträgt, niederschlägt und psychologische, darstellerische Mittel miteinbezieht, die zur Suggestion führen, wie auch zur Gestaltung der Personnage. Ortiz führt zur Suggestion an: Das Prestige, die Atmosphäre, die Verstärkung und das Verlangen der Zuseher, die vom Magier gestaltet werden, an.[113] Dies ist vergleichbar mit Fitzkees Interpretationsverständnis des Zauberkünstlers, das sich durch seine Kunststücke zeigt:

> Interpretation, so wie ich [Dariel Fitzkee] sie in dieser Serie [Fitzkee Trilogy] festgehalten habe,
>
> ist die Erklärung, Konstruktion oder Sinn den der Vorführer dem Zuschauer vermittelt, im Licht
>
> des Magiers individueller Interessen, Beweggründe und Ziele. [114]

Henning Nelms geht soweit, dass er die Behauptung aufstellt, dass der größtmögliche Effekt nur dann erzeugt werden kann, wenn die Vorführung zu einem Zehntel aus Tricktechnik und neun Zehntel aus Psychologie besteht.[115]

Dieses Zitat weist auch darauf hin, dass die Techniken von Magiern auf der diachronen Gerade liegt, auf andere, nicht-Zauberkünstler, insbesondere, Betrüger und Scharlatane zurückgreift. Die Erweiterung mit der Psychologie der Darstellung der magischen Effekte ergibt sich für die graphische Darstellung:

113 Ortiz: a.a.O., S. 84-93.
114 Fitzkee, Dariel: „Magic by Misdirection: An Extended Explanation of The Magician's Application of the Psychology of Deception, What It Is and How It Operates." In: *The Fitzkee Trilogy.* [2 Aufl. 3 Bde. Bd. 3] Lee Jacobs Productions Publication: Pomeroy, Ohio. USA. 1987. S. 70. [Übs. u. Anmerkung CG]
115 Nelms: a.a.O., S. 10.

Als geheim gilt meist das Mittel, der Trick, für den Laien, wie auch einer Unzahl von Magiern und Zauberkünstlern. Dies ist natürlich unbestritten, dass Geheimhaltung und Schutz vor Bloßlegung von Tricks gelten muss.

Für Mittel und Trick kann man auch Methode als Gegenstück zum Effekt stehenden Begriff auswählen, so wie es unter anderem schon Lamont und Wiseman festgehalten haben.[116] Bei jenen Autoren kommt aber die Interpretation von Fitzkee[117] nicht so stark zur Geltung und als geheim gilt dann einfach der generalisierende Begriff Methode. Doch auch wenn dieses Geheimnis bekannt ist, kann der Effekt erzeugt werden, wenn die Handhabung und Interpretation nicht bekannt sind, also geheim sind.

Dass Lee Strasburg seine Schauspieltheorie, die in den USA fundamental ist und die Schauspielkunst vor allem des Films bis heute beeinflusst, *Method Acting* nennt ist bezeichnend. Es sei auch erwähnt, dass jener Strasburg ein Schüler von Konstantin Sergejewitsch Stanislawski war und seine Theorie von dessen Schule beeinflusst ist. Stanislawskis Werke werden in dieser Arbeit daher als unterstützende Quelle für als Praxisannäherung an das Theatrale in der Zauberkunst verwendet. Die Sicht, die bei Stanislawski und Strasburg relevant ist, ist von der modernen Psychologie geprägt und befolgt die Teilung des Bewusstseins in Bewusstes und Unbewusstes, wie es vor allem Sigmund Freud erforscht hat.

Bezüglich der Kommunikation vom Magier zum Zuseher und dem Geheimnis: Man könnte sogar den Effekt selbst als Geheimnis oder geheimnisvoll verkaufen, präsentieren, als exklusive Veranstaltung im intimen Rahmen, die als Geheimtipp gilt und somit zu etwas besonderem wird. Dies ist wahrscheinlich bei den Salonvorführungen des „Dr. Hofzinser" der Fall gewesen, die die Aura des Mysteriums zudem hatten und an dem die Zuseher Teil davon sein wollen, da es etwas Besonderes ist.

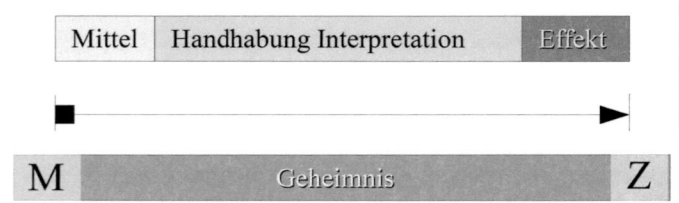

Zeichnung 18: "Geheime" theatral-magische Kommunikation

Der Zuschauer verwendet meist das Wort Trick im Kontext mit dem Resultat, dem Effekt, und will zum Beispiel den DREI KARTEN TRICK sehen, und erinnert sich an den Effekt des Kunststücks, doch meist nicht mehr an die genaue Handhabung, Interpretation und weiß meist nichts über die Methode. Effekt wird vom Zuschauer oft als „Illusion" bezeichnet. Zauberkünstler nennen auch mit Absicht ihre Darbietung mitunter Illusion. Dieses Wort ist nicht mit der Sparte Illusion zu verwechseln.

Zum Begriff „Illusion", wie es bei z.B. Hofzinser aussieht und dem naturalistischen Theateraspekt wurde schon festgehalten, dass die Schlichtheit, die bei Hofzinsers Kunst gegeben ist und von seinem Anhänger Dai Vernon, der die Natürlichkeit des Vorführenden immer wieder hervorhebt: „Be natural!", dem Naturalismus des Theaters des 19. Jahrhunderts, der illusionistische Darstellungsmethoden hat, recht ähnelt.[118]

---

116 Lamont und Wiseman: a.a.O., S. 42.

117 Musikinstrument und Hilfsmittel, in *Trick Brain* handelt Fitzkee etliche physische Hilfsmittel ab und deren Handhabung und Präsentation.

118 Gruber: a.a.O., S. 64ff.

Die drei Termini: Trick, Kunststück und Effekt sind nicht komplett von einander trennbar und immer im Zusammenhang zu sehen. Das eine folgt aus dem anderen, bezieht es mit ein oder schließt es aus. Um auch Termini der Zauberkunst auszuführen, die diese Kunst versuchen zu kategorisieren und dingfest zu machen, sollen noch die einzelnen Effekte angeführt werden.

2.4) Effekte in der Zauberkunst

Die Effekte sind das, was der Zauberkünstler durch seine Methoden erzielen muss und auf jene muss er seine ganze Aufmerksamkeit lenken und bestrebt sein jene im Kopf der Zuseher nach bester Möglichkeit zu erzielen. Doch was die zu erzielenden Effekte oder welche gibt es? Fitzkee gibt insgesamt 20 Effekte (Siehe Zeichnung 19 und die Liste der „Effekteme" in Zeichnung 20) in seinem Handbuch über die Mechanismen der Zauberkunst an.

16. Gedankenlesen, 19. Übersinnliche
17. Gedanken-
übertragung, KOPF Wahrnehmung,
18. Vorhersagen, 13. Versagen des
Zuschauers,
15. Identifikation, 14. Kontrolle von
Effekte Unbelebten,
11. Unverwundbarkeit, im
KÖRPER Kopf OBJEKT 7. Animation,
des
12. Körperliche Zusehers 8. Anti-Gravitation,
Anomalien,
9. Anziehung,
1. Produktion, 10. sympathetische
Wirkung,
2. Verschwinden,
HAND 4. Transformation,
3. Transposition, 5. Penetration,
6. Restoration,

Zeichnung 19: Oppositionsmodell der Effekte (Effekteme)

Ich habe mir erlaubt und nach dem System der Unterscheidung (syntagmatische Gerade, diachron), wie sie auch Richard Weihe[119] erwähnt, in minimaler Opposition zu einander zu differenzieren. Theoretisch sind es analog zu Phonemen und Morphemen demnach *Effekteme*, die zur Bedeutungsunterscheidung eigentlich eine Auszeichnung mit // haben sollten. In unserer Betrachtung reichen [] Klammern, da sie als da oder nicht da, + oder –, ausgeschrieben werden, wie bei den Phonen in Opposition zu den Phonemen. Dies ist eine geistige, nachweisliche Art und Weise vorzugehen, das Praktizieren oder „Leben" dieser Effekte im Ausüben der Zauberkunst und dem Empfangen als Zuseher lässt diese Unterschiede miteinander verschmelzen und eins werden, zudem können die diversesten Kombinationsmöglichkeiten in der Ausübung stattfinden, die die Originalität und Erfindungsgabe des Zauberkünstlers ausmachen. In eckigen Klammern sind die Attribute, der Effekte, gelistet nach zehn Eigenschaften, *Effektemen*: /sendend/, /körperlich/, /existent/, /unterschiedlich/, /singular/, /partiell/, /belebt/, /schwebend/, /magnetisch/, /synchron/, die die verschiedenen Effekte mit zumindest einem Unterschied + oder – oder beides, in Opposition, zu den anderen gestellt sind: 1. Sendend Aktiv = [+sendend] oder passive empfangen = [-sendend]; 2.

119 Weihe, Richard: *Die Paradoxie der Maske Geschichte einer Form*. Wilhelm Fink Verlag: München. 2004. S. 47ff. (Die Maske als Paradoxie der Einheit des Unterschiedenen).

Körper (Hand) des Magier/Zusehers involviert: [+körperlich] oder nicht [-körperlich], zum Beispiel bei Mentalkunststücken; 3. Existenz des Objekts nach dem Effekt [+existent] oder verschwunden [-existent]; 4. Unterschiedliche Beschaffenheit des Objekts nach dem Effekt [+unterschied] bei Verwandlung zum Beispiel; 5. Anzahl der Objekte mit denen gezaubert wird [+singular] ein Objekt; 6. Teile des Objekts oder das gesamte Objekt betreffend [+partiell] oder [-partiell], das vor allem bei Penetration und Wiederherstellung wichtig ist, 7. Lebewesen als Objekt [+belebt]; 8. Anti-Gravitation und Gewichtsveränderung von Objekten [+schweben]; 9. Anziehung von Objekten [+magnetisch]; 10. Gleichzeitigkeit von Bewegungen oder Effekten mit verschiedenen Objekten ohne Verbindungen [+synchron]:

1. *Produktion* (Erscheinen), Solides, Flüssiges, Gasförmiges oder Belebtes wird sichtbar. [+sendend; +/-körperlich; +existent; +unterschied; +/-singular; +/-partiell; +/-belebt; -schwebend; -magnetisch; +/-synchron].

2. *Verschwinden*, [+sendend; +/-körperlich; -existent; +unterschied; +/-singular; +/-partiell; +/-belebt; -schwebend; -magnetisch; +/-synchron].

3. *Transposition* (Wanderung), [+sendend; +/-körperlich; +existent; -unterschied; +/-singular; +/-partiell; +/-belebt; -schwebend; -magnetisch; +/-synchron].

4. *Transformation* (Verwandlung), [+sendend; +/-körperlich; +/-existent; +unterschied; +/-singular; +/-partiell; +/-belebt; -schwebend; -magnetisch; +/-synchron].

5. *Penetration* (Durchdringung), [+sendend; +körperlich; +existent; -unterschied; +/-singular; +partiell; +/-belebt; -schwebend; -magnetisch; +/-synchron].

6. *Restauration* (Wiederherstellen) [+sendend; +körperlich; +existent; -unterschied; +/-singular; -partiell; +/-belebt; -schwebend; -magnetisch; +/-synchron].

7. *Animation* (selbstständiges bewegen von Leblosen), [+sendend; +/-körperlich; +existent; -unterschied; +/-singular; +/-partiell; -belebt; -schwebend; -magnetisch; -synchron].

8. *Anti-Gravitation* (schweben und Gewichtsveränderung), [+sendend; +/-körperlich; +existent; +/-unterschied; +/-singular; +/-partiell; +/-belebt; +schwebend; -magnetisch; +/-synchron].

9. *Anziehung*, [+sendend; +/-körperlich; +existent; -unterschied; +/-singular; +/-partiell; +/-belebt; -schwebend; +magnetisch; -synchron].

10. *Sympathetische Wirkung* (synchrone Reaktionen), [+sendend; +/-körperlich; +existent; -unterschied; +/-singular; +/-partiell; +/-belebt; -schwebend; -magnetisch; +synchron].

11. *Unverwundbarkeit*, [+sendend; +körperlich; +existent; -unterschied; +/-singular; +/-partiell; +belebt; -schwebend; -magnetisch; +/-synchron].

12. *Körperliche Anomalie* (widersprüchliche Eigenschaften), [+sendend; +körperlich; +existent; -unterschied; +/-singular; +partiell; +belebt; -schwebend; -magnetisch; -synchron].

13. *Versagen des Zuschauers* (Herausforderung des Magiers), Zuseher kann etwas nicht machen aufgrund des gedanklichen Einflusses des Magiers. [+sendend; +/-körperlich; +existent; -unterschied; +/-singular; +partiell; +belebt; -schwebend; -magnetisch; +synchron].

14. *Kontrolle von Unbelebten* (Unfehlbarkeit), [+sendend; -körperlich; +existent; -unterschied; +/-singular; +/-partiell; -belebt; -schwebend; -magnetisch; -synchron].

15. *Identifikation* (Wiederentdeckung), [-sendend; +/-körperlich; +existent; -unterschied; +/-singular; -partiell; +/-belebt; -schwebend; -magnetisch; +/-synchron].

16. *Gedankenlesen*, [-sendend; -körperlich; +existent; -unterschied; +/-singular; -partiell; +belebt; -schwebend; -magnetisch; +synchron].

17. *Gedankenübertragung*, [+sendend; -körperlich; +existent; -unterschied; +/-singular; -partiell; +belebt; -schwebend; -magnetisch; +synchron].

18. *Vorhersagen*, [-sendend; -körperlich; +existent; -unterschied; +/-singular; -partiell; +belebt; -schwebend; -magnetisch; -synchron].

19. *Übersinnliche Wahrnehmung*, [-sendend; -körperlich; +existent; -unterschied; +/-singular; -partiell; +belebt; -schwebend; -magnetisch; +/-synchron].

20. *Fertigkeit.* Kein Effekt laut Fitzkee, trotzdem aufgeschlüsselt in Attribute: [+senden; +körperlich; +existent; -unterschied; +singular; +/-partiell; +belebt; +/-schwebend; +/-schwebend; +/-magnetisch; +/-synchron] [Übs. CG][120]

[+sendend; +/-körperlich; +existent; +unterschied; +/-singular; +/-partiell; +/-belebt; -schwebend; -magnetisch; +/-synchron]. 1
[-sendend; -körperlich; +existent; -unterschied; +/-singular; -partiell; +belebt; -schwebend; -magnetisch; -synchron]. 18
[-sendend; -körperlich; +existent; -unterschied; +/-singular; -partiell; +belebt; -schwebend; -magnetisch; +/-synchron]. 19
[-sendend; -körperlich; +existent; -unterschied; +/-singular; -partiell; +belebt; -schwebend; -magnetisch; +synchron]. 16
[-sendend; +/-körperlich; +existent; -unterschied; +/-singular; -partiell; +/-belebt; -schwebend; -magnetisch; +/-synchron]. 15
[+sendend; -körperlich; +existent; -unterschied; +/-singular; -partiell; +belebt; -schwebend; -magnetisch; +synchron]. 17
[+sendend; -körperlich; +existent; -unterschied; +/-singular; +/-partiell; -belebt; -schwebend; -magnetisch; -synchron]. 14
[+sendend; +/-körperlich; -existent; +unterschied; +/-singular; +/-partiell; +/-belebt; -schwebend; -magnetisch; +/-synchron]. 2
[+sendend; +/-körperlich; +/-existent; +unterschied; +/-singular; +/-partiell; +/-belebt; -schwebend; -magnetisch; +/-synchron]. 4
[+sendend; +/-körperlich; +existent; -unterschied; +/-singular; +/-partiell; -belebt; -schwebend; -magnetisch; -synchron]. 7
[+sendend; +/-körperlich; +existent; -unterschied; +/-singular; +/-partiell; +/-belebt; -schwebend; -magnetisch; +/-synchron]. 3
[+sendend; +/-körperlich; +existent; -unterschied; +/-singular; +/-partiell; +/-belebt; -schwebend; -magnetisch; +synchron]. 10
[+sendend; +/-körperlich; +existent; -unterschied; +/-singular; +/-partiell; +/-belebt; -schwebend; +magnetisch; -synchron]. 9
[+sendend; +/-körperlich; +existent; -unterschied; +/-singular; +partiell; +belebt; -schwebend; -magnetisch; +synchron]. 13
[+sendend; +/-körperlich; +existent; -unterschied; +/-singular; +/-partiell; +/-belebt; +schwebend; -magnetisch; +/-synchron]. 8
[+sendend; +körperlich; +existent; -unterschied; +/-singular; -partiell; +/-belebt; -schwebend; -magnetisch; +/-synchron]. 6
[+sendend; +körperlich; +existent; -unterschied; +/-singular; +/-partiell; +belebt; -schwebend; -magnetisch;+/ -synchron]. 11
[+sendend; +körperlich; +existent; -unterschied; +/-singular; +partiell; +/-belebt; -schwebend; -magnetisch; +/-synchron]. 5
[+sendend; +körperlich; +existent; -unterschied; +/-singular; +partiell; +belebt; -schwebend; -magnetisch; -synchron]. 12

Zeichnung 20: Eigenschaften komplett gelistet - Die Zahlen nach der eckigen Klammer sind die Reihungsnummern nach Fitzkee.

Eine Anordnung nach den zehn unterscheidenden Arttributen der Effekte in einer Tabelle aufgelistet sieht folgerder Maßen aus, wenn man sie alphabetisch reiht (siehe Zeichnung 20). Eine reine minimale Opposition wäre zum Beispiel 16 Gedankenlesen -18 Vorhersagungen mit [+synchron] in Opposition zu [-synchron]. Also Gedankenlesen und Vorhersagen haben einen Unterschied, der sich in der Gleichzeitigkeit zeigt, das heißt, dass die Vorhersage nur diachron, nicht gleichzeitig, ablaufen kann, wohingegen Gedankenlesen so gut wie gleichzeitig und ohne Zeitverzögerung stattfindet. Beide Effekte sind ohne Köpereinsatz eben mental, existent, ohne physischem Vorher – Nachher -Unterschied, können mehrere Inhalte sein, mit oder von belebten Objekten, nicht schwebend, ohne Anziehung. 19 ist zu beiden 16 und 18 im minimalen Unterschied bezüglich der möglichen Gleichzeitigkeit von übersinnlicher Wahrnehmung, die dargestellt werden könnte.

120 Fitzkee: *Trick Brain.* a.a.O., S. 25ff.

49

5 und 6 zum Beispiel unterscheiden sich mit [+partiell] und zur Gänze [-partiell] in minimaler Opposition, das heißt, bei eine Penetration kommt es nur zum Teil zur Zerstörung durch Durchdringung und beim Zerstören und wieder Herstellen offensichtlich beinah ganz zerstört, zum Beispiel zerrissen oder zerstückelt wie auch durchbohrt von mehreren Messern etc. Nummer 11, die Unverwundbarkeit, unterscheidet sich zu 5 und 6, dass es sich auch um den ganzen Körper handelt wie auch Teile eines Körpers, Körper des Magiers meist. 11 ist minimal unterschieden zu 5 und 6 im Sinne der partiellen oder den ganzen Körper betreffenden Unverwundbarkeit, die vom Magier dargestellt wird, wie bei einem Kugelhagel statt einer Patrone, die abgefeuert wird. Die Assistentin, die in einem Korb zum Beispiel von mehreren Schwertern oder Säbeln durchbohrt wird, hat Ähnlichkeiten zur ganzheitlichen Unverwundbarkeit, ist aber auch eher als punktuell oder eben partiell einzustufen und meist auch diachron, also nacheinander. Fakire, die Schwerter schlucken, sind auch unverwundbar, in dem Sinne aber auch eher partiell und nacheinander, dann legt er sich auf Nadeln, dann geht er über glühende Kohlen, dann über einem Scherbenhaufen etc.

15 Identifikation und 1 Erscheinen unterscheiden sich zum Beispiel in Opposition bezüglich senden und empfangen: 15 [-sendend] und 1 [+sendend] und + oder – Unterschied beim Erscheinen ist plötzlich was da, also ein Unterschied [+unterschied], 15, Identifikation oder Wiedererkenne oder Finden von Verstecktem, zum Beispiel eine Spielkarte oder eine Person, von der es nur ein Babyphoto gibt, mit oder ohne körperlichen Einsatz, vorher und nachher existiert das Gefundene genauso „unverändert" wie vorher, können mehrere belebte oder nicht-belebte Objekte sein, die nicht schweben und nicht magnetisch sind, in einem Ablauf, das heißt nicht synchron, sondern nacheinander. Dazu im Vergleich das Erscheinen (1) ist möglich mit oder ohne körperlichen Einsatz, ein oder mehrere belebte oder nicht-belebte Objekte, nach Effekt ist etwas existent, was vorher nicht da war, Unterschied gegeben mit Materialisierung, es schwebt nicht und ist auch nicht magnetisch und braucht einen zeitlichen Ablauf, es können aber gleichzeitig mehrere Objekte erscheinen. Der minimale Unterschied in Opposition zur Identifikation ist, das der Magier nicht sendend ist und empfängt, während der Magier, der etwas herbeizaubert, aktiv und produzierend, also senden ist. (15) könnte partiell sein, Identifizieren eine Karte, ist aber vom Effekt, wie bei Mentalkunststücken eher schwach, beziehungsweise kommt die partielle Identifizierung als dramaturgische Steigerung vor, um dann komplett zur Erfüllung zu gelangen.

Ein Mentalist, zum Beispiel der nur partiell Gedanken liest, ist entweder ein schwacher Zauberkünstler oder versucht, wie es Scharlatane bewerkstelligen, die behaupten wirklich Gedankenlesen zu können, auf einem dramatischen Wege „natürlich" zu wirken mit der Ausrede, na da stimmen die Schwingungen momentan nicht, ist aber an sich dazu verpflichtet das Kunststück klar zum Erfolg zu bringen oder eine dramatische Wendung zum Schluss zu bieten. Deswegen haben alle Mental Effekte 15-19 an sich [-partiell]. Fitzkees Reihung der 19 Effekte weist eine gewisse Entwicklung auf: in Richtung geistiger Betonung oder Thematik.

Lamont und Wiseman geben 9 Typen der Effekte für die Zauberkunst an: Erscheinung, Verschwinden, Transposition, Transformation, Penetration, Restauration, außergewöhnliche Kunststücke (geistige und physische), Telekinese, Übernatürliche Wahrnehmung (ESP: wie Ausfindig machen, Telepathie, Vorhersehen, Mentale Kontrolle von anderen Menschen). [121]

2.4.1) Opposition mentale Magie und manuelle Magie

Nach dem Körper-Geist Dualismus, bzw. dem Kopf-Hand-Schema, der Performanzgeraden, die die das sprachliche Handeln mit ihrer Theatralität beinhalte mit allen Gesten und Handaktionen, vor allem, und Körperdarstellungen, ergibt sich ein Dualismus bezüglich der Sparte der Mentalmagie und der manuell betonten Magie mit ihrer offensichtlicheren Handfertigkeiten. Die Mentalmagie 10-19, in Opposition zur manuellen Magie 1-9, ist sprachgebundener als der manuelle Gegenpart und die Gewichtung zwischen den Performances verhält sich wie auf den Schalen einer Waage

---

121 Lamont und Wiseman: a.a.O., S. 5 ff.

(Siehe dazu Zeichnung 22 und 24). Wenn die Sprache mit ihrer Suggestion im Vordergrund steht ist die Technik und die manuelle Tätigkeit mit Fertigkeit im Hintergrund. Bei manueller Magie ist es umgekehrt. Hier ist im Vordergrund die manuelle Tätigkeit und der Körpereinsatz. Damit scheint die Fertigkeit im Vordergrund und der Text im Hintergrund, auch wenn die Fertigkeit verheimlicht wird.

Im Zusammenhang mit Decartes Körper Geist Dualismus, das ich mit Kopf Hand in Opposition stelle, da alles physisch ist, auch was sich im Kopf abspielt, möchte ich noch einen wissenschaftlichen Aspekt ausführen, der von Michael Arbib kommt. Er stellt die Theorie des Spiegelsystems für die Sprachevolution auf und vertritt die Ansicht, dass Sprache auch mit Gesten[122] zu tun hat. Chomsky habe nach Arbib wichtige Aspekte der Sprache des Menschen vernachlässigt, die Geste zum einen, und mit in seiner Opposition zwischen Competence und Performance[123] und vor allem seiner Syntaxtheorie, den Idiolekt,[124] den individuellen Sprachgebrauch einzelner Menschen, und auch deren ungrammatikalischen Sprachleistungen nicht berücksichtigt. Die Entdeckung der Spiegelneuronenfunktion beim Macaque Affengehirn führt Arbib zu seiner Spiegelneuronenhypothese für die Sprachevolution beim Menschen.

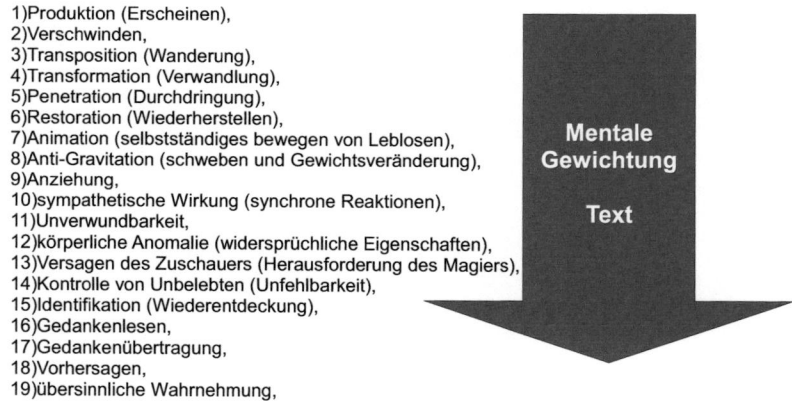

1)Produktion (Erscheinen),
2)Verschwinden,
3)Transposition (Wanderung),
4)Transformation (Verwandlung),
5)Penetration (Durchdringung),
6)Restoration (Wiederherstellen),
7)Animation (selbstständiges bewegen von Leblosen),
8)Anti-Gravitation (schweben und Gewichtsveränderung),
9)Anziehung,
10)sympathetische Wirkung (synchrone Reaktionen),
11)Unverwundbarkeit,
12)körperliche Anomalie (widersprüchliche Eigenschaften),
13)Versagen des Zuschauers (Herausforderung des Magiers),
14)Kontrolle von Unbelebten (Unfehlbarkeit),
15)Identifikation (Wiederentdeckung),
16)Gedankenlesen,
17)Gedankenübertragung,
18)Vorhersagen,
19)übersinnliche Wahrnehmung,

Mentale Gewichtung

Text

Zeichnung 21: 19 Effekte und deren Reihung zur mehr und mehr geistigen Tätigkeit

Dies bekräftigt meine Anschauug und Annahme, dass Zauberkunst, welche oft die Hände gebrauchen, um zu zaubern, für die Fertigkeit wesentlich ist, aber auch einen universellen menschlichen Grund hat, der somit die Sprache und die Geste und damit die Theatralität in ihrer Sprachleistung in der menschlichen Kommunikation beinhaltet. Weiters gelten als Referenzen der Bedeutung der Geste in der Evolution des Menschen und seiner Kultur und Sprache mit Michael Tomasello und André Leroi-Gourhan, neben Yann-Pierre Montelle (Fußnoten: 6, 43, 44).

122 Arbib, Michael: *How the Brain Got Language: The Mirror System Hypothesis*. Oxford University Press. 2012. S. 39ff und S. 43f.
123 Ebenda. S. 33f.
124 Ebd. S. 30f.

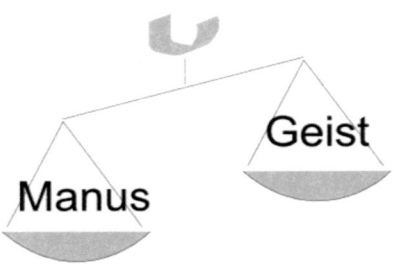

Zeichnung 22: Körper- Geist- Opposition: Diese graphische
Darstellung enthält die Gegenüberstellung von „Körper" und
„Kopf", oder Performanz (Tätigkeit) und Kompetenz (Geist).

In der Zauberkunst scheiden sich die Geister, wenn es um die Fertigkeit und das manuelle manipulieren geht mit der Frage: wie weit die offensichtliche Fertigkeit dem magischen Effekt schadet, weil es eine übliche Erklärung für Laien darstellt und unbedacht angewandt den Effekt mindert, die Kunst erklärbarer wird. Das heißt, dass die Methode bei manueller Magie mehr im Vordergrund ist, weil die Methode offensichtlicher mit physischer Fertigkeit verbunden ist. Hingegen ist die Methode, vor allem wenn sie manuelle Fertigkeit beinhaltet, bei der Mentalmagie meist im Hintergrund.

Der Subtext ist bei Mentalisten oft wichtiger und damit genauer zu gestalten, weil die Fertigkeit im Hintergrund steht. Die genaue Bearbeitung des Subtexts kann man aber auch für die manuelle Magie ausführen. Es gibt Magier, die sich mit Absicht auch ungeschickt oder weniger fertig geben, damit die Fertigkeit keine Gewichtung erhält, wie ein John Carney es versucht darzustellen bei seinen Darbietungen.[125] Der Gebrauch von Missgeschick kann so die Täuschung und auch den Unterhaltungswert steigern. Ein Beispiel ist Leonard Green aus Schweden, der den ungeschickten Zauberer, der zudem sich lustig über Theorie in seinen Vorführungen macht und auch die Wissenschaft an sich scheinbar verhöhnt, zugleich aber mit einem „Laser"-strahl sich die Augen beleuchtet, beim Mischen die Kartenkontrolle verliert und diesem in einem wilden Wirrwarr auf dem Tisch herumschiebt, da sie ihm zuvor aus den Händen mehr und mehr fallen. Den Subtext, den er anstrebt ist den des doch kritischen, komischen Kauzes, der sich über allzu brillante, souveräne, überaus theoretische, Zauberkunst und Wissenschaft lustig macht und die Fertigkeit, die er bietet, steigert sich in seiner Vorführung auf eine deftige, originelle Art und Weise, die einzigartig ist. Methoden der Unterstützung des Überzeugens der Zuseher, dass nichts manipuliert wird, wo es geschieht oder notwendig ist, und nicht *geschickt* erscheinen soll, sind auch von Darwin Ortiz erwähnt. Er gibt zwei Arten der Bestätigung und damit Überzeuger (convincer) an, die den Zuseher verleiten das anzunehmen, was vorgegeben wird, die einen sind die, die scheinbar zufällig passieren und die anderen, die ganz entschieden, geplant, passieren.[126] Zum Beispiel, *zufällig* sieht der Zuseher die Unterseite der Karte, wo in der Vorführung scheinbar nicht vorgesehen, oder eben bestimmt: der Zauberer verweist auf die Unterseite der Karte und zeigt sie demonstrativ. Die Wortwahl beziehungsweise die erbrachte Sprachleitung ist relevant um beides zu erreichen, direkte oder indirekte Leitung der Gedanken der Zuseher und deren Wahrnehmung.

---

125 Lamont und Wiseman: a.a.O., S. 142.
126 Ortiz: a.a.O., S. 75ff.

Graphisch kurzgefasst ist die Relevanz des Textes für die zwei Magiearten in der folgenden Zeichnung 23. Der Text und Subtext, vor allem, überdeckt die Methode des Kunststücks. Bei manueller Magie ist die Fertigkeit im Vordergrund und exponiert die Methode, die damit meist verbunden ist.

Relevanz des Textes, dessen Bedeutung und Semantik

Methode	Methode
Für manuelle Magier ist die Methode auch von der Bedeutung (Semantik) abhängig! Steht aber im Hintergrund und Erscheint nicht als vorrangig damit.	Für Mentalisten ist die Bedeutung (Semantik) umso mehr bestimmend, da sie im Vordergrund steht. Geschicklichkeit spielt nur im Hintergrund eine Rolle und wird vom Text überdeckt. Das heißt der Text steht im Vordergrund, die manuelle Tätigkeit ist unbetont und nebensächlich.

Subtext Relevanz ansteigend

Manuelle Magie	Mentalmagie

Zeichnung 23: Gewichtung der Wortbedeutung zwischen manuell betonter und geistig betonter Magie

In Zusammenhang mit Zeichnung 23 ist die Rede von der Relevanz des Textes. Der Subtext ist ein wesentlicher Bestandteil des gespielten Textes, der Abbildung im Kopf des Zusehers, die zu erzeugen ist, in der magischen Kommunikation. Dazu wird im Kapitel 4 näher ausgeführt was als theatral zu verstehen ist und was seit Stanislawski gängig in der modernen Schauspielkunst ist.

Die Intellektualisierung und, wenn man so will, Vergeistigung bzw. Gewichtung auf das Mentale in der Zauberkunst, ist mit der Zeichnung 24 graphisch dargestellt. Die Mentalmagie entspricht dem dramatischen Text und der vorgeschriebenen literarischen Dramatik, die nicht unbedingt gegen die Theatralität wirken muss. Sie stellt somit eine künstliche Theatralität dar, da offensichtlich textgebunden und ist dennoch theatral, wenn wirksam und unterhaltsam gestaltet. Dazu helfen Techniken der Psychologie, wie vor allem, die Anwendung der sogenannten Misdirection. Der zwanzigste Effekt von Fitzkees Effektereihung ist für Fitzkee der Unmagische, weil er direkt auf ein Mittel der Methode hinweist, wie es bei Zauberkünstlern in der Theorie allgemein gültig verstanden wird, wie auch meist in der Praxis sich beim Publikum zeigt. Die Fertigkeit, welche auch oft mit Schnelligkeit verwechselt wird. Es kann auch nur Demonstration von Fertigkeit sein, wie zum Beispiel es bei Fingerfitness der Fall ist. Solche Fertigkeiten hatte wohl Fitzkee im Sinn, wenn er in diesem Zusammenhang vom Nicht-Magischen schrieb.

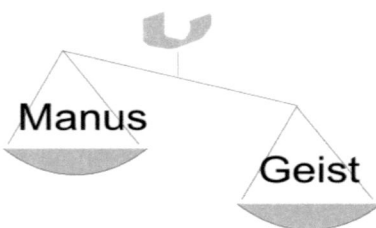

Zeichnung 24: Betonung auf den Geist bei Mentalmagie

Die Fertigkeit ist jedoch für die Zauberkunst generell ein wichtiges Element, das sie zur Artistik führt und dessen Verwandtschaft aufdeckt. In diesem Zusammenhang möchte ich noch einmal auf die *Commedia dell'arte* zurückkommen, um die Theatralität zu veranschaulichen. Wie schon oben erwähnt, sind die Darsteller mit Masken in der *Commedia dell'arte* gezwungen den Körper einzusetzen, um damit das zu kommunizieren, was das verdeckte Gesicht nicht vermag. Daraus ergibt sich nicht nur eine Körperlichkeit, sondern auch Fertigkeit des Körpers, die zur Artistik führt.[127] Da die Mimik bei Darstellungen mit Masken in der Commedia dell'arte nicht möglich sind,[128] da verdeckt, verhüllt, versteckt ist, aber damit ergibt sich die Körperaktion, die Körpersprache wird automatisch vorgeregelt. Die möglichen Aktionen sind damit gezwungen expressiver, bedonter, theatraler oder ostentativ, markanter zu sein. Weihe hält fest, dass sich hierbei die Auftritte solcher Schauspieler jener Kunstsparte paradoxerweise viel vitaler und belebter wirken und erscheinen als jene Schauspiler ohne Masken. Somit, so schließt Weihe, sei die Maske nicht hinderlich, sondern förderlich bei der Darstellung in jener Kunstsparte des Theaters.

Beim Magier sind es meist die Hände oder wie bei Mentalisten der Geist, die Gedanken des Magiers, die sich über die Theatralität der Sprachperformanz ausdrückt. Das soll aber nicht Berechtigung für übermäßiges Herumfuchteln und Grimassen schneiden geben.

2.5) Phänomenologie der Täuschungskunst

Um den handwerklichen Themenkreis mit all seinen Kompetenzen bezüglich Sprache, Kommunikation und Psychologie der Zauberkunst dieses Kapitels abzuschließen möchte ich nun auf Randgebiete der Zauberkunst im Lichte der theatralen Täuschungskunst näher eingehen. Es sind jene Phänomene der Unterhaltungskunst, die der Zauberkunst ähneln oder mit ihr in einem Atemzug genannt werden, so auch im selben Umfeld, wie dem *Vaudeville*, Jahrmarkt, Straßenzauberei und dem Zirkus, stattfinden oder ihren Platz haben und hatten. Sie sind in Opposition zu den puren Zauberkunststücken gestellt, um zu zeigen, dass sie alle auf demselben Wesen der Zauberkunst beruhen, nämlich der Täuschungskunst und deren Fertigkeit, die alle diese Künste vereint. Es folgt nun eine weitergeführte Liste der Randgebiete der Zauberkunst[129] aus meiner Diplomarbeit an der Theaterwissenschaft Universität Wien von 2004:

1.*Hypnose*: Suggestion durch das gesprochene Wort und der Ausstrahlung des Vorführenden:[130] dieses Phänomen wird auch in Therapien von Ärzten verwendet, in der Zauberkunst angewandt der Wort-betonte Schauspieler schlecht hin. Auch hier gibt es komische

127 Ehrig, Viktoria: „Commedia dell'arte." In: *Theater der Zeit.* Berlin. Heft 5. 1947. S. 15.
128 Weihe, Richard: a.a.O., S. 36.
129 Gruber: a.a.O., S. 12ff.
130 Jaquin, Anthony: *Reality Is Plastic: The Art of Impromtu Hypnosis.* Derby, UK: UKHTC Ltd. 2008.

Varianten und nicht nur Männer, die diese Magier Rolle übernehmen: Kellie Karl[131] aus Las Vegas zum Beispiel.

2.*Stimmimitation*: mit der Stimme andere charakteristische Persönlichkeiten imitieren, wie auch Geräusche, Tiere, etc.; mit unter komischer Effekt und satirisch oder parodistisch, insbesondere bei Prominentenimitation.

3.*Bauchreden*: mit einer Puppe und „dem Bauch" ohne die Lippen zu bewegen, zu suggerieren, dass die Puppe spricht mit dem Spieler oder Darsteller; Verwandtschaft zum Marionettenspiel und Rocky Raccoon gegeben.

4.*Pantomime*: stumme Schauspielkunst; Pantomimen können meist auch jonglieren und bedienen sich schauspielerischer Fertigkeiten.

5.*Schwarzes Kabinett* (Theater): erfunden vom Zauberkünstler Buatier de Kolta 1848-1903 oder eher von Max Auzinger 1839-1928, ein Zauberkünstler, der durch einen Zufall auf den Effekt stieß, dass man Schwarzes auf schwarzem samt-verkleidetem Hintergrund nicht sieht;[132] Schattentheater, wo die Körper der Darsteller zu Objekten und Bildern von Szenen dargestellt werden sind hier zugehörig.

6.*Fakierismus*: Feuer speien oder Feuer schlucken, auf glühenden Kohlen gehen, auf Scherben, Nägeln gehen, liegen etc. oder Schwerter schlucken, Giftschlangen bändigen;[133] Harry Houdini, alias Erich Weiß, der bekannt wurde vor allem durch seine Entfesslungskunst, hat in seinem Werk "Über die Täuschung" die nun folgenden drei Unterhaltungsformen dem Fakierismus untergeordnet: Feuerschlucker, Schwerterschlucker und Schlangenbeschwörer, und als Miracle Mongers zuletzt zusammengefasst; also zu Deutsch: Wundermacher oder gleich den Bänkelsängern, wundertätige Gerüchtemacher. Zum Fakierismus könnte man auch Ausdauer-Aktionen von Zauberkünstlern wie David Blane zählen;

7.*'Rocky Raccoon'*, i.e., eine elastische Feder mit einem künstlichen Fell eines Raccoons überzogen, die sich bei geschickter Handhabung scheinbar wie von selbst, wie lebendig, bewegt. Eine Erfindung Mitte des 20. Jahrhunderts von einem amerikanischen Zauberkünstler namens Jules Kallen recte Jules Edelstein; Verwandtschaft zum Puppen- oder Marionettenspiel und Bauchreden gegeben.

8.*Entfesslungskunst*: befreien aus Fesseln und verschlossenen Kästen und Räumen; Harry Houdinis Werdegang über das Vaudeville und dem Zirkus als Trapezkünstler ist bestimmend für seinen Zugang zu der Zauberkunst und deren Artistikcharakter. In diesem Zusammenhang der theatralen Betrachtung mit dem Körper im Zentrum, ist die Körperfertigkeit bei dieser Täuschungskunst als Sichtweise jener dienlich. Stuntmen und -women sind mit ihrem Körper und besonderen Fertigkeiten nicht nur Theatral, aber auch täuschend durch die Fertigkeit und Tricks, die angewendet werden, um etwas zu bewerkstelligen, das nicht jeder Mensch kann.

9.*Trouble Wit*: ein Gerät aus Papier, mit dem man auch verschiedenste Formen wie Badewanne, Altar, Kerzenhalter etc. darstellen kann. Hofzinser hat es schon verwendet;

10.*Nankin Tamasudare*: ein Gerät wahrscheinlich aus Japan, mit dem ebenfalls verschiedene Figuren formbar sind. Hierzu gibt es eine Beschreibung die in meiner Diplomarbeit komplett zitiert wird und auf das Universale dieser Abbildungskunst und auf die Verwandtschaft zur Musik im asiatischen Umfeld verweist.

---

131 http://www.kelliekarl.com [Zugang 01.01.2011].
132 Siehe Klinckowstroem: *Die Zauberkunst*, S. 105.
133 Houdini, Harry: *On* [Deception]. [Foreword by Derren Brown] 2009. S. 45ff.

11. *Quick Change Artistry*: Blitz-Schneller Kostümwechsel des Vorführenden und seiner Assistentin oder Assistenten.[134]

12. *Chinesisches Ringspiel*: bei einer genügenden Anzahl von Ringen kann man auch abstrakte Figuren formen oder zusammenfügen (Abbilden von abstrakten Figuren).

13. *Clown*: Verkleidung zur komischen-fantastischen Figur und Personnage, manch ein Clown zaubert auch und modelliert Ballone.

14. *Marionettentheater*: Von der Technik gesehen Ähnlichkeit zu Tanzender Stock, Zombie, Losanders schwebender Tisch, Butterfly, Verrückte Zündholzschachteln, und Wurli Wurm, etc. Effekt der Animation von Unbelebtem. Steht in direkter Opposition zu Schwarzem Theater, wo der Magier mit Assistenten und Assistentin Teil der Animation und des Spieles sind. Im Marionettentheater sind der Spieler und die „Puppen" mit einander verbunden und in so manch einem Theater auch sichtbar, was aber den Effekt der Täuschung nicht hindert, man sieht die „Puppe" agieren und reden.[135]

15. *Ballonmodellieren*: extrem belastbare, dehnbare Ballone, die zu verschiedenen fantasiereichen Formen, wie Tiere, Obst, Gegenstände oder Blumen verformbar sind; So manch ein Clown wie auch Magier (vor allem Kindermagier) modelliert Ballone.

16. *Travestie*: Vor allem Verkleidung und Schminke des anderen Geschlechts täuschend ähnlich zu gestalten, es gibt auch Travestiekünstler die zaubern (zum Beispiel: Cashetta's Drag Magic Show[136] aus den USA).

17. *Vexierspiele* jeder Art bis hin zum Zauberwürfel der letzten 80er Jahre, von Rubik erfunden und auch als Rubik's Cube bekannt.

18. *Taschendiebstahl*: demonstrierte offensichtliche Kunst des Stehlens zur Unterhaltung des Publikums, an einem Opfer ausgeübt, das der Täuschung nicht auskommt.

19. *Papier-reißen*: ein kunstvolles Ein-oder vielmehr Herausreißen von Teilen gefalteten Papiers, um verschiedenste Figuren, Muster und Palmen zu erzeugen.

20. *Falten von Papier*, Geldscheinen, Stoffservietten in verschiedene Muster, Formen etc. wie auch Origami. Silhouetting, Schnellzeichnen, Sandzeichnungen mit Projektion auf eine Leinwand, Döblers Hydro-Oxygen-Gas-Mikroscop, Schattenspiele, etc. gehören auch zu den ähnlichen produzierenden Fertigkeiten, die aufgrund ihrer Schnelligkeit und Wandelbarkeit in der Darstellung beruhen und zur Zauberkunst damit auch zählen.

21. *Kontakt-jonglieren*: eine Kristall-Kugel wird mit den bloßen Händen so manipuliert und gehandhabt, dass die Kugel zu schweben scheint, der Kontakt zwischen den Fingern und Handflächen wird nicht unterbrochen daher die Bezeichnung Kontakt-jonglieren.[137]

22. *Jonglage*: jonglieren mit Bällen oder Gegenständen in Begleitung von Text oder Musik oder auch stumm, pantomimisch;[138]

23. *Dice Stacking*: mit einem Becher mehrere Würfel durch hin und her Bewegungen zu einem

---

134 David and Dania youtube: http://www.youtube.com/watch?
v=BClaMVd9eDs&feature=mh_lolz&list=HL1315145716 [Zugang: 04.09.2011].

135 http://nikolaushabjan.wordpress.com/ [Zugang. 01.01.2011].

136 http://www.cashetta.com/ [Zugang: 01.01.2011].

137 http://www.lawrensgodon.com/ [Zugang: 01.01.2011].

138 Hierzu empfehle ich für Jonglierinteressierte und auch Magier das Buch von Gelb, Michael J. und Tony Buzan: *Lessons from the Art of Juggling: How to achieve your full potential in business, learning and life.* Crown Trade Paperbacks: New York. 1994.

einwürfeligen Turm schleudern;

24. *Messer-Werfen*: Die Kunst mit Messern auf ein Ziel zu werfen und dabei niemanden zu verletzen, wenn Menschen vor der Zielscheibe stehen. Ähnlichkeit zum Trick des Revolver-Patronen-Fangs. Beim Messer-werfen gibt es verschiedene Tricks oder Kunststückvarianten, um den Effekt der Fertigkeit des Werfens von Messern oder auch Äxten zu demonstrieren.

25. *Fingerfitness*: mit den Fingern ursprünglich Aufwärmübungen, Dehnungsübungen durchführen. Auch bewegte Muster, Formen bis hin zu Gesichtern. Ähnlichkeit zum Schattenspiel gegeben.

Diese verwandten Künste und Randgebiete der Zauberkunst lassen sich um die pure Zauberkunst reihen und bilden dergestalt einen Kreis (siehe Zeichnung 25 und Zeichnung 26). Das was diese Künste zusammenhält oder verbindet ist wesentlich für die Zauberkunst: Fertigkeit.

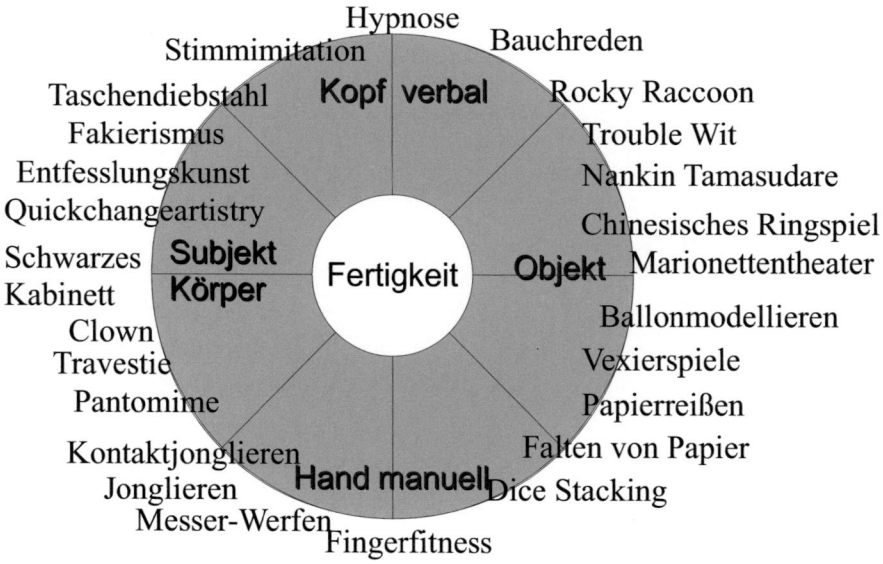

Zeichnung 25: Oppositionsmodell für die Täuschungskunst mit den Phänomenen der Täuschungskunst angeordnet im Kreis

Aus dem Grunde, dass allen diesen Künsten Fertigkeit in direkter Darstellung und im Zeigen des Könnens liegt und alle damit dramatisch sind im *Hic et Nunc* und dass eben die Zauberkunst ins Zentrum gestellt ist folgt, dass die Täuschungskunst, wie auch immer beim Zaubern die Fertigkeit verheimlicht oder kaschiert wird, gerade diese sie ausmacht. Weiters lässt sich schließen, dass die Nachahmung und das Imitieren von Realität ein essentielles Element dieser Täuschungskünste und damit auch der Zauberkunst ist. Vor allem haben alle diese Künste eines zum Zweck nämlich Demonstration von außergewöhnlicher Fertigkeit (für Zauberkünstler: das Wundervollbringen) zur Unterhaltung des Publikums und Befriedigung der Schau- und Sensation-Lust.Geordnet nach Ähnlichkeit, wie mit was vorwiegend unterhalten wird. Hände allein über diverse Objekte und Verkleidungen am Körper, die Verwendung finden, hin zur Stimme alleine, und dem schauspielerischen Darstellen bei der Hypnose (mit der dominanten, starken und suggestiven Charakterdarstellung); Objektveränderung bis zum Körpereinsatz oder Körperbeherrschung selbst.

Horizontal ist in Opposition gestellt Körper linke Seite zu Gegenständen, Objekten rechte Seite. Hand gegenüber Stimme. Der körperlichen Darstellung mit körperlichen Besonderheiten, die zur Schau gestellt werden und Verkleidung des Körpers, ist die manuelle Handhabung von Objekten gegenübergestellt, welche die Realität repräsentieren oder abbilden sollen. Diese Art der Abbildung *per se* in der Unterhaltung ist für Fitzkee nicht magisch genug, um als Zauberkunst zu gelten, findet aber Erwähnung auch beim Ringspiel, über das er ein Werk geschrieben hat.[139] Körperliche übernatürlich-rätselhafte Leistungen (schneller Kostümwechsel, Entfesslung und Fakierismus) sind wiederum den rätselhaften Vexierspielen, Ballonmodellieren, Papierreissen und -falten (Objekten) gegenübergestellt. Stimmimitation, Hypnose, Bauchreden, Rocky Raccoon, Trouble Wit und Nankin Tamasudare (und Chinesisches Ringspiel mit Mustern) sind den meist nonverbalen Vorführungen bei *Dice Stacking*, Fingerfitness, Messerwerfen, Jonglieren und Kontaktjonglieren gegenüber gestellt.

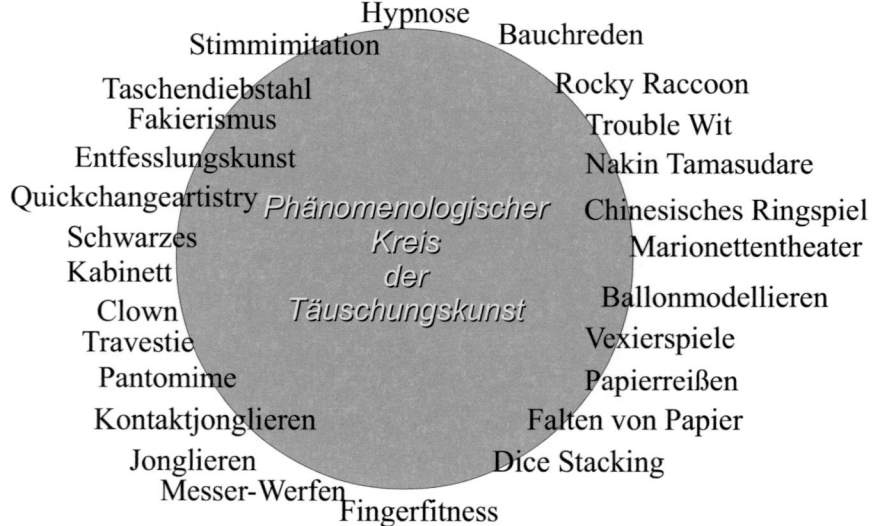

Zeichnung 26: Symmetrische Anordnung der Randgebiete der Täuschungskunst

Allen diesen Künsten ist eigen, dass sie täuschen oder darstellen (abbilden), körperlich oder Objekt-bezogen, und vor allem, die Präsenz des Körpers mit besonderer Verwendung der Hände, mit denen Geschicklichkeit und eine gewisse Schnelligkeit oder Wendigkeit auch demonstriert wird. Die damit gegebene Verwandtschaft zur Artistik ist ein wesentliches Element der Täuschungskunst, da die Eigenschaften durch ein Verheimlichen des Herganges der Täuschung entstehen, i.e.: das Verheimlichen bedingt Fertigkeiten, die bei den Randgebieten meist offensichtlicher dargeboten sind.

Dies ist laut Fitzkee eine eigene Effekt-Kategorie: Fertigkeit, die er auch, wie schon Eingangs erwähnt, als nicht besonders magisch erachtet. Für Fitzkee ist die Demonstration von Fertigkeit tabu, wie auch einem Erdnase[140] und wahrscheinlich gerade Cardsharps und Grenzgängern zum Gambling oder Betrug. Die Fertigkeit stellt eine mögliche Erklärung des Kunststücks dar und deswegen störe sie den magischen Effekt des Unerklärbaren, also sei nicht perfekt.

139 Fitzkee, Dariel: *Rings in Your Fingers.* Magic Ltd., Lloyd E. Jones: Oakland, California. 1977.
140 Erdnase, S.W.: *The Expert at the Card Table: The Classic Treatise on Card Manipulation.* Dover Publications: New York. 1995.

Die Anschauung der perfekten Lüge, des eleganten, simplen Kunststücks, das nur mehr auf dem Geheimnis beruht, hat einen gewissen romantischen Charakter und ist recht selbst-verliebt, wie auch selbst-verherrlichend. Diese perfekte Kunst ist vielleicht ästhetisch schön, schlicht und einfach, also damit elegant, aber flach und leer, mit unter banal im theatralen Kontext. (Ausnahmen sind selbstverständlich Schauspiel-Leistungen, die hier eingebracht werden können, wie bei Mentalisten, Hypnotiseuren, etc., dazu zähle ich aber nicht einen schönen Anzug tragen und den Text schön aufsagen und phonetisch einwandfrei sprechen, wie es z. B. Logopäden vielleicht bewerkstelligen würden.) Nach dem Motto manch eines perfekten Zauberers: Ach wie gut das niemand weiß, dass ich ein Geheimnis habe und nicht wirklich *Magier* bin, ist auch kindisch und jenes Motto widerspricht der Betrachtung im theatralen Kontext, bei der die Unterhaltung in der Schaulust zu finden ist. Ein zur Schau stellen von Fertigkeit ist gar wohl gegeben, ja sie steht in dieser Abhandlung im Zentrum, und nicht die Person selbst mit ihrem Geheimnis. Sprich, die esoterische intellektuell-romantische Schablone hat ausgedient, die bodenständige Performance der Zauberkunst ist gefragt.

Der Zirkus stellt mit seinen Artisten (Clowns, Jongleuren, Dompteuren, Seiltänzern, etc.) natürlich auch ein Betätigungsfeld für Zauberkünstler dar. Die durchs-Land-ziehenden Zirkusartisten, die, wenn man so will, die modernen fahrenden Spielleute sind, die ihre Künste zur Schau stellen, sind das Urgestein der Theater- und Schauspielkunst. Das Umherziehen und Reisen der fahrenden Künstler ist ein theatrales Element der Theater-und Heilkunst und findet seine lange Tradition in den Gauklern, Wunderheilern, Quacksalbern, Bänkelsängern, Musikanten, Darstellern, wieder, die auch betrügen und mit Kuriositäten jeglicher Art handeln.[141]

Dass Theater auch mit einem internationalen Stab von Darstellern verschiedener Kulturen und Nationen funktioniert und mit verschiedenen traditionellen Theaterformen kombiniert werden kann, wie *Commedia dell'arte*, *Nô* und *Kabuki* Theater mit Brechtscher Verfremdung, einerseits sprach-orientierter Präsentation und andererseits prachtvollen *Tablaux Vivants*, hat Ariane Mnouchkine mit ihrem *Théâtre du Soleil* bewiesen.[142] Das *Cirque du Soleil* hat sich diesem Prinzip der fahrenden bunt gemischten Darsteller oder besser Schausteller und Artisten zugeschrieben und feiert weltweite Erfolge. Das Funktionieren solcher Schau-Produktionen weist auf die Universalien des Spiels hin, die jedem Menschen eigen sind und somit einen universellen Unterhaltungswert ergeben.

Die Fertigkeit ist jenes verdeckte Element, welches im phänomenologischen Kreis der Täuschungskunst im Hintergrund steht. Es ist letztlich die *techné*, die auf das Können und die Fertigkeit hinweist, also die Kompetenz und die Erfahrung, die durch das Anwenden des Wissens sich ergibt. *Techné* kann somit als die angewandte Kompetenz, die aktuelle Performanz der magischen Kommunikation, wie auch die physische Handwerklichkeit und Fertigkeit, sprich also die Zaubertätigkeit, gesehen werden oder interpretiert werden. Das bringt sozusagen, die Theorie und Praxis zusammen. Der Zauberkünstler und Magier ist ein anwendender Theoretiker seiner Zunft und somit ist die *techné* im klassischen Sinne im Zentrum der theatralen Zauberkunst zu sehen. Die folgende Zeichnung soll das magische Kommunikationsmodell noch einmal in Erinnerung rufen und die zuletzt über die Randgebiete der Täuschungskunst nahegebrachte Fertigkeit, oder nun *techné* genannt, veranschaulichen. Die Kompetenz entscheidet über die Mittel und Methoden, die zur Anwendung in der Kommunikation der Effekte kommen, die im Kopf des Zusehers entstehen sollen. Es ist ein Abbildungsprozess, der in der Kommunikation entsteht und abläuft. Zeichnung 28 Zeigt die *techné*, die vereint mit Performanz beim Darstellen der Effekte gebraucht wird. Die Kompetenz ist dem Prozess übergeordnet und das Zaubern ist die Ausführung der Kompetenz im magischen Kommunikationsmodell.

---

141 Baumbach, Gerda: *Theaterkunst und Heilkunst: Studien zu Theater und Anthropologie.* Böhlau Verlag: Köln/Weimar/Wien. 2002.

142 Seym, Simone: *Das Théâtre du Soleil Ariane Mnouchkines Ästhetik des Theaters.* J.B. Metzlersche Verlagsbuchhandlung: Stuttgart. 1992.

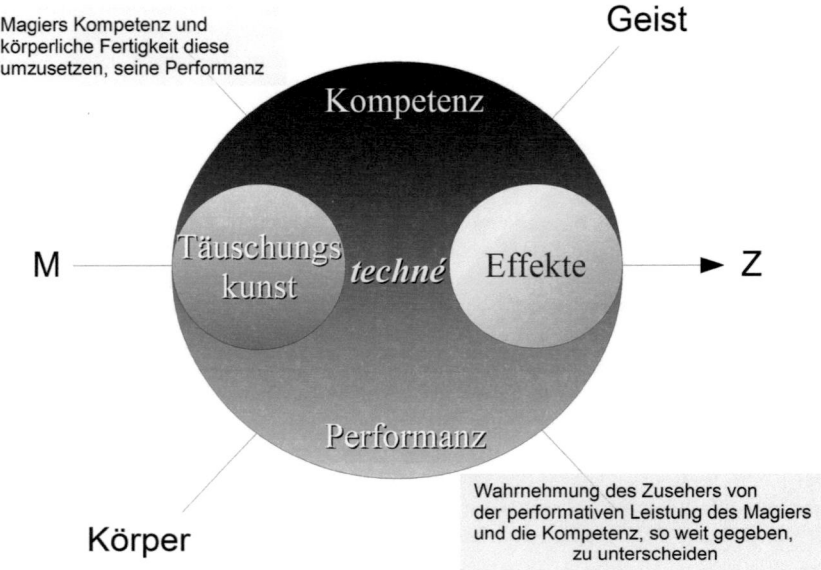

Zeichnung 27: Fertigkeit im Zentrum der magischen Kommunikation, also des Zauberns

Die Gleichsetzung von Zauberkunst mit Handwerkskunst als *techné* im Sinne der Fertigkeit des Magiers und Zauberkünstlers ist der erste Ansatz der Prämisse dieser Arbeit gewesen. Eine erweiterte Schlussfolgerung im Zusammenhang mit Theatralität der Zauberkunst ist, dass die Fertigkeit, nun auch mit Techné, ausgedrückt die Theatralität der Zauberkunst ist und in dem Schema der Performance von Montelle,[143] damit die aktuelle Form der Darstellung der Zauberkunststücke ist, das was vom Zuseher wahrgenommen wird. Der Inhalt ist die Performativität, beide zusammen ergeben die Performance: die Form und der Inhalt, signifié und signifiant, Bezeichnendes und Bezeichnete, welches die Effekte sind, die im Kopf der Zuseher entstehen und unterschiedliche Interpretationen und individuellen Sinn erzeugen. Der zweite theoretische Ansatz, dass Zaubern Täuschen ist, soll im folgendem Hauptkapitel ausgeführt werden.

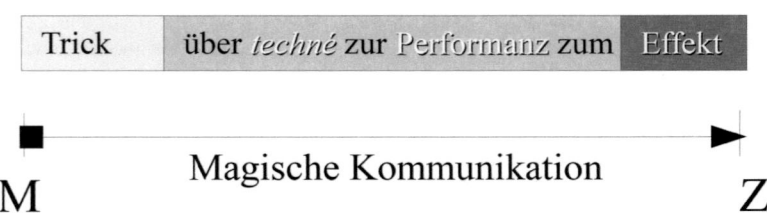

Zeichnung 28: Endmodell der magischen Kommunikation

---

143 Montelle: a.a.O., S. 12.

3) Definition der Zauberkunst

2. Metapher: Zaubern = Täuschen

In diesem Kapitel ist der Themenkreis Kultur von Bedeutung, da es um Täuschungskunst geht, mit seiner spezifisch westlichen Sicht der Ethik und der rechtlichen Situation und Tradition; es werden daher explizite Beispiele gegeben. Der Glaube spielt hier eine Rolle, der national bedingt ist und seine kulturelle Ausprägung in der Ersten Welt hat. Unweigerlich ist Macht und Herrschaftsstruktur damit verbunden, da hier eine Abgrenzung von unethisch und ethisch rechtlich vertretbarer Magie beschrieben wird.

In Zauberklubs auf der ganzen Welt, westlicher Prägung, wird die Unterhaltungsmagie als weiße Magie bezeichnet, als eine Täuschungskunst, die der Unterhaltung dient, die Zuschauer erstaunt, verblüfft, ablenkt, kurzum unterhält und sich nicht als ‚übernatürlich' deklariert.[144]

Aus theatraler Sicht möchte ich hier festhalten, dass Täuschen, sprich Lügen und Vorgeben, Blendwerk schaffen im spielerischem Sinn, eine menschliche Eigenschaft ist und in dem Sinne alle Menschen auf die eine oder andre Art tun. Es ist eine universelle Eigenschaft, die Menschen ausführen, wenn sie den Alltag im sozialen Kontext mit anderen Menschen meistern wollen.[145] Mit anderen Worten: wir alle lügen und haben soziale Rollen bewusst oder auch unbewusst zu spielen.[146] Radikal formuliert sind wir alle Schauspieler auf den Brettern der Weltbühne, wie die bekannte Formulierung der Metapher des Welttheaters: *theatrum mundi*.[147] Tracy C. Davis und Thomas Postlewait haben zum Begriff *Theatralität* festgehalten, dass dieser immer mit einer pejorativem, holen oder geringschätzigen Wertung einhergeht, wie auch andere Worte, die damit in Zusammenhang gebracht werden (operativ, melodramatisch, inszeniert, eine Szene machen und anderes).[148] Dass der Mensch generell ein „Repertoire an Rollen und Flexibilität, zum richtigen Zeitpunkt richtig zu handeln",[149] wie auch eine Teilung des Selbst[150] hat ist in der Psychologie allgemein gültig. Hierzu verweise ich auch auf Schopenhauer, dessen Auffassung des Menschen, der Person, von Richard Weihe auch verwendet wird, um seinen *Homo Duplex* als performativ zu verstehen. Weihe legt es als performatives Wesen an und erachtete dazu Formen und Mittel des Erscheinungsbildes und der verschieden auswählbaren, gegebenn und möglichen gesellschaftlich normierten Verhaltensweisen.[151] Dies kann gerade eben im Theater und in der Kunst, doch auch im Alltag eine Wahl der Mittel sein, die auf verschiedenstem Niveau sich abspielen kann und mit unterschiedlicher Komplexität für die Darsteller und Menschen , die sie anwenden beinhalten. Ein Schwierigkeitsgrad des Theatralen ist im sozialem Umfeld bei Menschen immer gegeben, wobei auch hierbei kaum gerecht einstufend und wertend vorgegangen werden kann.

---

144 Gruber: a.a.O., S. 5.
145 Meyer, Pamela: *Liespotting Proven Techniques to Detect Deception*. St. Martin's Press. 2010.
146 Moreno, Jacob Levy: *Psychodrama und Soziometrie*. [Hsg. Jonathan Fox, 2. Auf. Übs. Martina Gremmler-Fuhr] Edition Humanistische Psychologie: Köln. 2001. S. 18 und 103ff.
147 Buss, Mareike: „Alles Theater? Konfiguration der Theatermetapher in aktuellen kulturwissenschaftlichen und linguistischen Diskursen." In: Buss, Mareike, et al., Hrsg., *Theatralität des sprachlichen Handelns: Eine Metaphorik zwischen Linguistik und Kulturwissenschaften*. [1. Aufl.] Fink (Wilhelm): München. 2009. S. 39.
148 Davis, Tracy C. und Thomas Postlewait, Hsg.: *Theatricality*. Combridge University Press: Cambridge. 2003. S. 4ff.
149 Fox, Jonathan: „Einführung." In: *Psychodrama und Soziometrie*. Moreno: a. a. O. S. 18.
150 Laing, R. D. *The Divided Self*. Pelican Book: Harmondsworth; England. 1965. S. 19.
151 Weihe: a.a.O., S. 329.

Wir alle tragen Masken, in dem Sinne, dass wir Verschiedenes verbergen müssen, manches verbergen wollen und so manches gar nicht die Möglichkeit haben zu zeigen oder zu offenbaren, weil unmöglich aufgrund der Sprache oder Kommunikationsebene (Schauspieler - Zuseher, Politiker - Wähler, Eltern - Kinder, Lehrer - Schüler, formell - informell, öffentlich - privat, geschrieben - gesprochen, etc.) auf der man kommuniziert. Weihe, Seite 330ff, erwähnt Ciceros vier *Masken*, die die verschiedenen Ebenen der gegebenen Masken, die sich ein Mensch nicht aussuchen kann, und der einen Maske, die das Individuum sein soll, die aber auch eine Maske ist. Die Maske als Persona findet sich auch bei Jungs Betrachtungen und metaphernreichen Forschungen wieder, gerade wenn es um die Psyche des Menschen geht.[152]

Eines ist sicher, streng *wörtlich* kann man das nicht nehmen, es ist eine Metapher. Die Gesichtsmimik des Menschen ist kontrollierbarer auch beim Laien, um so mehr beim Schauspieler, der darin geschult ist. Dario Fo hält fest, dass die Theater-Maske den Menschen generell zwinge, die Wahrheit zu kommunizieren.[153]

Das bedeutet aber für den Alltag, dass der Körper meist die Wahrheit spricht und man die Körpersprache als Ungeschulter nicht gut kontrollieren kann. Gerade für Zauberkünstler, die mit den Händen sprechen und manipulieren, vorgeben etwas zu halten, aber dies nicht tun und umgekehrt, etwas verstecken, so auch die gesamte Körpersprache und Atmung darauf ausgerichtet ist zu täuschen (bei *sleight of hand tricks* im Besonderem), um Echtheit zu suggerieren und Natürlichkeit vorzugeben, darzustellen. Der professionelle Schauspieler, für meine Betrachtung relevant, hat darin Perfektion und verschiedene Methoden, um die gelungene Täuschung (das nicht-Sagen, oder das Verheimlichen) zu bewerkstelligen, um damit zu unterhalten und Illusionen, Täuschungen zu bewerkstelligen. Im Alltag ist aber zu unterscheiden, was nun legitim und was Unrechtes ist, oder schlicht Betrug. In der Kunst gilt das dann, wenn Menschen behaupten, dass sie übernatürliche Fähigkeiten besitzen. Dessen sind sich Zuschauer und Zauberkünstler mehr oder weniger bewusst. Doch was ist nun das wahre Gesicht oder der Charakter, die Identität, das Selbst beim Menschen generell, wo beginnt die Lüge oder der Betrug? Wo beginnt die Theatralität im Ursprung zu existieren? Kann man von einem wahrem Gesicht und einer fixen Person überhaupt reden?

3.1) Selbst, Selbstdarstellung, Selbstbetrug

„[...] welches, das ich Interpreter nenne,"

cf. *'The Mind's Past'* von Michael Ganzzangia [Übs. CG] [154]

Der Mensch, so Michael S. Gazzaniga, hat einen *Interpreter* im Gehirn, der dem Menschen ein fiktives Selbst suggeriert.[155] (Die vierte Maske von Cicero?) Jeder Mensch hat seine eigene Überzeugung, wie er ist und was er ist und verfolgt, betrachtet und formt so sein Leben, auch seine Vergangenheit, nach diesem Muster. Julian Baggini schreibt in seinem Werk über das Selbst, dass das Ich generell als etwas solides gesehen wird, was es aber nicht ist, sondern eine Prozess, der sich damit über Zeit verändert und dynamisch, wandelbar und fließend ist. Das heißt, dass das Ich, beziehungsweise, dass das was man Seele nennt, etwas ziemlich „Materielles" im Sinne von einem Netzwerk aus Gedanken, Wissen, Erfahrungen, Empfindungen ist, das sich wandelt und die einzelnen Inhalte mit einander verbindet. Auch Worte sind materiell. Ähnlich zu dem Zeitgeist des 20. Jahrhunderts: weg von Newtons Identität der festen Körperteilchen, hin zu einem Wellenteilchen-Dualismus, der der buddhistischen Philosophie gleicht, wie es auch bei Rationalisten und Aufklärern gesehen wurde (John Locke, und anderen).[156] Das Ego baut sich

152 Jung: a.a.O., S. 23.
153 Fo: a.a.O., S. 56.
154 Ganzzaniga: a.a.O., S. 1.
155 Siehe auch Ariely: *HTD.* a.a.O., S. 164f.
156 Baggini, Julian: *Ego Trick: In Search of the Self.* Granta Books. 2011.

beständig seine eigene Identität. Jeder Mensch birgt durch seine biographische Entwicklung eine Theatralität in sich, die Lebensgeschichte, durch den Wandel des Selbst.

Im sozialen Kontext kommen die Illusionen von Identität und dann eben der Nationalismus auf, der dem Volk, einer sozialen Gemeinschaft, eine gewisse Identität und Nationalstolz gibt, die an sich nichts mit der eigentlichen Natursubstanz des Menschen mehr zu tun hat, sondern reiner Selbst-Affirmismus und Geltungsdrang ist, der sich bei Nationalspielen, wie Olympische Spiele sehr gut zeigt. Es ist bekannt und auch zu sehen, dass zum Beispiel Sprache *nicht* im Sinne einer Sprache, wie Deutsch oder Englisch, Chinesisch, Japanisch, von den Genen abhängig ist. Viel mehr ist der Mensch befähigt mit wenig Input[157], als Säugling, *jede* Sprache als Muttersprache schnell und leicht zu erwerben. Ein Afrikaner der in Wien aufwächst und seine prägenden Kinderjahre dort verbringt wird fließend und vollkommen diese Sprache und auch Kultur haben, wie jeder andere Wiener. Trotzdem, gibt es diese Unterscheidung in Nationalitäten und damit auch Zugehörigkeiten, die dem Menschen ein Bedürfnis zu sein scheint und sich auch in Konfrontation mit anderen Nationen und Kulturen dann dementsprechend äußert. Ein sich Messen und Bewerten ist die Folge, das an sich spielerisch sein soll. Der Fehlschluss und irrationale Sprung zum Rassendenken mit *survival of the fittest* ist damit bald geschehen[158] bis zum Nonsens des Rassismus im Sozialdarwinismus.

Ariely hat festgehalten, dass stereotypisches Denken, Kategorisieren und Erwartungshaltung sich bei Menschen mit dem bestätigenden Wiederfinden in Konfrontation mit dem anderen zeigt. Tests wie, wie gut sind mathematische Fähigkeiten bei Asiaten, die in den USA naturalisiert sind, zeigen, dass sich die Annahme, dass Asiaten gute Mathematiker sind, bestätigt. Dabei ist zu bedenken, dass solche Tests die Suggestion beinhalten, die das Resultat suggeriert. Konfliktreiche Nationen, die etwas bei Tisch ausdiskutieren sollen, gehen mit ziemlicher Sicherheit fehl, da jeder nur das sehen kann von dem er oder sie ausgeht und überzeugt ist. Ein neutraler Dritter könnte den blinden Fleck den die Streitpartner haben vielleicht überwinden. Generell kann der Mensch durch seine Lebenserfahrung und seine geprägte Sicht der Dinge nicht aus seinem oder ihrer Perspektive und ist dazu verdammt, dass wiederzufinden was er oder sie sehen will und mit dem Verstand erfassen kann.[159]

Das Konkurrenzspiel, und der Wettbewerb oder Wettkämpfe des Menschen, ist von der Wirtschaft ausgenutzt und führt in Krisenzeiten auch vom Spiel zum Ernst, einem anderen Ernst als es Huizinga beschreibt, und bedenklichen Konstellationen; wie auch mit dem Fortschritt der hundertstel und tausendstel Sekunden; manch einer tendiert dazu, die Leistung künstlich zu verstärken. Dem Betrug ist damit der Weg bereitet. Jeder stellt sich im besten Licht dar und manipuliert, so weit er kann, das Ergebnis. Um Fairness zu bewirken gibt es Kontrollapparate (Ethik, Moral, Gesetzte, Gericht, Schiedsrichter), die an sich dazu dienen sollten das Spiel beim Spiel zu belassen und insbesondere im „Ernstfall" keinen Betrug (oder auch Foul, oder eben faulen Zauber) stattfinden zu lassen. Huizinga erwähnt die Falschspieler, die an sich mitspielen, aber die Mitspieler und das Publikum, wie auch den Schiedsrichter, betrügen, was auch in der archaischen Kulturgeschichte mit den Mythus von Helden, die betrügen verwurzelt ist; Pelops, Jason und Theseus, Ariande, Kaurava (im *Mahābhārata*).[160] Dann gibt es auch jene Rebellen, die einfach sich nicht an die Spielregeln halten und gegen jene verstoßen oder einfach nicht anerkennen und ausgestoßen werden. Der Begriff „Ernst" ist bei Huizinga im Spielkontext definiert, der einem Wettkampf inne wohnt und eine gewisse Fairness bedeutet. Es stellt sich die Frage bei modernen Krisenzeiten, ob dass überhaupt möglich ist, erstens, Ernst und Spiel von einander zu trennen oder zu unterscheiden, und zweitens, auch herauszufinden, wo Betrug beginnt und wo er aufhört. Viele Menschen tendieren dazu sich selbst zu ernst zu nehmen und vor allem Zauberkünstler haben sehr

---

157 „Poverty of stimulus" wird es genannt. Siehe Chomsky, Noam und James McGilvray: *The Science of Language: Interviews with James McGilvray.* Cambridge University Press. 2012. S. 2, . u. a. m.

158 Die Fehlinterpretation von Charles Darwins Theorie als Sozialdarwinismus ist hier gemeint, siehe Dupy, Jean-Pierre: „Neturalizing Mimetic Theory" In: Garrels: a.a.O:, S. 202f.

159 Ariely: *Predictably Irrational.* a.a.O., S. 198-223.

160 Huizinga: a.a.O., S. 63.

bald den Ernst, samt Regeln, mit dem Erwerb ihrer Kunst geglaubt gepachtet zu haben.[161] Fest steht laut Huizinga, dass der Gewinner auf jedenfalls der Überlegene sein will und Ansehen gewinnen will, das dann der gesamten Gruppe, der der Sieger angehört, zufällt.[162]

Weiters gilt, dass keiner Fehler macht und keiner eine Schuld trägt. Das Selbstbild und Selbstempfinden sind nicht identisch mit dem, wie andere einen wahrnehmen. Ein Zauberkünstler kann sich selbst beobachten mithilfe eines Spiegels, um die Bewegungen zu kontrollieren und einzustudieren, damit die Täuschung perfekt wird, aber es ist schon vorgekommen, dass der Agierende vor dem Spiegel genau dann nicht hinschaut oder blinzelt, wenn er etwas falsch macht oder offensichtlich was verdeckt sein soll, aber sichtbar ist, und durch das Blinzeln nicht wahrgenommen werden kann. Die Selbstdarstellung läuft nicht registriert ab und der Übende ist mit seiner subjektiven Wahrnehmung, zum Nachteil seiner Übung, selbst-betrogen. Alexander hat in seiner Technik beschrieben, dass es instinktive Fehlleistungen beim Menschen gibt, die einen ein Fehlverhalten, eine Gewohnheit als „natürlich" vorkommen lassen, aber an sich Fehlleistungen sind. Er hat die Zurückhaltung (Inhibition) unter anderem entwickelt und genaue Selbstbeobachtungen und Analysen durchgeführt, um seine eigenen Fehlverhalten bezüglich des Körpers, Bewegungen beim Sprechen, die unnatürlich und unbewusst, unkontrolliert beim Rezitieren von Shakespeare Texten ablaufen und die er versucht hat unter Kontrolle zu bringen und zu korrigieren.[163] Das Gefühl des Vortragenden, wie auch in unserem Fall der Zauberkünstlers trügt und die Selbsttäuschung ist der Fall. Eine Kamera kann da helfen, Videokamera, und auch live „Publikum", Dinge aufzuschnappen, die dem Vorführer nicht auffallen. Zauberkollegen, sollte man meinen, könnten da helfen. Bedingt, denn da gibt es auch menschliche Eigenschaften, wie Sympathie und Neid, die das Ergebnis beeinflussen können. Mit dem Hilfsmittel der Videokamera kommen aber auch andere Verhaltens und Erscheinungsbilder zum Vorschein, die dem Magier sonst nicht bewusst sind. So ist es aber auch im alltäglichen Leben jedes Menschen. Das Selbstbild und das, wie man von anderen gesehen und wahrgenommen wird, sind zwei verschiedene Realitäten. Genau das, was man glaubt zu sein, das, was man glaubt darzustellen und sein will und das, was man sozusagen de facto ist, sind meist weit von einander entfernt. Gerade von Menschen, die nicht selbstkritisch sind und sich nicht bewusst sind, dass alle Menschen lügen, Fehler machen und sich vieles zurechtrücken, ist Theatralität in ihrer Selbstlüge gegeben. Extreme Beispiele sind Diktatoren des 20. Jahrhunderts und der Gegenwart, die meist ein romantische-heiliges, gönnerhaftes Familienidealbild in der Natur pflegen und veröffentlichen.[164]

Der Mensch, der generell vom Wanderer, Nomadenleben, zum säßhaften Menschen in Höhlen und dann viel später in Städten, letztlich, ursprünglich geworden ist, hat wie schon erwähnt, ebenfalls eine Identität, die er verfolgt und aufrecht erhält und auch in Religionen, Parteien, und anderen Zugehörigkeitsgruppen sich aneignet und sich damit identifiziert. Wenn man so will Ciceros 1. und 2. Masken des Menschen. Er hat meist eine Überzeugung, dass das so ist und nicht anders. Georg Kreisler[165] meint, dass genau diese Art der Meinung, nämlich die Überzeugung, nicht zu bestrafen ist und damit nicht zu kriminalisieren ist und auch nicht helfen würde das Unheil von radikalen Nationalisten, Patrioten und Faschisten, mit Strafen damit auszuschalten oder zu mindern. Ich behaupte sogar, dass Überzeugungen jeglicher Art auch nicht belehrt oder nicht zu übertragen sind; wenn es um radikale Anschauungen geht, umso mehr. So offensichtlich dumm und unschlüssig diese auch sein mögen. Es liegt dabei wahrscheinlich ein verborgener, unbegreiflicher Zusammenhang vor, den die Vertreter gar nicht erfassen können. Das Fahrende Volk hingegen

161 Jay, Joshua: „Over/Under" [Interview with David Parr] In: *MUM* September 2011. S. 47. Hier beschreibt Parr, dass Kreatives in den Wettbewerben nicht zum Zug kommt, da verschiedene Trends von der Jury bevorzugt werden und eine gewisse Geilheit nach Punkten bei den Teilnehmern dazu führt, dass die Kreativität von Nicht-gängigen, nicht in Kategorien Passendes, unter den Tisch fällt.

162 Huizinga: a.a.O., S. 61.

163 Alexander: a.a.O., S. 16-17.

164 Travis, Carol und Elliot Aronson: *Mistakes Were Made (But Not by Me): Why We Justify Foolish Beliefs, Bad Decisions, and Hurtful Acts*. Houghton Mifflin Harcourt. 2007.

165 Kreisler, Georg: *Zufällig in San Francisco Unbeabsichtigte Gedichte*. Verbrecher Verlag: Berlin. 2010.

musste aufgrund seiner Nichtsäßhaftigkeit sich eine eigene Identität formen, die wie ein Chamäleon und zerrissen im Betracht der Säßigen anmuten muss und sich für jene darstellt. Wer nicht zuzuordnen ist und nicht einer definierten Gruppe, einem Konzept angehört, aber die *Masken* dauernd wechselt, die bekannt und gängig sind, nein vielleicht auch noch um dessen geneidet wird und mit dem Stigma und den Vorurteilen, die auch mit Verurteilungen bis zu Verfolgungen einhergehen, läuft Gefahr ausgestoßen zu werden und, was weit mehr Probleme macht, läuft Verdacht ein Krimineller zu sein. Das Christentum hatte da in der Geschichte eine tragende Rolle gespielt und auch heute noch zählen Masken als Symbol der Lüge und dem Verstellen, wie auch Betrugs. Weihe verweist auf die assozierten negativen Implikationen von Masken im Kulturellen und Traditionellem Sinne der Theatermaske und dem Gebrauch der Maske im christlichen Mittelalter bis heute herauf zur Moderne und auch im neuen Millenium: die Denkweisen entsprechen einander kaum, sodass die Christen die theatrale Einheit durch die Nutzung der Theatermaske im Außerkirchlichsinnlichen nicht verstehen und erkennen können, jedoch den baren Theatergebrauch vorweg verneinen, Bevorurteilen und damit nicht verstehen können.[166]

Gerade Zauberer sind die, die genau schauen und damit im Volksmund, „wer genau schaut stiehlt", und anderen Vorurteilen ausgeliefert, so auch die Fahrenden generell. Gerade diese Konstellation von Andersartigkeit, Fremdsein, ist es auch, die die bösartigen, allzu menschlichen, Artgenossen, dazu veranlasst selbstnachgiebig, schnell Neid zu entwickeln und dann dem zugereisten Nachbarn das Auto und den Garten neidet, um dann etwas zu finden, um diesen zu isolieren und auch etwas anzuhängen. Im Mittelalter waren es die Denunziation als Hexe, vom Satan Besessene, etc. und in Salem USA waren es Frauen, die als Hexen denunziert wurden, die verfolgt wurden; in der McCarthy Ära in den USA waren es die Anti-Americans, wie Denunziation als Kommunist und die Zensurpolitik (Hayes Office) der Unterhaltungsindustrie; und in Europa, waren der Sündenbock, die Juden und alle Randgruppen, wie Homosexuelle, Zigeuner, Behinderte, Geisteskranke, oder jegliche, die dem Arier-image und der Nazipolitik nicht in den Kram passten. Diese geschichtlichen Fakten, die wohl auch auf universellem Bösen des Menschen fußen, sind dem Mensch wahrscheinlich universell eigen und können in den verschiedensten Arten und Formen in den verschiedensten Kulturen auftreten. Manch ein Psychologe und Anthropologe ist der Meinung, dass Menschen, die laut Darwin, und davon gehe ich auch aus, vom Tier abstammen, das „Böse" vom Tier haben, welches so gut wie triebgeleitet ist und kein Bewusstsein, wie es Menschen haben und somit das Böse oder eigennützige Destruktive, im sozialen Kontext, in sich haben und das dem Menschen, durch die Abstammung vom Tier, in den Genen liegt. Wie viele Menschen heben einen gefundenen Geldschein auf und (!) bringen ihn zum Fundamt? Thomas Hobbes[167] nennt die ursprüngliche Gemeinschaft Naturzustand, wo eine Art Faustrecht vorherrscht welche von Unmenschlichkeit und Chaos belastet ist. Den Ursprung des Übels sieht Girard in dem Mechanismus des Imitierens, das ein Selbst kreiert über ein Verlangen nach dem, was der Andere hat und ist, durch Imitieren des Anderen im Wettkampf und damit den Weg zur Missgunst, dem Neid und letztlich der Gewalt und dem Opfern des Sündenbocks ergibt.

Girard behauptet in seinem Werk *Deceit, Desire, and the Novel: Self and Other in Literary Structure*, dass das menschliche Verlangen mimetisch ist, also Nachahmung, die in Rivalitäten und Gewalt ausartet,[168] oder ausarten kann, obwohl er von der Literatur ausgeht, wie auch mit Shakespeares *Midsummer Night's Dream*,[169] und dessen Protagonisten, wird trotz allem auf die Psyche mit deren Funktionen des Menschen geschlossen. Im Sinne des Ansatzes, dass Sprache, und das schließt auch Dramentexte ein, die somit berechtigt benutzt auch ein Fenster zum menschlichen Denken und Handeln sind, da die praktisierte, real vorhandene Sprachleistung im Leben jedes Menschen mit der des Theaters praktisch und funktional verwandt sind. Dadurch müssten beide

---

166 Weihe: a.a.O., S. 332.
167 Schröder, Peter: *Hobbes: Grundwissen Philosophie.* Philipp Reclam jun. Verlag: Stuttgart. 2012.
168 Garrels: a.a.O., S. 13.
169 In einem weiteren philosophischen Werk von Girard, René: *A Theater of Envy: William Shakespeare.* Oxford University Press: New York. 1991.

eine gemeinsam funktionale, idente Leistung der Theatralität haben, welche beim Dramatext zum Vorteil der analytischen Betrachtung sind, weil sie ja als Text (Dialogtext mit theatralen und formalen Anweisungen) vorhanden sind. Die strukturelle und funktionale Gleichheit von Dramentext und gesprochenen Sprachleistungen von Menschen im alltäglichen, informellen und formellen Situationen, von Dialog oder auch Monolog, sind damit nicht widersprüchlich im Sinne und Beitrag der Betrachtung als Theatral in der Verwendung mit ihren vorhandenen, wesensgebenden Mechanismen, die sie somit auszeichnen, wie sie funktional ausgeübt werden müssen. Damit ist Girards Theorie der Mimesis ein weiterer konstruktiver Aspekt für diesen Essay. Girard[170] sieht die Mechanismen, die zur Gewalt führen als automatisch, und streng genommen, als vorprogrammiert an. Alles beruhe auf dem menschlichen Imitieren, auch wenn sich der Mensch dessen nicht bewusst zu sein scheint.

scheint, wann und dass er dies tut: Nachahmen, bzw. Imitieren des anderen. Garrels hebt die gemeinsamen und damit auch geteilten Rhythmik der Verhaltensberäuche. Das soziale Verhalten im rituellem Sinne kann als theatrales Ereignis gesehen werden, dass nicht unerheblich von den Spigelneuronen, obwohl, so wie es bei Garrels beschrieben ist, nicht einmal merkbar, vorstellbar sei, dass Menschen im Kontakt und Austausch im Miteinander des Seiens, doch ihre Verhaltensweisen gegenseitig mechanisch kopieren, in solch einer Art und Weise, dass es zwar im Moment des Geschehens nicht auffällt, auch nicht kontrollierbar ist, wenn auch vorbereitet oder im Wissen darüber. Im Nachhinein falle es den Beobachteten schwer, die unbewusst und unwahrnehmbaren Mechanismen des Spiegelns, nach belegbarer Beobateten Evidenz und Zeugniss darüber, zu glauben dass es solche Mechanismen gibt und sie etwas immitiert haben sollen, was für diese Probanten, dann unverständlich erscheint.[171]

Der Zauberkünstler im Gegensatz zum Laien und zu den „Betrügern" ist sich seiner Rolle bewusst und hat verschiedene Automatismen, die er handwerklich erlernt und einstudiert, Hilfsmittel der Psychologie, wie Misdirection, und Kompetenzen der Fertigkeiten, die die Zauberkunst ausmachen. Die Mechanismen die Girard anspricht sind unbewusst, die die der darstellende Zauberkünstler anwendet sind bewusst und unter Kontrolle angeeignet und ausgeübt. Zum Beispiel ist sich ein Zauberkünstler gar wohl bewusst, dass wenn er einen Gegenstand in die Hand nimmt und diesen ansieht, das Publikum seinem Blick automatisch folgen wird.[172] Das verfolgen mit den Augen des Blickes des Magiers ist wohl von Kindheit gegeben, im Sinne, dass das Baby dazu mechanisch den Blickkontakt der Bezugsperson sucht und das ansieht, was diese Person ansieht. Es imitiert sozusagen den Blick der Mutter, oder des Vaters, in dem es dem Blick folgt.[173]

3.1.1 Mimesis Theorie

Die Mimesis Theorie von René Girard zeigt das wahrscheinlich, naturbedingte, universelle Lernverhalten von Menschen, das Nachahmen im Sinnes des Imitierens auf. Girard sieht aber darin die Wurzeln des Wettbewerbs, Rivalität und der Gewalt. Neid, Missgunst und Hass sind die Emotionen, die meist damit einhergehen. Dies ist die destruktive Seite der Nachahmung, die Girard, zum Unterscheiden zur der Darstellung in den Künsten von Platon und Aristoteles, in seiner Theorie eben als Mimesis bezeichnet. Um den Erfolg einer Zaubervorführung zu garantieren muss man sich des psychologischen Kniffe erst bewusst werden, warum Zuseher das noch einmal sehen wollen und einen Spaß daran finden das Unmögliche wieder zu erleben, bzw. versuchen sich zu erklären, um eventuell nachzumachen. Laut Girards Theorie der Mimesis gibt es eine triangulale Situation zwischen zwei Personen, oder psychologischen Entitäten, die ein Objekt begehren, da einer den anderen nachmacht und damit das Verlangen, das Begehren des Objekts in einen Art Wettkampf ausarten kann, mit Neidgefühlen und mehr zerstörerischen Emotionen. Die Betrachtung der

---

170 Garrels: a.a.O. S. 13.
171 Garrels: Ebebenda. S. 27.
172 Tarbell, Harlan: Tarbell Course in Magic. [Bd.1] New York. 1971. S. 58.
173 Meltzoff, Andrew N.: „Imitation, Gaze, and Intentions" In: Garrels: a.a.O. S. 59ff.

Beziehung zwischen Menschen, dem Publikum untereinander und zum Zauberkünstler, sind nach Girard mit der interdividualen Psychologie übernommen, da es ein *Zwischen* den Menschen ist, das von Belang ist und sich nicht um eine psychologische Betrachtung der einzelnen Individuen handelt. Die Gruppendynamik ist von Interesse und das Ziel des Zauberkünstlers ist: zu unterhalten und den Spaß an der Sache und Freude an den Zauberkunststücken zu wecken; nicht das Gegenteil, durch Gefühle wie Neid, Missgunst und Hass, Zorn, Wut und Aggression. Diese Gefühle sind aber laut Girard dem Menschen durch die genetisch bedingte Nachahmung anderer Menschen jedem Menschen in den Schoß gelegt und kommen bei nicht kontrollierter, weiser Lenkung des Zusammentreffens von Menschen zur Geltung und zerstören die Unterhaltung; für uns relevant, ist das Ereignis Zauberkunst, die Zaubervorführung, die unterhalten soll und Freude verbreiten. Die Gegenstände, mit denen der Magier zaubert, sind die, die direkt zwischen den Zusehern und Magier und meist als Mediator für das Verlangen des Zusehers sich an den Effekten zu erfreuen und diese zu begehren, oder die Effekte wieder erleben wollen. Sie, die Gegenstände, gleichen der Maske, die im Theater zwischen dem Schauspieler und dem Zuseher steht. Die Effekte im Kopf der Zuseher sollen über die Handhabung mit den Gegenständen und der Aufmerksamkeit, die der Magier auf diese legt, erzeugt werden.

Das Anderssein des Fahrenden Volks, sind ein wesentlicher Zug des Theatralen, eine andere Identität, die fremd und scheinbar unzugehörig oder zerrissen ist. Daraus entspringt die Theatralität dieser Künstler, wie Globetrotter sich auch nirgends und überall zuhause fühlen. Gerade jene Gruppen, die wandern müssen, mit allem zurecht kommen und Vielseitigkeit, auch Anpassungsfähigkeit und Kommunikationstalent, beweisen, laufen damit wieder Gefahr von dem Volksmund als Teufel stigmatisiert zu werden, der alle in seinen Bann ziehen kann und „viele Sprachen" spricht, also eloquent ist.[174]

Der psychologische Trick der Herrschenden, die nicht als einzelne Personen zu sehen sind, sondern eher eine Gruppendynamik und System darstellen, ist ein Bedürfnis zu schaffen und Zugehörigkeit auszuzeichnen, mit zum Beispiel Wappen und anderen Symbolen, damit die Leute das machen, was die Machthaber wollen. Religionen haben vorexerziert und tun dies heute noch, wie man das forcieren kann: jemanden ein Schlechtes gewissen machen und mit dem Damoklesschwert der Trennung von der Gemeinschaft, Ausstoßung, mit der Verdammung drohen, oder mit Strafen. Es ist äußert bedenklich, ob dies legitime Methoden sind, wenn es dabei um persönliche Eigenschaften und Präferenzen geht und vor allem Meinungsäußerungen, wie es zum Beispiel mit der Redefreiheit gegeben ist, und nicht um Kriminaldelikte, wie Mord, Diebstahl, etc. Eine ganz eigene Art mit Ungewolltem, oder Unerwünschtem umzugehen ist die folgende: Totschweigen und isolieren, hinterrücks zerstörerische Mundpropaganda betreiben und abfällig reden. Um es mit Christian Morgenstern auszudrücken: „Weil, so schließt er messerscharf, nicht sein kann, was nicht sein darf." Oder auch nonverbal, wenn gerade nicht getuschelt werden darf, „und da hot er mi angschaut und da hob I olas gwusst" („Herr Karl" von Helmut Qualtinger). Sprich sich mit gleichgesinnten über non-verbale Kontaktmöglichkeiten der Andeutungen und Verscheigenheit der Möglichen Gelichsinnung über verdeckte zeichengebungen sich zu konsolidieren. Genau diese träge, obrigkeitshörige, biedermeierlich, heiratsschwangere, familiäre Dienlichkeit war dann auch im Nachhinein im Widerstand, kann das so umkehren als nicht Teilnahme am offen Gesagten und aktiv teilgenommenen, zwischenmenschlichen Geschehen. Dei Diskretion und der Zivilgehorsam, die zivile Courage und die vernunftmäßige Teilnahme an Geschehen im Alltag, sind weitere Aspekte, die auf undurchsichtige und auch der Freiheit der Menschen mit ihrem Charkter wie auch ihren eigenen Lebenserfahrungen und Lebensweisen sehr unterschiedliche Lebenspraktiken und soziale Erschinungsbilder in ihrem Verhalten und dem dahinterstehenden Vertändnis dieser Haltungen erbene und genau desswegen auch die Möglichkeiten bieten für alle Non-Verbalen Abläufe in der Zwischenmenschlcihen Kommunikaiton. Sprich einen Spielraum und eine Teilnehmerfreiheit hier zivil und sozial verträglich zu agieren sind jedem Menschen selbst

---

174 Theatrale Figuren gibt es in der griechischen Klassik zum Beispiel mit dem Odysseus, der viele Masken trägt und konfabuliert: siehe Hyde: a.a.O., S. 54.

vorbehalten. Dies erscheint damit immer als Paradoxe situation, genauso wie der Sachverhalt, dass wenn jemand Teil eines Geschehens ist, diese Person nicht nicht teilnehmen kann, spricht nicht mitbetroffen und kommunizierend sein kann. Was im faschistischen System mit Theatralität gleich zu sein scheint, ist nicht nur die performative Art der Propaganda und Sprache, das romantische, gönnerhafte, idyllische Familienbild der Diktatoren, sondern auch die Faszination für Theatrales. Zum Beispiel hat es ein Hellseher, der jüdischer Abstammung war, Hanussen,[175] fertiggebracht den Nazis seine performative Personnage unterzujubeln.

Allen Mentalisten ist nachgesagt worden und von vielen ist bekannt gewesen, dass Mentalisten und Hellseher eine sehr starke Persönlichkeitsausstrahlung haben, welche an die Grenzen der Aufdrängungen gehen und mit Wurzel im Erpresserischen behaftet sind. Der bekannte Hellseher namens Hannussen hatte sich in den Dreißigerjahren in Deutschland mit seinen Vorhersagen und spiritischtischen Aufführungen zu einer berüchtigten Bekanntheit emporgearbeitet. Es gelang ihm, besonders bei depressiven und belasteten Menschen, die öffentliche Aufmerksamkeit an sich zu ziehen, und durch diese Aufmerksamkeit sich auch zu finanzieren, jene Zuseher, mit solchen Schwächen, im Publikum zu beeindrucken, anzuziehen und damit das Publikum zu unterhalten. Auch Seancen für einen Hermann Göring haben sich, laut Mel Gordon, ergeben; den Führer, Hitler, habe er auch beraten. Durch die Zwänge die eine verheimlichte hebräische Herkunft forcierten, so Lamont,[176] von welchem Hannussens Leben geprägt und beschwert war, hatte er ein äußerst gefährliches Künstlerleben zu bestreiten. Er sei dann aus der Nazi Partei ausgeschieden worden und sei später, auf Befehl Hitlers, durch einen schuldeten SA Mann, ermordet worden.

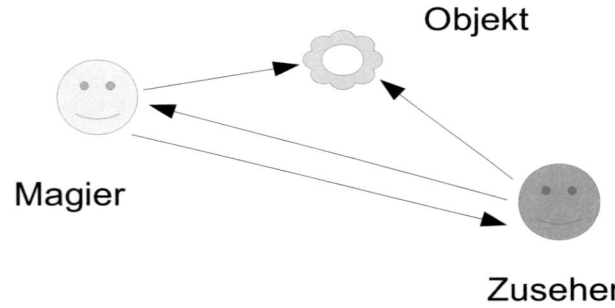

Zeichnung 29: Trianguale interdividuale Situation des Begehrens

Auch Sigmund Freud hatte eher eine verachtende Einstellung gegenüber seinen Patienten der gehobenen Gesellschaft, die sich so eine Therapie auch leisten konnten, aber in seinen Augen Abschaum waren. Der performative Charakter von Freuds Arbeit und Analysetätigkeit hat Onfray in seiner Anti Freud Biographie hervorgehoben.[177] Weihe bezeichnet Freuds Arbeiten als Inszenierung eines Ödipuskomplex in den Patienten und die das Gesprochene zum dramatischen Erlebnis gestaltet, das eine Reinigung bewirken soll von der seelischen Erkrankung, dem Irrationalen,[178] dabei aber eigentlich nur Freuds eigene Neurose in den Patienten wiederfindet. Dem Zeitgeist der Diktatoren im Europa des 20.Jahrhunderts konnte sich auch ein Freud scheinbar nicht erwehren,

175 Lamont, Peter: *The Rise of the Indian Rope Trick: How a spectacular hoax became history.* Thunder's Mouthz Press: New York. 2004. S. 178, der sich auf die letzte Biographie über p0   bezieht: Gordon, Mel: *Erik Jan Hanussen: Hitler's Jewish Clairvoyant.* Feral House. 2001.
176 Lamont: a.a.O., S. 178f.
177 Onfray: a.a.O., S. 264ff.
178 Weihe: a.a.O., S. 317f.

denn sonst gäbe es nicht seine Widmung dem Faschisten Mussolini mit: „Für Benito Mussolini, mit dem respektvollen Gruß eines alten Mannes, der im Führer einen Helden der Kultur sieht. Wien, 26. April 1933".[179] Die negative Seite des Imitierens anderer (Mimesis Theorie) betrifft alle Menschen, laut Girard.

3.2) Betrug und Zauberkunst

Ottokar Fischer, Harry Houdini, James Randi, und viele andere, professionelle Magier, mehr, haben sich der Aufdeckung und Aufklärung von Betrug zugewandt und haben versucht Scharlatanen, Betrügern, Wunderheilern und „Psychics" das Handwerk zu legen, um die Öffentlichkeit darüber aufzuklären, dass es keine übernatürliche Fähigkeiten gibt. Nicht nur bei Wunderheilung und Vorhersagen und Zukunft-weissagen, bei denen sich die Betreiber nicht als Unterhaltungsanbieter und Zauberkünstler sehen, sondern als Dienstleister und Persönlichkeits-trainer oder -unterstützer, vielleicht sogar als heilige Visionäre sehen, gehen lautere Magier streng ins Gericht. Auch bei Zauberkünstlern, die behaupten, dass sie übernatürliche Fähigkeiten haben oder wahre Wunder bewirken können, auch solche „unehrlichen" Magier werden von Skeptikern und kritischen Zauberkünstlern, die an die Definition des Magiers als Schauspieler und Unterhalter sich halten und die Ethik der Zauberkunst als Täuschungskunst vertreten, bekämpft.

Henning Nelms hat zu der Problematik von Betrüger und Zauberkünstler festgehalten,[180] er unterscheidet die betrüger und vergleicht die zauberkünstler mit Aufdeckern von Scharlatanerie bis zu Betrügern, wie Hellsehern und anderen Kleinkriminellen. Die Grenzgebiete und Übergänge zum Spirituellem und zur Religion, wie auch zum „Scharlatan" und Trickster in der Rolle des Magiers und zu anderen Konnotationen, die dem Wort „Zauberer" eigen sind, im Zusammenhang zum Theatralen, wird später noch einmal in dieser Arbeit eingegangen.

Betrug ist ein Thema, das mit der Zauberkunst in Verbindung steht, weil sie eben Täuschungskunst ist. Ob es sich nun um Diebstahl, Einbruch, Ausbruch, Trickbetrug, Fälschung, Falschspielen, Identitätsschwindel und Hochstapelei bis hin zum Agentenwesen handelt, alle bedienen sich des Täuschens mithilfe von rechtlich streitbaren, kriminellen Mitteln oder Methoden. Die Ethik in der Zauberkunst verbietet solche Ausformungen in der Kunst und viele Zauberkünstler sehen und sahen sich aufgrund der Ethik veranlasst darüber zu schreiben und gegen solche Kunst-Betrüger vorzugehen. Harry Houdini war einer von den Zauberkünstlern, der in dieser Richtung einschlägig Bescheid wusste und dementsprechend vorging. Er soll auch selbst als Agent in Europa tätig gewesen sein, was seine Tourneen in Europa und seine Kontakte zum Scotland Yard und der Geheimpolizei in Deutschland belegen, so die beiden Autoren William Kalush und Larry Sloman.[181] Auch aus der Zauberkunst hat es immer wieder Beispiele gegeben, die unlautere und fragwürdige Äußerungen oder Behauptungen von sich gegeben haben. Ein umstrittener Magier ist zum Beispiel Uri Geller,[182] der nun nicht mehr behauptet, dass er übernatürliche Fähigkeiten ernsthaft habe und bei diversen internationalen Konferenzen und Tagungen der Zauberkunst als Star scheinbar akzeptiert wird.

Aufgrund von solchen und vielen anderen Erscheinungsformen des „Übernatürlichen" und betrügerischen Handelns von Menschen, die meist auch selbst an ihre Fähigkeiten ernsthaft glauben und überzeugt sind, so zu sagen „geblendete Lügner" sind, gibt es seit den 90 Jahren in den USA eine Bewegung, die sich um James Randi formiert hat und die sich dem kritischen und skeptischen Denken verschrieben hat. Die Aufgabe der privaten Stiftung *James Randi Educational Foundation* ist, kritisches Denken und skeptische Weltanschauung zu verbreiten, um zum Beispiel: selbst-

---

179 Zitiert nach Onfray: a.a.O., S. 443.
180 Nelms: a.a.O., S. 42f.
181 Kalush, William und Larry Sloman: *The Secret Life of Houdini: The Making of America's First Superhero*. Atria Books: New York. 2007. S. 109-117.
182 Randi, James: *The Truth about Uri Geller*. Prometheus Books. [üba. Aufl.] 1982.

betrügerische, unwissenschaftliche Mediziner, wie auch jene, die es dezidiert tun, die sich der Wissenschaft bedienen und Schaden den Patienten und sich selbst zufügen, zur Verantwortung zu ziehen und außer Gefecht zu setzen. Auch sind paranormale, übernatürliche Phänomene und deren Sichtungen aufzuklären. Die spielerische und aufklärerische Art und Weise der Wissenschaft soll gefördert werden und das skeptische, ethisch vertretbare wissenschaftliche Denken verbreitet werden. Themen sind unter anderem auch Religion, Medizin, UFOs, Wünschelruten gehen, Pendeln, Löffelbiegen, Scharlatanerie und jegliche Art von pseudowissenschaftlichen Methoden.

Im deutschsprachigen Raum gibt es das GWUP; und in Österreich die GkD, Gesellschaft für kritisches Denken. *Science Busters* sind in Österreich bekannt, um Wissenschaft allen zugänglich zu machen und auch aufklärerisch dem Publikum Scharlatanerien, wie zum Beispiel „über glühende Kohlen gehen" zu erklären. Die *Knoff-Hoff-Show* der 80er bis 90er hatte damals auch aufklärerische Ziele mit ihren Unterhaltungsshows im deutschsprachigen Fernsehen, die physikalische und chemische „Tricks" und Methoden der Wissenschaft dem Publikum nahezu bringen und es dabei zu unterhalten.

3.3) Wunderglauben, Glaube und allzu Menschliches birgt Theatralität

„Menschen können die Realität nicht sehr ertragen."[183]

Der Glaube an Gott, wie auch andere Ausformungen, sind dem Menschen eigen. Es ist nicht möglich nicht zu glauben. Muster werden im Gehirn des Menschen erfasst und zu einer These geformt, wie etwas sein muss, um damit umzugehen oder es denkerisch zu verarbeiten, das heißt mit dem Verstand zu erfassen. Unter Muster soll verstanden werden Sinn, Struktur, Annahmen und Theorien, die der Mensch sich macht, um in der Welt zurecht zu kommen. Die Sinngebung findet hauptsächlich in der linken Gehirnhälfte statt und ist naturbedingt hartnäckig in Form von Mustererkennen beim Menschen und allen Säugetieren gegeben. Wenn ein Zauberkünstler seiner Vorführung einen Rahmen gibt, einen Sinn, eine Aussage vermittelt, dann begibt er sich ins Theatrale; auch das bloße zur Schaustellen, Ansehen haben – egal wo und was passiert (wie auch von Erika Fischer-Lichte formuliert) ist an sich schon Performance. Solch eine Betrachtung war Fitzkee wohl eher fremd, hat es aber denke ich mal, auch schon vor Fischer-Lichte gegeben. Zurück zum Gehirn und seinen täuschenden Tätigkeiten:

> Also gibt es etwas sehr Besonderes in der linken Gehirnhälfte. Reflexiv generiert das Gehirn, in jenem Bereich, Annahmen über Abläufe in der Realität, wie diese wahrgenommenen Inhalte funktionieren, auch wenn dafür nichts wahrgenommen wird. Sprich eine Hypothese wird generiert, wie Sachverhalte ablaufen müssen, wenn auch nichts davon da ist, bzw. es fehlen evidente Tatsachen, die dafür herangezogen werden können. Die Linke Gehirnhälte aber besteht automatisch darauf eine angenommene Theorie für wahr zu halten, die sich sofort ergibt, und so die Annahme damit verstärkt, dass das so ist, so wie der *Interpret* es vorgibt. Dies sogar wenn evidente Tatsachen und Sachverhalte hier einleuchtend den Menschen klar gemacht werden die der eigenen widersprechen. Alle Menschen bestehen und sehen die eigene Theorie als evident an, und kann so nicht die eigenen automatisch geformten Realitätswahrnehmungen anderes

---

183 Eliot, Thomas Sterns: „Burnt Norton." In: *The Complete Poems and Plays of T.S.Eliot*. London. 1969. S. 172. [Übs. CG]

erkennen, als wie sie sich durch den eigenen Interpreter darstellen.[184]

Zum Musterdenken oder Erkennen von Mustern zählt auch das Glauben an etwas Höherem, wenn keine andere Erklärung mehr möglich erscheint. Es werden auch generell Annahmen getroffen im Gehirn jedes Menschen, die mitunter kulturell bedingt sind, wie auch solche, die universelle Gültigkeit haben. Sie sind psychologischer und kognitiver Art, so wie sie in der Wahrnehmung stattfinden. Annahmen, dass zum Beispiel ein Buch auf dem Tisch liegt und nicht umgekehrt. Optische Täuschungen beweisen, dass das Denken oder die Wahrnehmung im Gehirn manipuliert wird.

Dass Zauberkunst funktioniert, sein Potential in allen Erwachsenen, wie auch Kindern, hat und somit nicht nur ein Kinderspiel ist, an das Menschen belächelnd glauben, ist mit dem folgenden Ansatz begründet, dass Menschen an Wunder glauben müssen, da Sie die Realität nicht recht ertragen können. Das ist wahrscheinlich auch der Grund, warum es Sprache, in der konfabulierenden Art und Weise, wie wir sie benutzen, an sich gibt. Sprache, pragmatisch gesehen, die gesprochene Sprache (die Performanz wie im Kapitel über sprachliche universale Kompetenzen oder in der Lehrersprache Fertigkeit, „language skills", genannt) im Hier und Jetzt, stellt die aktuelle Realität, die kommunizierte Konstruktion von Realität, somit eine Illusion oder Täuschung, beziehungsweise eine Abbildung von Realität dar.

Das binäre System von einer dialektischen Prägung kann nicht nur in Weihes Betrachtungen[185] von Friedrich Höderlin, also nicht nur eine Methode des Denkens und Schließens sein, es ist von logischem Grundgehalt beim Menschen, so zu denken und Entscheidungen zu treffen, wenn es um einfache simple Beschauungen, Sachverhaltsentscheidungen zu treffen gilt, welche eine definierende Bezeichnung hernach tragen sollen, zum Zweck des Erkennens und als erklärendes Modell der Bedeutungen im Kontext des zu erschließenden Kommunikationsinhaltes dient. So, wie es bei der Theatermaske der Fall ist. In einem unbewusst, noch ungewissen Bedeutungsfeld, in dem ein neuzuergründender, ablaufender Prozess der Wahrnehmungen und Empfindungen stattfindet und so kulturgeschichtliche und sozial-dynamische Bedeutung tragen kann. Unweigerlich kommt man auf Pradoxien, denn die Realität der Menschen ist schlicht und einfach aufgebaut, wie es sich der Mensch immer klar und eindeutig verständlich machen kann, oder auch wünscht. Weihe nennt es somit „Schatten der Wirklichkeit", welches er von Hölderlins Werk übernommen hat.1 Weihe verweist denn dann auch auf etwas Wesenliches, dass es die althergebrachte, von der Philosophie jeher vertretene, Dichotomie, welche immer wieder zur Abklärung von Menschen, wo es um deren Denken und deren Konsolidierung von Geisteserfassung geht, nämlich, die Trennung, oder auch Analyse in ein Körperliches und ein Geistiges, dem Laib und der Seele, sodann eben auch der Natur und dem Geist, und kommt somit in jenem Teil der Auseinandersetzung mit Theatermaske in seiner publizierten Habilitation, dass diese nicht trennbar sind. Die beiden, Natur und Geist, Körper und Geist, zu trennenden Bedeutungsinhalten zu deuten und zu klassifizieren, aber eben eine Einheit sind: der Körper des Menschen ist untrennbar mit dessen Natürlichkeit, mit ihrere Beschaffenheit und die Vorstellbarkeit von sich selbst, der eigene Körperwahrnehmungen. Der Mensch kann zwar ein Selbstbild haben, aber dabei ist diese Bild nicht trennbar von der eigenen Körperlichkeit, von Eigenbild, welches damit ein falsches Bild von sich selbst wird und ist, und seiner aktuellen Umwelt im Agieren und Handeln darin bewirkt und unweigerlich beeinflussen muss. Auch dieser Askept der Theatermaske in Weihes Auseinandersetzung mit ihrer theatralen Repräsentationen im kulturwissenschaftlichen Kontext und im interaktiven Performen von Darstellungsabläufen, welchen durch und mit der Maske eine Formgebende wird, und den damit auch eingeschränkteren mimischen Möglichkeiten, die sie birgt und foredert, limitiert, strukturell festlegt, vergleichbar mit einer gefrorenen Markanz des Symbolischen, welche aber durch Bewegung, Licht, und Körpersprache zum Leben erweckt wird, aber damit sodann zum symbolischeren Bedeutungsgehalt im Theatergeschehen kreiert wird. Auch bei diesen eingeschränkteren, aber formgebenden Verhüllungen von sehbaren Darstellungen im Theater, ist, wie bei den Worten, den Gesten und den

---

184 Gazzaniga: a.a.O., S. 156 ff. [Übs. u. Hervorhebung CG]
185 Weihe: a.a.O., S.48f.

Lauten der Sprache, eine Dichotomie bezüglich Form und Inhalt gegeben. Diese Verklärung, geht man davon aus, ist zwar willkürlich von Grund auf kulturgeschichtlich festgelegt worden, ist weiterentwickelt worden, weg von den ursprüglicheren Formen des Spirituellen, Reinigenden und Läuternden, Lehrreichen, wie auch Lernenden, es sei um spirituelle Lehrinhalte zu rituellen Handlungen und Erinnerungen von Geschehnissen gegangen, welche zu kultureller, geistiger Art dadurch im Theater wurden, aber durch die Zuweisung in einen fixierten Bedeutungsrahmen, dann für das Theater mit Figuren, Personnagen, Sketches und Situationen, Gefühle und Emotionen, Eindrücke und Verhaltensmuster sich sodann ergeben haben sollen, welche damit eine eigene Sprachrealität ermöglicht, jener der zu deutenden Theaterperformance. Sie gleicht einem Schattenspiel von Figuren, welche durch auf einer Leinwand geworfenen Lichtes entstehen. Von der Höhlenmalerei und anderen Ursprungsformen von ersten Dokumentationen von Menschenhandlungen und Wissenvermittlungen von Menschenkulturen früherer, historischer Zusammenhänge zum Theatralem, aber erst später in diesem Essay, um jene Aspekte magisch und essentiell menschlich zu deuten und zu interpretieren.

Durch die generative[186], wie auch willkürliche[187] Eigenschaft der Worte ist ein konfabulieren sehr leicht möglich und ein Assoziieren von Inhalten gegeben, dass sich durch die Phantasie des Menschen ergibt und zu Geschichten, Fabeln, Märchen ohne oder mit Drogeneinsatz oder durch Hypnose, Zungenreden oder „Automatic Writing", wie es die Englischen Romantiker zum Beispiel betrieben hatten, oder einfach durch Phantasie und Einfallsreichtum entstehen. Es liegt in der Natur des Menschen Geschichten zu erzählen, zu finden und erfinden.[188] Worte können so gesehen „Berge versetzen", wie auch Heilung durch das Wort somit auch erklärbarer wird und eine mögliche Erklärung darstellt, sie als Art Placebo zu sehen. Thomas Kornbichler erwähnt Thomas Szasz, der Freuds Psychoanalyse als „Iatrologik, einen Zweig der Rhetorik" und nicht naturwissenschaftlich nennt.[189] Worte sind wie Muster, die der Mensch strebt zu finden, um einen Sinn zu kreieren, um dann zu *verstehen*, was mit der Realität an sich nicht viel zu tun hat. Das Magische der Worte sind das Glauben an dieselben und dass sie Sinn machen. Die Möglichkeit von Kommunikationsfehlschlägen oder -zusammenbrüchen sind damit auch klarer zu verstehen, wenn man einmal eingesehen hat, dass Worte an sich nicht viel aussagen oder wirklich viel an Bedeutung haben.

Dass Worte, wenn eingeschränkt durch Zeit und Platz, kaum mehr Inhalte einbringen können als Althergebrachtes zu wiederholen, ist auch von Noam Chomsky in „Manufacturing Consent" festgehalten worden. Es ist auch wichtig zu bedenken, dass gesprochene „über-13-Worte-Sätze", vielleicht noch ohne Pausen, für keinen Menschen verständlich sind. (Friedemann Schulz von Thun hat das festgehalten. Er führt auch vier Verständlichmacher an: kurz und prägnant sein, strukturiert, einfach und mit zusätzlicher Stimulanz versetzt, also manipulativ und performativ, wenn man so will). Gerade aber ist es Chomsky gelungen indirekt zu beweisen, dass Sprache des Menschen genetisch ist, so Gazzaniga.[190] Dem Denken und der Sprachfähigkeit durch Kombination des Menschen steht aber auch entgegen, dass alle Säugetiere genetisch zum Mustererkennen gezwungen sind, und einen Sinn machen müssen, auch wo keiner ist. Worte und damit die gesprochene Sprache haben etwas Theatrales und Magisches zugleich, da sie Fertigkeit und Suggestion vereinen und auf etwas Anderes, Wunderbares, verweisen und den Wiedererkennungswert beinhalten. Diese verbale Leistung, die auf Suggestion aus ist, erzeugt eine Theatralität, die mit der Übertreibung und Körpersprache klar wird.

Das Menschen nicht alles wissen können ist naheliegend, sogar nicht alles wissen wollen, woraus

---

186 Polysemische Natur von Worten laut Jaques Derrida.
187 Saussures Ansatz, dass Worte willkürlich sind, siehe Blumenbeispiel Zeichnung 15.
188 Gottschall, Jonathan: *The Storytelling Animal: How Stories Make Us Human.* Houghton Mifflin Harcourt: New York. 2012.
189 Kornbichler, Thomas: *Die Entdeckung des siebten Kontinents: der bürgerliche Revolutionär Sigmund Freud zu seinem 50. Todestag.* Psychologie Fischer: Frankfurt am Main. 1989. S. 88.
190 Gazzaniga: a.a.O., S. 7.

folgt, dass wir an viele Dinge glauben müssen oder Vermutungen anstellen müssen, oder Annahmen treffen, das auch wollen, und auch wollen, dass das dann so ist. Was man nicht weiß, macht einen nicht heiß, im Sinne von, was nicht erwähnt wird, existiert nicht, oder was nicht sein darf wird nicht erwähnt. Selektive Beweise suchen und Beispiele finden, die die gewollte Theorie oder Annahme bestätigen, sind gängig und menschliche Eigenschaften, die das Wunderglauben bestärken und Unwissenschaftlichkeit verbreiten, oder ist Tag täglich gängig. Ein Beispiel von Ariely, dass wir alle Geschichtenerzähler und -Erfinder sind, ist jenes, wo Testpersonen identische Socken zur Auswahl haben und fast alle die zur rechten Hand auswählen, obwohl alle gleich sind. Gefragt warum gerade dieses Sockenpaar gewählt wurde finden die Testpersonen Gründe, die kaum glaubhaft sind bezüglich Farbe oder Material, obwohl alle Sockenpaare identisch sind; auch nach Aufklärung des Tests beharren die Testpersonen auf ihrer konfabulierten Geschichte oder Begründung.[191] Bei einer TV Diskussion, wenn einer oder eine, anschaulich und eloquent, mit Rhetorik den Gegenpart vielleicht auch noch mit einzelnen Fakten, Schlagfertigkeit und auch noch Logik, zu Fall bringt, hat das noch nicht zu bedeuten, dass der oder die Recht hat oder das Richtige gesagt hat. Ein Double-Blind Test kann in der Wissenschaft meist zur Klärung dienen. Das für sich Sinn machen, beharrliche sich selbst belügen und der Realität sich nicht stellen wollen oder viel mehr nicht stellen können, ist nicht nur der Grund für Religion, Sekten und Aberglauben, aber auch das Potential für die erfolgreiche Kommunikation von magischer Information; also mit anderen Worten, dies ermöglicht erst, dass Zaubern funktioniert. Das heißt, dass sich eine Meinung bilden an sich schon eine Illusion ist, beziehungsweise, dass sich ein Trend bei Menschen entwickelt, da viele bald dieselbe Musterverfolgung einschlagen und somit meist auch in der Masse irrational handeln und denken.

Zum Beispiel tendieren Menschen dazu eine teure Marke auch zu bezahlen, wegen dem elitären Wert, den man allgemein hineininterpretiert, auch wenn es billiger gewesen wäre ein „No-Name Produkt", oder eine weniger elitäre Marke, wie das Beispiel mit dem Kaffeekonsum bei Starbucks und Dunkin' Donuts[192], zu erwerben. Auch hat der Mensch ein Herden- oder Rudelverhalten, wenn Gäste vor einem Restaurant sich anstellen, dann muss das Essen gut sein und das Ambiente, also stellt man sich an und weitere folgen den anderen und schon ist eine Schlange von Menschen gebildet.[193] Was der Nachbar sich leistet, muss man sich auch leisten können? Anderen geht es immer besser als einem selber und des Nachbarn Grass ist immer grüner als im eigenen Garten. Und nur man selbst verdient wirklich das Beste. Diese Gedanken führen meist zu irrationalem Kaufverhalten, auch wenn die Logik und Rationalität dagegen spricht. In der Wirtschaft und Werbung erkannt sind Verkauf-Effekte, oder Werbestrategien, die durch einen Köder, *decoy* (eine schlechte Wahl zwischen der eigentlich zu Forcierenden und der ersten nicht so guten Wahl), und Gosling (Entenverhalten: dem Ankerpreis, Erstpreis oder *anchor*, folgen), wie es Ariely nennt, erzielt werden, die den Konsumenten zu solch irrationalem Verhalten verleitet, doch noch das eher teurere zu erwerben, obgleich ein erheblich billigeres Produkt ausgereicht hätte.[194]

Gruppenzwang und Dazugehören-wollen sind auch Mechanismen, die zu den Bedürfnissen von Menschen zählen und gerade bei Jugendlichen sich immer wieder zeigt, die anders als die Erwachsenen sein wollen, ihre entschiedene Andersartigkeit zum Ausdruck bringen wollen und ihre eigene Welt und Kontakte wie auch Kommunikation und Zeichensetzung aufbauen. Zum Beispiel, kann man bei Skateboardern der Teenager Generation im neuen Millennium beobachten, dass doch etliche immer wieder die Hosen unter den Gesäßbacken gegurtet haben und den Hosenbund manchmal so tief angesetzt haben, dass der Schritt mitunter beeinflusst ist. Dass diese Erscheinung aus den Gefängnissen der USA stammen soll und ein Zeichen für Bereitschaft zum passivem Sexualverkehr williger Gefangener war, ist dabei nicht relevant, würde aber den einen oder anderen

---

191 Ariely: *HTD*. a.a.O., S. 163f.
192 Ariely, Dan: *Predictably Irrational: The Hidden Forces That Shape Our Decisions*. Harper Business and Economics: New York. 2009. S. 39ff.
193 Ebenda. S. 38f.
194 Ebenda. S. 1-23. und S. 25-53.

Teenager unter Umständen eher erschrecken oder verstören, dies zu Wissen. Extrem ausgedrückt lebt die Wirtschaft davon, dass die Menschen mit dem Strom schwimmen und alles dazu tun, um ihre Träume zu erfüllen, koste es was es will. Je irrationaler und ausgeflippter der Mensch sich gibt, um so mehr Potential hat er paradoxerweise, andere Menschen zu überzeugen oder in seinen oder ihren Bann zu ziehen; so scheint es zu sein oder zeigt es sich immer wieder. Es gilt als menschlich, sich ungehalten oder auffällig zu geben, sich mit aller Offensichtlichkeit zu exponieren und Individuelles hervorzukehren, wie Widersprüchlich oder Unsinnig oder vielleicht sogar Unrechtmäßig es auch sein mag. Der wilde Draufgänger hat ein Pouvoir und Sympathie in der Gesellschaft und wird vielleicht auch als Held verehrt oder seine Missetaten sogar verziehen oder verherrlicht, wie ein Frauenmörder namens Jack Unterweger. Dies gilt vor allem bei jenen Draufgängern und Wilden, dreisten Charakters, die von der gehobenen Gesellschaft kommen, denn sie sind doch auf einmal so menschlich und jeder kann sich mit Gewalt auf einmal identifizieren und sagt sich: Na, dass hätte ich auch gemacht ... Hier wird eindeutig Theatralität mit Wirklichkeit gleichgesetzt, das heißt verwechselt.

‚Zerkratzten Windschutzscheiben' von Seattle und das ‚Kluger-Hans-Phänomen' habe ich in meiner Diplomarbeit als Beispiele für Wunderglauben eingebracht.[195] Zu Mythen und Geschichten, die nicht der Geschichte, der historischen Wahrheit, entsprechen, aber eine Realität geworden sind, durch Publikationen und mündliche Überlieferung, wie auch volkstümliche Sagen, die durch Leichtgläubigkeit, wie auch durch Aberglaube und magisches Denken bestärkt wurden und noch immer Anziehungskraft und Faszination für Menschen aller Völker und Nationen, wie auch sozialer Schichten, haben, ist zum Beispiel das „Kunststück": Der Indische Seiltrick.[196] Als Streich begonnen wurde es zunehmend zur Realität für viele, obwohl niemand es je gesehen hatte. Die Imagination und das Bedürfnis etwas Wunderbares zu kennen, auch wenn man es nicht erlebt hat, ist so groß, dass es keines kritischen Beweises bedarf.

Es liegt dem Menschen in der Natur, das zu sehen, was er sehen will und auch die Realität sich so zu behübschen, sodass er oder sie sich am wohlsten fühlt.[197] Jeder Mensch will zum Beispiel als klug gelten, oder sieht sich als klug an. Ein Beispiel von Ortiz ist mit „Des Kaisers neue Kleider" (von Hans Christian Anderson) gegeben:[198] „People tend to see what they want to see and experience what they want to experience."[199] Das führt unweigerlich zum Wunschdenken, Wunderglauben und Verdrängungen von Sachverhalten der Realität bis zu neurotischen und pathologischen Ausformungen bei psychischer Belastung oder Forderung. In krisenreichen Zeiten gilt das universell umso mehr. Sogleich fühlen sich Menschen beraubt, wenn sie eines besseren belehrt werden und ihnen die Realität näher gebracht wird.

Löffelbiegen und UFO-Sichten sind ein Beispiel dafür, dass Menschen auch gerne etwas sehen wollen und sehen können und wahrnehmen, was es nicht gibt, aber durch die Selbstsuggestion (UFO-sichten) entsteht oder durch die Manipulation eines Magiers suggeriert werden kann. Ich denke hier vor allem an Orson Welles, der eine Radiosendung ausstrahlte,[200] bei der eine mitunter massive Panik ausgebrochen sein soll, da viele tatsächlich glaubten, dass Außerirdische die Erde bedrohen würden.

3.3.1) Theatrale Kompetenz

Es ist auch ein theatrales Unikum, dass so manch ein Zuschauer das für echt hält, was er in Erzählungen liest oder im Fernsehen sieht. Es soll bei „Kottan Ermittelt," einer Krimiserie in Wien,

195 Gruber: a.a.O. S., 8ff.
196 Lamont: a.a.O.
197 Ich verweise auf den Zusammenhang mit dem „Herr im eigenen Haus sein" von Freud und dem
    allgemeinem Geltungsstreben der Menschen.
198 Ortiz: a.a.O., S. 92 f.
199 Ebenda. S. 93.
200 Laut Wikipedia: am 30. Oktober 1938. http://de.wikipedia.org/wiki/Orson_Welles [Zugang 04.09.2011].

die recht populär war und einen Art Kultstatus heutzutage hat, von Polizisten Beschwerden eingegangen seien, dass die Sendung zu einem falschen Bild der Polizisten führe und sie nicht so blöd wären, wie sie dargestellt seien. Oder auch in der Fernsehserie „Kaisermühlen Blues," wo sich die realen Kaisermühlner beschwerten, dass sie nicht so seien, wie dargestellt.

Das Verwechseln oder Zu-ernst-Nehmen, bzw., die naive Betrachtung von Unterhaltung, wie auch Zauberkunst, ist universell gültig. Ich gebe hier noch ein Beispiel, dass in Amerika sich abgespielt hatte. Bei einer Theatervorführung soll ein Zuseher (ein texanischer Farmer) den Mohren in *Othello* von Shakespeare als real wahrgenommen haben und erregt über dessen Missetat hat er den Schauspieler erschossen. Das ist verfehlte theatrale Kommunikation mit erschreckendem Ausgang.[201] Es gilt ach Goll,[202] dass der Zuschauer auch lernen muss sich dem Theatralen widmen zu können, es wurde zu erst von Brecht als Zuschaukunst benannt. Es gilt, dass der Zuschauer auch lernen muss sich dem Theatralen widmen zu können. Die Kompetenz vom Schauspieler einerseits und anderseits auch vom Zuseher ist nötig, um den Genuss der Darbietung zu gewährleisten. Die Kompetenz vom Schauspieler einerseits und anderseits auch vom Zuseher ist nötig, um den Genuss der Darbietung zu gewährleisten. Beides sind Fertigkeiten, die zu erlernen sind und beide sind befähigt dazu. Ottokar Fischer[203] berichtet über einen Wurf und Theaterereignis, wo das Geschehen nicht ordnungsgemäss von Statten gegangen ist, da ein Zuseher sich der zuseher Rolle nicht gewahr war. Er schildert dieses ereignis recht dramatisch, wie das Theater Kratky-Baschiks, durch einen Zuseher der Apparat der Geistererscheinung zerstört wurde. Ein Zuseher hatte den Geist als real empfunden und mit einem Gegenstand die Glasscheibe zerstört, die angeblich dramatisch zerbrach.

Als suggestiv anfällige Zuschauer gelten alle Menschen, die sich amüsieren wollen. Menschliche Schwächen und Eigenschaften, die universell in jedem schlummern, sind: Gier und intellektueller Geltungsdrang und sind Motivation genug, um bei riskanten Falsch-Spielen, wie dem Hütchenspiel und anderen *Cons*, dem Vorführer auf den Leim zu gehen.

Das Infantile, das der Zauberkunst immer wieder zugeschrieben wird hat seine Wurzeln im magischen Denken des Kleinkindes und ist somit jedem Menschen eigen.[204] Die Zauberkunst und das Spielen generell als kindlich abzutun ist aber selbst schon ein Trugschluss und eine Unterschätzung der Kunst und der Kultur selbst, die aus dem Spiel laut Huizinga komme und entstanden sein soll. Staunen und Wunderglauben ist jedem von uns, nicht nur als geistige Entwicklungsstufe, eigen. Im fortgeschrittenen Alter ist es bekannt in Formen des Glaubens, Aberglaubens und Erklärungsmodellen, die nicht der Realität entsprechen, um mit unverstandenen Paradoxen oder wie auch immer gearteten störenden, irritierenden, beängstigenden oder bedrohlichen Sachverhalten zurecht zu kommen.

3.3.2) *Maschinen, Medium, Maske und Geister*

Die Kompetenz des Zauberkünstlers schließt seine Erfahrung, Menschenkenntnis, Trickwissen und Methodenkenntnis und deren praktische Durchführungsmöglichkeiten mit ein. *Trick Brain* von Fitzkee gibt seinen Stand der Dinge und der Kompetenz in einem Buch zum Ausdruck. Dies stellt somit, wenn man so will, die Theorie im Hintergrund dar, die dem Magier eigen sein kann. Dies ist sozusagen der „Geist" des Magiers, seine Kompetenz zu zaubern. Als Magier beschwört er aber Effekte herauf in den Köpfen der Zuseher. Dazu sucht er sich ein Objekt aus mit dem er zaubert. Das kann auch eine Person sein aus dem Publikum oder die Assistentin, die mitwirkt, oder der Magier selbst. Es wird dann bei „spirituell" anmutenden Kunststücken „Medium" genannt, vor allem bei „Geistererscheinungen".

---

201 Goll, Roland Martin: *Theorie Theatralen Handelns Überlegungen zur Konstitution und Legitimation einer Kunstgattung*. Verlag Palm & Enke Erlangen. 1981. S. 112.
202 Ebenda. S. 112.
203 Fischer, Ottokar: *Das Wunderbuch der Zauberkunst*. [Faksimile von 1980] Edition Olms Zürich. 1929. S. 179f.
204 Fraiberg: a.a.O., S. 42ff.

Das Wort Medium wird verwendet im Sinne von einer Person, die dazu diene Kontakt mit Geistern, verstorbene Menschen, zu bekommen. Die Maske dient dabei zum Beispiel bei Schamanen als darstellerische Mittel den Geist des Verstorbenen wiederzubeleben, erscheinen zu lassen. Praktisch ist das natürlich nicht der Fall. Rein praktisch gesehen dient das Medium, ob Maske oder Material oder Person, als personifizierte Tür zur theatralen Darstellung der „Geisterwelt", der „anderen Realität", den Bereich der Effekte der Zauberkunst. Von dieser allgemeinen Beschreibung ausgehend, kann man genauso gut das Medium mit dem Objekt mit dem gezaubert wird ersetzen. Es beinhaltet praktisch gesehen alle Möglichkeiten, die ein Material beinhaltet, um die Effekte zu erzielen. Im ersten Unterkapitel des zweiten Kapitels wurde der Ansatz festgehalten, dass das Wort der Ausgangspunkt der Zauberkunst ist und es wurde daher die Kommunikation als möglicher Zugang zur Beschreibung der Kunst des Zauberns festgelegt. Zwischen dem Zauberer und Zuseher (in Opposition gestellt) ist ein Kanal über den die Informationen fließen sollen, in dem es verschiedene Elemente, wie Akustik und andere räumliche und physische Bedingungen, gibt. Es gilt abzubilden, das heißt im Kopf des Zusehers den Effekt zu kreieren, damit dieser staunt. Dazu verwendet der Zauberkünstler Gegenstände oder Objekte mit denen er im Raum zaubert. Auf diese muss er die Aufmerksamkeit lenken, muss sie ins Zentrum der Aufmerksamkeit bringen. Diese haben eine physische Realität oder Anwendungsbereich, das heißt, sie lassen nur bedingt gewisse Sachen und Effekte aufgrund ihrer Naturbeschaffenheit ausführen. Diesen Bereich und die Möglichkeiten eines bestimmten Objekts kann man auch als Medium verstehen mit dem die Effekte erzeugt werden. Das *Medium*, so wie ich es definiere, hat damit einen weiteren Bedeutungsrahmen und Inhalt als das Medium (meist eine Frau bei Mentalkunststücken), welches als Objekt Visionen, Gedanken, etc. vermittelt bekommt und übernatürliche Kräfte des Magiers darstellt. Effekte wie Versagen, Kontrolle des Mediums, synchrone Erscheinungen, Gedankenlesen und -übertragen, Vorhersagen, etc. sind sehr gängige Effekte, die hier angewandt werden können. Die erweiterte Interpretation von dem Begriff Medium erlaubt, dass zum Beispiel, auch eine Zeitung, Ringe, Bälle, Tücher als Medium Verwendung finden. Also, Medium als Objekt, oder auch Thema eines Kunststücks, das auch die Einheit und Ästhetik der Darbietung beeinflusst oder bestimmt. Das Medium beinhaltet und beeinflusst somit auch die Hilfsmittel also die Methode, die nötig ist, um ein Kunststück zu bewerkstelligen. Diese sind von Objekt zu Objekt verschieden und gehören zum „Medium."[205] Ortiz beschreibt im Zusammenhang mit der Atmosphäre, die der Zauberkünstler erzeugen muss, wenn er Suggestion erfolgreich bewirken will, dass die Werkzeuge die der Magier verwendet unterschiedliche Konnotationen beim Publikum hat und damit die Rolle des Magiers und auch die Atmosphäre bestimmen.[206]

Aus diesem Ansatz würden sich verschiedene objekt-physische, wie auch subjekt-körperliche (der Magier selbst) Medien ergeben, die sich im Kreis der Effekte anordnen oder von den Effekten beeinflusst, jedes einzeln in allen 19 Effekte aufgeteilt. Jedes einzelne Medium lässt sich so, grob gesehen, wieder in dem Oppositionsmodell Körper – Objekt, Kopf und Hand, in Opposition stellen. Kopf ist hier nicht direkt als physischer Kopf des Magiers zu sehen, sondern als etwas, das er mit seinem Intellekt, mit seinen Gedanken und Worten bewerkstelligt. Es ist das geistige Wirken des Magiers, seine Ideen, die er übermittelt im Prozess der Vorführung, dem Zaubern. Medium ist somit das Objekt mit dem gezaubert wird, mit allen Einschränkungen und Möglichkeiten, die ein gewisses Material zulässt, wie: Münzen, Tücher, Karten, Seile, Bälle, Zigaretten, Assistentin, … Also, alles was zum Objekt der Zauberfertigkeit ausgegeben wird und mit dem der Effekt abgebildet oder kommuniziert wird. Das Medium ist „im" Kanal zwischen Zuseher und Zauberer, gleich einer Maske, auch wenn es der Zauberer selbst ist mit seinen Händen, wie es bei Fingerfitness, die Demonstration von Fingerfertigkeit, der Fall ist, oder wie es beim Fliegen oder Schweben des

---

205 Hierzu möchte ich das Kommunikationsmodell von Shannon Weaver nochmals in Erinnerung rufen (Zeichnung 8, S.22) und damit den Zusammenhang hervorheben, den ich auch mit Juan Tamariz *Verbal Magic* Buch angebracht habe (S. 22). Das Medium als die Objekte, mit denen die Effekte passieren und mit denen gezaubert wird, sind gleich dem Blendwerk, der Maske, da sie die Methode der Effekte verheimlichen.

206 Ortiz: a.a.O., S. 91.

Magiers selbst ist. Bei Wunderheilern, wäre das Medium der „Patient", der Körper des Opfers, aus dem Gegenstände herausgeholt werden, zur „Heilung" des erkrankten Patienten.

Für das Kommunikationsmodell ergibt sich folgende Veranschaulichung: die Kompetenz des Zauberkünstlers wird als Trick oder Mittel geheim gehalten und die Performance ergibt sich mit der Darstellung der Effekte durch die physische Realität, Objekte, und dem Körper des Magiers mit seinen Darstellungsmittel des Theatralen, wie Sprache, Geste und Trickplot, und sich begründet durch Motivation und individuellen Sinn, der Interpretation des Tricks (Zeichnung 30).

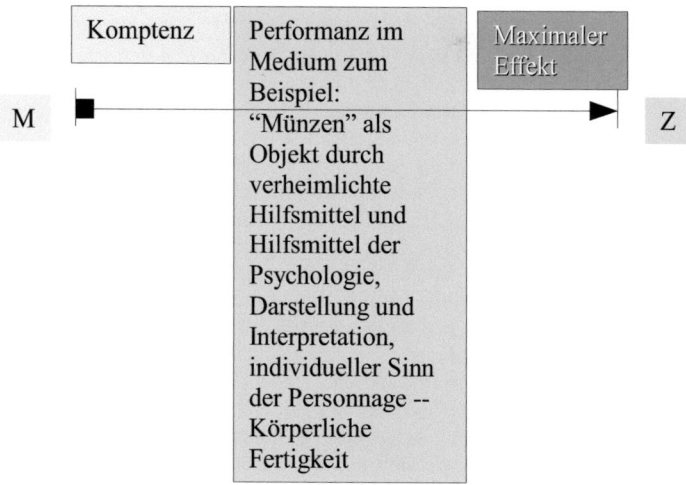

Zeichnung 30: Theatral-magisches Kommunikationsmodell im Medium

Bei Geistererscheinungen und den mechanischen Mitteln dieser Illusion kommen dabei verschiedene Inhalte und Widersprüchlichkeiten, die der Maske und deren Begrifflichkeit gleichen. Shakespeares Hamlet, der von Weihe in Bezug zur Maske interpretiert wird, muss sich einer paradoxen Situation stellen. Weihe hebt hervor, dass der Darsteller auf der Bühne nicht nur der Paradoxie ausgeliefert ist die die Speilrealität ihm als Hamlet beschert, er habe auch mit der Ironie des materiellen Bühnenaufwandes für die Geistererscheinung zu bestehen, seine Rolle glaubhaft und effektiv umzusetzen.[207]

Einerseits muss er den Vater, der am Anfang der Handlung ihm als Geist erscheint, und das was dieser ihm mitteilt für wahr halten; andere haben den Geist auch gesehen in der Handlung, und was der Geist seinem Sohn mitteilt macht zudem Sinn; andererseits muss Hamlet auch Zweifel haben, ob hier nicht eine Täuschung im Gange ist. Laut Freud ist Hamlet in der verzwickten Lage, dass der Vater, der nun tot und ihm als Geist erscheint, ihm das verkündet, was er insgeheim triebgeleitet gerne selbst gemacht hätte, nämlich, seinen Vater ermorden damit er seine Mutter heiraten und mit ihr sexuelle Gelüste ausleben kann. Dies, so sein Geister-Vater, habe sein Onkel gemacht. Dies bewirke, laut dem theoretischen Konstrukt Freuds, dass er in ein Tun und Nicht-tun verstrickt wird, einem sogenannten sekulären Fortschreiten[208], aktiven dann passiven, dann wieder in ein aktiv-ausbrechendes neurotisches Verhaltensschema gerät. Pyschopathologisches Verhalten, das schon die Widersprüchlichkeit zeigt, wie auch das die Agierenden, den Geist physisch getrennt darstellen aber beide physisch präsent sein

---

207 Weihe: a.a.O., S. 153.

208 Diese Bezeichnung verwendet Freud in seiner Traumdeutung und wendet sie im übertragenen Sinne (so auch Freudbiograph und Freudianer Ernest Jones) auf Hamlet an „sekuläres Fortschreiten der Verdrängung im Gemütsleben der Menschheit", welches sich mit Neurosen oder eben psychopathologischen Verhalten zeige.

müssen und sich mit gar wohl einem körperlichen technischen Apparat auseinandersetzen müssen und vor allem der Geisterschauspieler damals damit zurecht kommen musste.

Bei dem Auftritt der Geisterdarsteller, welche zu einem Zeitpunkt zur Erscheinung beschworen wurden, musste jener sich auf eine geneigte Bühnenfläche befinden, welche die nötige Neigung hatte, die ihm noch die Glieder der Beine und Arme genügend Freiraum bot zu agieren. Jedoch wenn es einer Bewegung des ganzen Körper über diese Fläche hinaus ging, gab es Probleme der visuelle korrekten und machbaren Gestaltung der Geistererscheinung.[209]

Wie auch immer Paradox oder Widersprüchlich diese Szene und der Inhalt, auch die körperliche Darstellung, sie gleicht der Maske in dem Sinne, dass diese einerseits auch für Tote steht und somit „ihren Geist" repräsentiert, denn wer Sie aufsetzt imitiert den Verstorbenen, wie auch dass die Maske generell eine Verheimlichung und Dualität hat von Außen und Innen, Form und Inhalt, Geist und Körper, die in der Geschichte der Maske und deren Bezeichnungen verschiedenste Bedeutungen aufweist.[210] Was für die Zauberkunst wesentlich ist, ist das Schamanen Masken tragen, und das Spiel der Maske und die Maske selbst wie die Darstellung von Effekten eine Verheimlichung, beziehungsweise ein Informationszurückhalten von Individuellem und der Personnage, der Trickster, durch darstellen der widersprüchlichen Effekte hervorkehrt. Zu den Geistererscheinungen der Zauberkunst gehören Apparate, die die Gesetzte der Physik, der Optik und Chemie im Konkreten, sich bedienten, die zur Jahrhundertwende und auch schon im 19. Jahrhundert in der Zauberkunst theatraler Performances auf dem Theater Einzug gehalten hatten. Das sogenannte Limelight, zu Deutsch Kalklicht, waren die Bühnen, die als Rampenlicht eine Zeit lang Kalklicht, sehr grelles Licht benutzten, um die Bühne voll und klar auszuleuchten. Wie in meiner Diplomarbeit beschrieben wird auf gebranntem Kalk pures Wasserstoffgas und Sauerstoffgas geleitet, welches die grellen Lichtproduktion bewirkt, chemisch reagiert. Es hatte für gewisse Zeit das Gaslicht abgelöst gehabt, welches auch gefährlich war und auch zu Bränden in Theatern geführt hatte; daher kommt nicht nur das Eisen als Sicherheitsmaßnahme im Theater, sondern auch der Aberglaube beim Theatervolk hinter der Bühne nicht zu pfeifen, da das mit dem Pfeifen austretendem Gases gleicht und damit ein schlechtes Omen für die Vorführung bedeutet. Robert-Houdin hatte in seinem Buch diverse Mechaniken und Erscheinungsmethoden für die Bühne abgehandelt und erklärt.[211] Er war zudem ursprünglich ein Uhrmacher, der gewiss eine Faszination für Technik und Mechanik gehabt haben muss. Auch ein Johann Nepomuk Hofzinser war wohl fasziniert von Technik eher körperlicher Art.[212]

Aus diesem Zitat lässt sich schließen, dass der im 20. Jahrhundert und darüber hinaus verehrte und weltweit geschätzte Kritiker und höchst innovative Wiener Magier des 19. Jahrhunderts Hofzinser, sehr viel für die Hand und für Technik übriggehabt hat, sprich dass Fertigkeit gar wohl ein wesentliches Element der Zauberkunst ist. Und genau diese Fertigkeit im Besonderem erzeugt die bezeichnende Theatralität in der Zauberkunst. Es ist relativ eins, ob die Theatralität nun mehr manueller, körperlicher, mechanischer oder psychologischer Art ist, wesentlich ist: dort, wo eine Perfektion im Bereichen der Fertigkeit erzielt wird, die zur Täuschung dient, entsteht Theatralität. Man kann dasselbe im 20. Jahrhundert mit den Musicals nachvollziehen, oder mit Kurz-Bernardon und seinen Maschinen, Feuerwerken etc. der *Commedia dell'arte*.

Die Maske und Personnage stehen auch zwischen dem Publikum und dem Akteur. Jeff McBride hat als Zauberer mit Masken jenes Thema, des Mystischen, des Totenreichs und der Geister, mit

---

209 Houdin, Robert: *The Secret of Stage Conjuring.* Routeledge & Sons Ltd: London. [Übs. u. Hsg. Hoffmann] 1900. S. 80. [Übs. CG]

210 Weihe: a.a.O., 16-40.

211 Houdin: *The Secret of Stage Conjuring.* a.a.O., S. 67ff.

212 Hofzinser, Johann Nepomuk: „Bosco" In: Allgemeine Wiener Theaterzeitung, 9. Februar 1848. S. 139. [Zitiert nach Christian, Magic: *Johann Nepomuk Hofzinser Non Plus Ultra Der Zauber des 19. Jahrhunderst.* Volker Huber: Offenbach am Main 1998. S. 215.]

eingearbeitet. Die Theatralität gelingt dem Zauberkünstler durch die gekonnte Erzeugung der Effekte, mit oder ohne physischer Maske.

3.3.3) Ethik

Der intellektuelle Trugschluss des Menschen, Zusammenhänge zu sehen, die scheinbar wahr sind und die für sie Sinn machen würden, aber nicht stimmen, wird vom Zauberkünstler beim Zuschauer durch die magische Kommunikation oder Suggestion erzeugt, die kein Kinderspiel ist. Die Kunst liegt darin diese Kommunikation so zu gestalten, dass sie ethisch vertretbar ist und nicht die Situation ausnutzt und den Zuseher betrügt und damit diesen um die wahrhafte Unterhaltung bringt.

Dem Zuseher muss auch die Rolle, die er spielt zugestanden werden und der Magier darf nie herablassend auf ihn einwirken. Dies schadet dem lauteren Magier und der Zauberkunst generell! Die Personnage Magier kann somit eine sein, wie sie zum Beispiel von Jamie Ian Swiss in den USA gebraucht wird, die des „Ehrlichen Lügners." Solch einem Magier schaut ein Zuseher lieber zu, da er weiß, er befindet sich in guten Händen und nicht in einem Machtverhältnis, dem er als Zuseher ausgeliefert ist und sich nicht wehren kann, vielleicht auch noch erniedrigt und bloßgestellt wird mit seinen menschlichen Schwächen und Interessen. Der Zuseher muss seine Rolle gerecht spielen dürfen und muss auch die Möglichkeit haben diese bei einer Zaubervorführung zu entwickeln, besonders, wenn er diesbezüglich nicht gebildet ist oder kaum Erfahrung hat. Der Zuschauer ist das höchste Gut des Magiers, das über den Erfolg der magischen Kommunikation entscheidet. Der Magier muss sich seiner Autorität, die mit seiner Machtposition des Mehr-Wissens und Könnens gegeben ist, voll bewusst sein und darf diese nicht missbrauchen.

Es gehört zur Ethik des Vorführenden, persönliche Gefühle und Inhalte von der Vorführung zu trennen und die Befindlichkeit bei der Darstellung so unter Kontrolle zu haben, dass nichts dem Vermitteln der Unterhaltungseffekte schadet. Es ist die Ethik des Schauspielers, die Stanislawski in seinem zweiten Band der Schauspielkunst über die Verkörperung der Rolle festgehalten hat, die auch für den Zauberkünstler und Schausteller gilt.[213]

Die Einstellung des Magiers zum Zuseher soll eine respektable gönnerhafte sein, die weise, dominant und autoritär sein sollte ohne den Zuseher zu erniedrigen oder zu verletzen. Das heißt: auf naive Fragen nicht dumm zu antworten und schon gar nicht, wenn die forcierte Frage des Zusehers gestellt wird: „Wie haben Sie das gemacht?" herablassend und dumm antworten, mit zum Beispiel: (Magiers Antwort mit einer Gegenfrage) „Können Sie ein Geheimnis für sich behalten?", Zuseher: „Ja?", Magier: „Ich auch!" Beispiele für Antworten und Beschreibung der ethisch korrekten Charakterentwicklung für Zauberkünstler sind in *Scripting Magic* beschrieben.[214]

3.4) Macht und Geschlecht

3. Metapher: Zauberkünstler = subversiv

Macht und Sexualität (Geschlecht) im Kontext der Täuschungskunst stehen für Vorenthalten von Informationen und damit für Wissen als Macht. Dies wird in der Gesellschaft Tag täglich ausgeführt von Institutionen, die nicht wegzudenken sind und die allgemeine Produktion von Realität und Gesellschaft erheblich beeinflussen, somit auch das Denken, Wirken und Handeln der einzelnen individuellen Menschen und stillen Teilnehmer in der Gesellschaft. Traditionelle mächtige Institutionen, die sich als geistige Autorität sehen und in der Gesellschaft durch ihre Machtposition

---

213 Stanislawski, Konstantin Sergejewitsch: „Die Arbeit des Schauspielers an sich selbst im schöpferischen Prozess des Verkörperns." [6. Aufl. 2 Bde. Bd.2] In: *Die Arbeit des Schauspielers an sich selbst; Tagebuch eines Schauspielers*. Henschel Verlag: Berlin. 2002. S.201ff und 301ff.
214 McCabe: a.a.O., S. 70-72.

Wirkung haben sind Religion, Philosophie und die Wissenschaft. Sie sind geistiger Art und nehmen für sich die Moral in Anspruch und stehen mit ihrer Esoterik weltlicheren materiell orientierten Institutionen wie Politik, Staat und Konzerne entgegen. Das was die Religion, welcher Prägung auch immer, die Philosophie und die Wissenschaft zusammenhält und antreibt ist das Mehr-wissen von Dingen und damit ihre Autorität dem gemeinen Volk gegenüber. Dies ist eine Machtposition, die sich besonders durch Besitz ausdrückt und damit sich dem Gefühl beraubbar zu sein ausliefert. Dieser beanspruchte Stellenwert der Machtposition wird durch Gesetz und Autorität abgegrenzt. Laut Thomas Hobbes würde das wegfallen der Autorität Staat ein Zerfall der Gesellschaft und der Naturzustand mit destruktiver Anarchie und Chaos ausbrechen. Alle diese Institutionen (weltliche wie geistige) streben danach ihre Ziele durchzusetzen, die Ihre übergeordnete schiedsrichterliche und juristische Stellung verfestigt und aufrecht erhält.

Jedes System, das eingebettet ist in einer kulturellen und historischen Entwicklung und aus ihr entstanden ist, ist bestrebt diese Machtposition in dem Sinne aufrecht zu erhalten, dass es mit aller Vorsicht jegliche Abweichung und anders denkende Bestrebungen prüft und erst nach langer Auseinandersetzung, versucht das System neue Ansätze einzugliedern. Ob es nun die Französische Revolution oder der historische Jesus Christus (Mohammed, etc.) war, oder Albert Einstein, Sigmund Freud, allen ist eigen, dass sie althergebrachte herrschende Systeme gewaltig aufrüttelten und letztlich im Kanon der Macht Einzug erhalten haben. Sie sind aus traditioneller Sicht damit subversiv. Von Freud weiß man mittlerweile, dass er aus sich einen Mythos gemacht hat und die Aufzeichnungen dezidiert manipuliert hat.[215] Ob dass, was dann über die Jahrzehnte oder Jahrhunderte dann daraus entstanden ist, oder sich daraus entwickelt hat, im Sinne der Erneuerer und Revolutionären war und ist, kann keiner wirklich beurteilen oder ist einer Diskussion würdig, die aber hier nicht Hauptthema ist.

Der klarste und gerechteste Mechanismus der Aufnahme von neuen Ansätzen ist und bleibt noch immer die dynamische, produktive Dialektik, die die neuen Ansätze und Ergänzungen immer als Anti-These in Opposition ausschreibt und diese mit der anerkannten und etablierten These (im Kanon der Thesen) in Konfrontation stellt und zu einer Konklusion führt, die dann die Synthese der beiden Teile ergibt. Dieser Mechanismus ist der Wissenschaft ureigenstes Element, das sich in der Philosophie und bis zu den Wurzeln der Logik (Syllogismus des Aristoteles)[216] zurückverfolgen lässt. In der Religion herrschen aber andere Prinzipien vor, die dem Oberhaupt sich unterzuordnen und das für wahr zu halten, was dieses predigt und vorschreibt, das zur allgemeinen Spiritualität und Charisma, dann auch zur Theatralität meist immer hinführt und nicht viel mit Wissenschaftlichkeit zu tun hat.

Das Christentum, das sich im 1. Jahrtausend in Europa etabliert hatte, hatte auch das Verständnis und die Begrifflichkeit von Theater und Maske, wie auch vor allem das Theatrale, wie Karneval und nicht-christlichen Festen, geprägt. Es wurde einfach verteufelt. Lug und Trug, beziehungsweise, die negative Täuschung wurde diesen angelastet. Es stellte, mit vor allem einem griechischen Theater, eine Gefahr dar, da sie mit der Christus Gespaltenheit zwischen Mensch und Gott konkurrierte, mit dem Schauspieler und seiner Rolle, die am besten durch die Maske symbolisiert wurde und wird. Das Theater war immer schon mit den Moralträgern der Machtgesellschaft für lange Zeit im Widerstreit, da es zu Ausschweifungen und Lastern scheinbar führe. Zudem waren Dionysien eine starke Konkurrenz. Es ist interessant zu sehen, dass zum Beispiel sich im Christentum und in den Dionysien ähnliches wiederfinden lässt. Der Fruchtbarkeitsgott Dionysos, der für Rausch und Fruchtbarkeit steht, wird geopfert und zerstückelt, sein Blut, der Wein, wird getrunken und sein Leib zerfetzt und eingenommen. Weihes Habilitationsschrift ([217]) gibt Anlass zu vermuten, dass er seine halbare Sichtweise behält, dass dieses antike Schauspiel des Dionysos, ein als Schauerdrama

215 Borch-Jacobsen, Mikkel und Sonu Shamdasani: a.a.O.
216 Froese, Norbert: *Aristoteles - Logik und Methodik in der Antike: Logische Grundprinzipien, der Syllogismus und antike Wissenschaftsphilosophie*. Stand 03.03.2010 http://www.antike-griechische.de/Aristoteles.pdf Zugang: 14. März 2010.
217 Weihe: a.a.O., S. 131.

empfindbares Spiel der lustorientierten Laster und deren erkennbaren und begründbaren Abfuhrintendtionen der Karthasistheorie, dass die Leidenschaftlichkeiten, sich in der Haltung gegen die neuen Kirchenformationen der nun christilchen Art, von eben diesen so wohl gesehen werden musste. Sprich, dass hier ein Urstreit von Toleranz zwischen den Interessensgemeinschaften, der nun neuen Glaubengemeinschaft und den nicht glaubensorientierten, unabhängigen, schon lanfristig Dagewesenen, aber den archaischen Theatertraditionen zugehörigen kulturgeschichtsevidenten, durch die Maske verdienglicht, als Reizsymbol und erkennbareres, ausweichliches formgebendes Mittel dieser theatralen Gestaltungen von Mischformen der Kulturen sich für Derengleichen, als Pauschalgebungselement benutzbar gemacht hat, und für die analytische Betrachtung und Sichtweisen im tiefverwurzelten Streit der europäischen Kultur- und Glaubenstraditionen, sich immer wiederfinden lässt. Die Verteufelung und Vergegenständlichende, geistig interpretierbare fokusierung auf zum Beispiel der Maske im analytishcen Betrachtungsumfeld ist auhc hier ein Merkmal der streit und Kulturauseinandersetzungen. Es kommt erkennbar damit auch auf Intimpersönlichere Inhalte, da es eine körperliche Kunst ist die im Rahmen des Theaters der Agierenden, der Vergangenheit, sich dargestellt hatte.

Das lässt sich wieder an Hand der Makse interpertieren und veranschaulichen, wo immer wieder Theman von Familienglück und Unglück aufzufidnen sind, und Streit, wie auch Kampf, Brutalität und Krankheiten, körpeilcher und geistiger Ausformungen zum Thema als elemente des Verstandes und kenntnisse darüber durch die eigene Umwelterfahrungen den Zusschauern die Möglichkeit geben sich mitdiesen sachverhalten auseinanderzusetzten. Weihe kommt mit Maske zu einer oft als vereinfachung empfundenen und schließbaren analysemethode der Gegensätzlichkeiten im derAuseinandersetzung mit dem Dionysos zu einer Zweipoligkeit, mit dem Schauspieler, der eine eine Maske trägt und damit für Transformation durch seine sexuelle Wandlungsfähigkeit, die in den Traditionen bekannte implizierte Inhalte der Sybolik gewesen sein musste. Denn auch die Satyrn tragen Masken und haben Phalli angeschnallt, die Mänaden, die weiblichen Waldgeister tragen zwar keine Masken, haben jedoch andere intimkonnotierbare Requisiten, eine Stange mit einer Maske befestigt, welche sie verherrlichen. Dionysos selbst trägt eine Maske. Weihe verweist auf diese Familien und Intiminhalte der fruchtbarkeitsritentraditionen in seiner Habilitation als unvernachlässigbares Charakteristikum jener theatralen Traditionen. Die Lasterhaftigkeiten und lustbetonungen der sexuellenbedürfnisse und deren Komplikationen und Konflikte der gesellschaftlichen Regel der Kuturellen Verhaltenweisen, welche von solch vorgabenbestimmbaren Institutionen, wie Kirche und Theater, lassen sich gerade hier im theatralen Maskenspiel und Streit der Spirtuellen Machttreiber und Menschenbeweger, der motivationsschaffenden und Beeinflusser von Menschenverhalten zu und miteinander, am besten erfassen.[218]

Tertullian, um 200 nach Christi Geburt, war einer der vehementesten Kritiker des Theaterwerkes, er sah es als Teufelswerk an. Weihe bringt auch hier mit der Theatermaske, das Imitationsproblem, so auch das Versteckenden von gesicht, das grobe gestalten von visulellen signifikationsträgern als personnagen der kulturbedingten theatralen Abläufe von den konkurrierenden popularierten Traditionen der Vergangeheit, die vehementes im gegensatz zueinander ihre Positionen verhackt hatten. Nachbildungen und Gottinterpretationen die im Thetaer leichtfertig und nicht konsolidierbar als schlichte Sichtweisen der Zuordnungsgestaltungen der Grenzgänger von Traditonen des geistigen, lassen sich nicht so einfach weder in Kirchlichen Zusammenhange noch in der Tradionen der mischformen von Theaterereignissen der damaligen Zeit und auch heute noch, aber auch anderer traditionsverwurzelten Theaterkulturen, zuweisen. Mit Tertullian lässt sich hier gut veranschaulichen, wie diese Sichtweise der vergangen Konfliktherde gesehn werden kann, wie es bei Weihe hervorgehoben wird.[219]

Laut Jody Enders ist die Wahrscheinlichkeit und Plausibilität jenes, welches Theater sein muss, aber

---

218 Ebenda. S. 105f.
219 Ebenda. S. 192. Tertullian ist zuletzt dann einer Sekte beigetreten und hat dort dann genauso vehement für diese und gegen die Christen heißsporig zu Felde zog.

bei, zum Beispiel, einem Passionsspiel, und anderen derartiger, religiöser Dramen,welche im Widerspruch zum Glauben und der Religion stehen, nämlich: die Abwesenheit von Plausibilität. Im Mittelalter ist mit den Passionsspielen aber das Sehen von Wundern evident, zwingend. Mystère de la Passion von 1547 in Valenciennes zählt zum Passionsspiel dazu und beinhalten genau diesen Widerspruch der Darstellung wahrere, plausibler Wunder. Die mittelalterlichen Theatermerkmale sind mit offensichtlicheren Sinneswahrnehmungen, den buchstäblicheren Sinnen ausgeliefert gewesen, wie man es bei Jody Enders lesen kann, und als Beispiel für Imitationen und den Themenkreis des thetralen Nachahmens im vorallem Sehsinnbereich, damit weiter charakterliche Sichtweise des Theatralen und der Perfromancekünste bietet.[220]

Die Wunder, welche sich als optisches Beispiel in einer bilderüberflutetten, heutigen und auch damaligen Welt als anschaulich erweisen, nähmlich, unerklärliche Ereignisse des Visuellen, das als gegeben zu erleben, was nicht ist, diese sei im Theater und in den Kirchentraditionen, in Enders Publikation, mit einem historischen Dramenbeispiel gegeben. Jenes Drama, Valenciennes, beinhalte die wundersame Vermehrung von Brotlaibern und auch die Verwandlung von Wein. Diese Wunder wurden in jenem Stück dargestellt und haben damit einen Paradoxen Inhalt und muss generell ein anderes Verständnis von Theaterrezeption und dem Publikum im Mittelalter gehabt haben, welches hier relevant, als Sinnbetonung und Sinngebung Erachtung findet. In der Kirche, wie die meisten wissen, wird ein Ritual des Weintrinkens und Brotessens im Gottesdienst gepflegt, welches mit dem Dyonisoskult in Analogie steht, und damit die Wurzeln zum Theater, neben dem Rituellen des Gottesdienstes, aufweist. Somit, möchte ich hier vergleichend vorgehen, und dies auch auf die Passionsspiele und damit Theaterarten der Kirchentradition verweisen, sondern auch die Kirche selbst mit ihren Gottesdiensten im Vergleich kontrastieren, wo es nicht so Sinnbetont und auch nicht dergestallt sinneserfahrende, sinngebende Funktionsweisen gibt. Enders bringt ein, dass Theaterdarstellungen immer realen Bezug beansprucht hatte und dass, im Mittelalter mit den Passionsspielen, evidente, nachweislich überlieferte Behauptungen verbunden waren, dass echte Wunder dargestellt wurden. Dies hatte mächtige metaphorische, politische und religiöse Dimensionen.[221]

Die Denkenden, Wissenden der Macht entziehen sich den alltäglichen Bedingungen der Produktion, der meist leiblichen und sinnlichen Art, begeben sich in eine Geisteswelt, die sie zur Sache an sich entfremdet und sie gegenüber der Realität zu einer erhabenen Position führt, und damit verfestigt sich ihre Rolle in der Gesellschaft. Dies ist eine Entwicklung, die jeder Mensch durchmacht im Kleinen, wie auch im Großen. Dies gilt auch für die Zauberkunst und die Zauberkünstler, sie sind von Natur aus subversiv, weil sie trotz aller sprachlichen Masken und den universellen Effekten, die die Zaubertheatralität ausmachen, ein Individuum darstellen, das seinen oder ihren Sinn machen muss, um zu überzeugen, sich damit alleine schon der wahrscheinlichen und plausiblen Darstellung, der Theatralität stellen muss.

3.4.1) Machtsymbol

Bezeichnend für die Machthaber der autoritären Gesellschaften ist, dass sie zudem Symbole tragen, Kleidung, wie auch besondere Objekte mit sich tragen. Ein Symbol, das in vielen Formen vorkommt ist bezeichnend für Mächtige und ein gängiges für Zauberkünstler, der Stab (für zum Beispiel Päpste, Dirigenten, Könige, Schamanen und eben Zauberkünstler). Einem physischen, an sich banalen Objekt wird eine größere Bedeutung zugeschrieben, die der Macht und Autorität, die auch Männlichkeit zum Ausdruck bringt. Denn, freudianisch interpretiert ist es die phallische Symbolik, die in manchen Kulturen als Potenz und Fruchtbarkeit interpretiert wird —, wenn man so will, männliche Schöpfernatur.[222]

220 Enders, Jody: „Performing miracles. Mimesis of Valenciennes". In: *Theatricality*. Hsg., Davis, Tracy C. und Thomas Postlewait. Cambridge University Press: Cambridge. 2003. S. 52.
221 Ebenda. S. 43.
222 Granrose, John: *The Archetype of the Magician*. [Diplomarbeit] Zürich. 1996. S. 13 [Ausdruck von

Der Flötenspieler als Schamane geht bis 4000 vor Christi Geburt zurück.[223] Auch da gibt es einige weibliche Versionen, welche aber in der Minderheit zu finden sind oder von denen es wenige Belege gibt, in den sogenannten Kokopelli in Naturvölkern, vor allem Indianerstämmen in den Vereinigten Staaten. Diese insbesondere Schamanen Personnagen des Flötenspielers, mit einem Buckel, einer Flöte und einem Phallus, hat Charakterzüge, die mit der archetypischen Trickerfigur einhergehen und ist universell in dem Sinne, dass jene Figur auf der gesamten Welt vorkommt und entdeckt wurde. (Vor allem mit der Fruchtbarkeitskonnotation gilt das für Afrika, Asien, Europa, Nord- und Südamerika so auch Australien.[224]) Als Belege für die Existenz solch eines Flötenspielers und Fruchtbarkeits-bringenden heiligen Schamanen gelten Zeichnungen auf Steinen.[225]

Die traditionelle Männerdomäne Zauberkunst ist mit ihren, insbesondere im 19. Jahrhundert, ausgeschriebenen Produktionen einem wirtschaftlich, geistigen, autoritären Instrumentarium gleich. Es ist als schulisches, wie auch bildendes geistig-kulturelles Produkt des erhabenen Bürgertums anzusehen. Ein Verweis auf geschichtlich sich formierenden, regulativen Bestrebungen durch kulturelle Einflüsse in der geshcichte des Aufstrebenden Bürgertums lässt sich finden mit einem Beitrag von Brigitte Federere und Ernst Strouhal in der Publikation über seltene Künstfromen, dem Zaubern.[226]

Der lehrreiche Charakter der Zauberkunst ist, so wie schon festgehalten, auch Göthe bewusst gewesen.[227] Sogenannte Schamanen waren Außenseiter der Mikro-Gesellschaft, hatten Behinderungen oder pflanzten sich nicht fort, waren den regulären Tätigkeiten physisch oder geistig enthoben und hatten daher die Rolle des Weisen und Wissenden zu spielen. Hyde beschreibt die Sexualität des Tricksters als hyperaktiv und nicht auf Reproduktion ausgerichtet Praktiken ausgerichtet, wie es von Jean Baudellard festgehalten wird.[228]

Die Fortpflanzung, die bei Schamanen aus vielleicht körperlichen Gründen nicht stattfindet, gibt diesem oder dieser eine andere Aufgabe in der Mikrogemeinschaft. Die Täuschung und Verweisung auf eine andere therapeutische, darstellerische, geistige Realität als Abbild der allgemeinen Realität *per se* ist ihre Rechtfertigung und Integration in der Mikrogemeinschaft.

3.4.2) Tote Theatralität – Eskapismus und Informationsmanipulation

Die Enthobenheit der physischen Produktion im Zeitalter der industriellen Revolution hat zur Folge: die Gegenüberstellung oder Abbildung der Realität als künstliche Produktion von Realität im 19. Jahrhundert. Heutzutage gibt es physische Abbildungen und Hyperrealität in mehrfacher Form und Ausprägung.[229] Diese Form der Aufzeichnung von Simulation der Realität haben mit der Theatralität, wie sie definiert ist: Theater – Text, am wenigsten zu tun sind aber manipulativ und performativ. Es wird durch Andeutung von Zufälligkeit und Dokumentarstil der Aufzeichnung in einem Hier-und Jetzt-Zustand Theatralität vorgetäuscht. Von Realityshows (Big Brother ausgehend von „Truman Show" Film) bis Talkshows im TV über Disney World in Florida und Paris bis zu

Webpage Zugang 04.08.2011].
223 Slifer, Dennis: *Kokopelli: The Magic, Mirth, and Mischief of an Ancient Symbol.* Gibbs Smith: Uta. 2007. S. 21.
224 Ebenda. S. 134ff.
225 Ebenda. S. 54f.
226 Federer, Brigitte und Ernst Strouhal: "Am Spielplatz Rarer Künste". In: *Rare Künste. Zur Kultur und Mediengeschichte der Zauberkunst.* [Hsg., Federer Brigitte und Ernst Strouhal] Springer: Wien/New York. 2007. S. 23.
227 Ebenda. S. 23.
228 Hyde: a.a.O., S. 8.
229 Baudrillard, Jean: *Simulacra and Simulation.* [Übs. Glaser, Sheila Faria] Michigan Press. 2008. S. 12-14.

pseudo-dokumentarischen Erzähl-filmen (wie zum Beispiel „Das Fest" 1998 von Thomas Vinterberg nach Dogma 95 oder „Brüno" 2009 von Sacha Noam Baron Cohen). Das Vorenthalten von essentiellen Informationen ist da wie dort gegeben und die Illusionierung und damit der Eskapismus in diese Hyperrealität forciert.

Zensur von Medien und Berichterstattern ist somit auch eine Regulierung von Information und erzeugt genauso ein Simulacra und eine Simulation von Realität. Das in Zeiten von Zensur und Reglementierung der Drang nach Imagination, Traumwelten und Flucht, vor allem aus der bedingten vielleicht bedrohlichen Realität, notwendig erscheint und zur Folge kommt, ist einleuchtend, da es eine allzu humane Facette von Mensch-sein ist. WikiLeaks (2006 gegründet) hat zur Demokratisierung von Information in der Informationsgesellschaft einen nicht unerheblichen Schritt und ein Zeichen gesetzt und wirkt der allgemeinen Angst vor allmächtigen globalen Entwicklungen (dem Gläsernen Menschen) und der Entmündigung und Kontrolle des Menschen entgegen. Es hat zum Prinzip die Umkehrung des Gläsernen Menschen, das heißt, dass der Staat durchsichtig wird und der einzelne Bürger mit all seinen Daten „unsichtbar", nicht „durchschaubar" und verfolgbar wird.

Ein Harry Houdini hatte gerade zu seiner Zeit viel Erfolg mit dem Randgebiet des sich befreienden und Flüchtenden, buchstäblich Eskapisten, den nichts aufhalten kann, keine Fesseln, kein Verlies. Seine Person wurde zum Inbegriff des sich nicht beugenden Menschen und Helden, der sich aus jeder Situation retten und flüchten kann. Seine gelebte Kunst live auf der Bühne ist damit Theatralität wie definiert, jede Aufzeichnung von Fluchtkünstlern, die wie David Copperfield, der die Flucht aus Alcatraz am Bildschirm vieler TV Geräte gebracht hatte ist, gerade weil filmisch aufgezeichnete und zudem bearbeitet, „Theatralität", die von der Theatralität von Bartes ausgeschlossen ist, also auch tote Theatralität.

3.4.3) Männerdomäne der Zauberkunst

Die Betrieblichkeit und das Schaffen von Bedürfnissen, die der Ablenkung dienlich sein sollen und dem Zeitvertreib, ist vom wirtschaftlichen, männlich-dominierten Schaffen und der Produktivität getrieben und wohl auch laut Freud eine Sublimation von Sexualtrieb. Feministisch gesehen ist es der Mangel an Leben-austragen und Gebären können, das die Männer zu Tätigkeiten scheinbar zwingt, um diesen Mangel an Wunder der Natur zu sublimieren.

Das Behaupten, Werben und Erobern wollen und Triebig-sein ist eine Domäne hauptsächlich der Männer in unzähligen Kulturen der Welt. Weil die Zauberkunst aus dem Manko des praktischen Nutzens und meist auch durch ihre Leere an Produkten der unmittelbaren Realität entsteht, es ist eine Kunst, die ja dies ausgleicht mit Essen und anderen sinnlichen Genüssen, die zusätzlich angeboten werden in Varietés, Zirkus, im Prater, wie auch auf Theaterveranstaltungen, ergibt sich folgerichtig der visuelle, musische und emotionale Gehalt oder die Gewichtung der Vorführungen. Dass Zauberkünstler um 1900 mit dem Hasen aus dem Zylinder versinnbildlicht wurden und das Bild des Zauberers fürs 20. Jahrhundert dann damit prägten, ist, vielleicht durchaus aus dem Mangel des Mannes, Gott gleich Leben zu schaffen, somit auch ein Paradox. Aus dieser Sicht, dass eben Männer nicht Leben austragen und gebären können und sie dies auf eine andere sublimierte Art und Weise machen, erscheint nun logisch und folgerichtig.

Die klassische Rollenverteilung von Männer Subjekt und Frauen Objekt ist bei Zauberer und Assistentin offensichtlich, wie auch der Großteil der bekannten, aktiven, erfolgreichen Zauberkünstler Männer sind. Frauen haben da immer eine passive Rolle, höchstens eine tragende Funktion außerhalb des Rampenlichtes und der Aufmerksamkeit der Zuschauer. Ist das Natur der Sache schlecht hin? Es gibt immer historische Zauberinnen, wie Lulu Hurst, die sich an der Grenze des Okkulten befindet mit ihrer „magnetischen" „übermenschlichen" Kräften, die sie unter Beweis stellte und abendfüllende Demonstrationen ihrer übernatürlichen Kräfte zeigte. Sie hatte sich gut vermarktet und mit einer Autobiographie über ihr leben und der Erklärung diverser Kunststücke einiges an Geld gemacht.[230] Suzanne the Magician, Adelaide Herrmann sind Beispiele von Frauen[231] in den Vereinigten Staaten von Amerika und international (z. B. Juliana Chen), die sich in Klubs, wie dem *Magic Castle* und bei Herrmann im SAM, ziemlich am Anfang des Bestehens (April 1904) von der *Society of American Magicians*[232], sich etabliert haben. Die klassische Aufnahme hat zumindest Suzanne the Magician durchlaufen, wie in einem MUM Artikel beschrieben,[233] dass Sie so etwas wie entdeckt wurde und einen Art Paten (wie es zumindest im österreichischen Raum heißt Stand 1990ger Jahre) hatte der sie in die Grundkenntnisse des Inner Circles einwies und förderte. Bei Herrmann hatte sich um 1903 einiges etwas anders abgespielt, miteinem Beitrag in einer fachzauberzeitschrift der Society of American Magicians.[234]

Siegfried und Roy sind bei Weitem die bedeutendsten Unterhalter in Las Vegas und auf der Welt des 20. Jahrhunderts, sogar nach ihrem Rückzug aus dem Feld der Großproduktionen der Unterhaltungsindustrie.[235] Gerade die Natur der Zauberkunst ist für gleichgeschlechtlich liebende und lebende Menschen, die der allgemeinen Produktion von Familienglück und Häuslichkeit ausgeschlossen sind, ein Betätigungsfeld von dem sie angezogen sind, aber auch einer Produktion unterworfen sind, die beachtliche Wirkung geschaffen hat.

Somit sei festgehalten, dass gesellschaftliche Macht in Form von Institutionen wie Religion, Philosophie und Wissenschaft der allgemeinen Gesellschaft direkte Auswirkungen auf die Natur des Menschen haben und der entfremdete Mensch, auf die eine oder andere Weise, Zuflucht sucht in der Imaginationswelt, zum Beispiel, der Zauberkunst, was allzu menschlich ist und ganz und gar der Natur des Menschen entspricht. Dadurch aber widersetzt er sich den Mächtigen und schafft sich, in der einen oder anderen Form, eine Gegenwelt zu der dominierten, gesellschaftlichen Realität, auch um den Preis der persönlichen Freiheit und dem Unterwerfen der triebigen Unterhaltungsindustrie, die mitunter Formen der Ausbeutung und extremer desillusionierter Schaulust und Sensationsgier entwickelt hat, was aber auch nichts Neues in der Geschichte der Schausteller ist.[236]

Zur Thematik Männerdomäne Zauberkunst möchte ich diverse verankerte Mann und Frau Konzepte ausführen und in dem Oppositionsmodell Kopf-Hand (Kompetenz-Performanz), Körper-Objekt ausführen. Der Magier, ist männlich konnotiert im Sinne des autoritären, macht-besitzenden, dominierenden und ausführenden, tätigen Zauberkünstlers und Tausendsasas. Er hat Besitz von Wissen und Fertigkeiten und führt sein Können vor – ist aktiv. Seine Objekte sind seine Materialien, oder Medien, wie auch das passive Publikum. Klassisch gesehen wäre somit das Publikum der weibliche Gegenpol zum „männlichen" Vorführenden, da passiv, konsumierend und vom Vorführer verleitet, geleitet, verführt in seine Täuschungswelt, in der er Herr der Lage ist, sind gebannt. Ein Magier ist ein Macher, Wissender und Könner. Dies sind herkömmliche männliche Attribute. Seine körperliche Präsenz und sein zur Schaustellen seiner Fertigkeiten liefert ihn einem Exhibitionismus aus, der ihn selbst zum Objekt der Begierde wieder macht und, so gesehen ist er vom an sich passiven Zuseher, wenn der Zuseher aktiv im Gedanken und in der Aufmerksamkeit ist, trotz seiner „männlichen" Rolle „Magier", ein Dienstleister und Objekt, das man kaufen kann, oder dessen Dienste käuflich sind, somit „weiblich", im Sinne von Besitz des und Bereitschaft für das Publikum. Das Aktiv-Passiv Modell wird somit umgekehrt und was als „männlich" galt wird „weiblich." Subjekt, „männlich", ist der Körper und sind die Hände des Magiers, also der aktiv

230 Wiley, Barry H.: *The Georgia Wonder Lulu Hurst and The Secret That Shook America.* Seattle Washington: Hermetic Press. 2004.
231 „Women of Magic" *Magic* (6) 2012. S. 19.
232 SAM (Society of American Magicians) gegründet 1903 gilt als der älteste und erste Magische Klub der Welt, der international als renommiertester und exquisiter Klub Ansehen geniest. Harry Houdini war einer der ersten Präsidenten (1917-1926) und ein weltberühmter Vollprofi. http://www.magicsam.com
233 Levit, Johnathan: „The Magic of Suzanne!" In: *MUM* September 2011. S. 40ff.
234 Steele, Margaret: „Adelaide Herrmann and the Society of American Magicians." I: *MUM* May 2011. S. 44-47.
235 Lavery, Jimmy et al.: *The Secret Life of Siegfried and Roy: How the Tiger Kings Tamed Las Vegas.* Phoenix Books: Beverly Hills. 2008.
236 http://www.strangeharvest.com/mt/archive/read_mes/in_the_twilight_of_the_magicia.php

agierende Magier, welche dem Geist des Magiers und den Effekten, die mit den Objekten erzielt werden im Kopf der Zuseher, gegenüberstehen, die passive-geistig sind, wenn man so will „weiblich".

Die Mann – Frau Dualität in allen Menschen soll damit standhalten, dass alle Embryonen erst nach einigen Wochen das eine oder andere Geschlecht und die primären Geschlechtsmerkmale entwickeln. Also rein biochemisch gesehen entwickelt sich vieles, das zu den primären, sekundären und dann erst tertiären Geschlechtsmerkmalen beim Menschen führt. Die tertiären Merkmale sind kulturell und gesellschaftlich geformte Merkmale und Denken und Verhalten und bestimmen oder definieren eine genormte sogenannte normale *Realität*. Für nicht-Wissende, wie auch für Wissende dieser Sachlage, gibt es bei Entdeckung solcher *Anomalien*, die möglich sind, ein Erstaunen, das heißt, für alle sind gewisse Anomalien oder auch seltene Entwicklungen und Ausformungen, die nicht der Norm und den stereotypen Mann – Frau entsprechen, eine Besonderheit bis hin zu den Freaks, wie bärtige Damen etc. in Sideshows der USA, die zum Beispiel als „Schauobjekte" in sogenannten Dime Museums, Barnums American Museum, etc. gedient hatten.[237] In gewisser Weise kann man meinen, dass Jung sich mit dem Anima und Animus Archetypus den Zugang über Seele und Geist des Menschen zu den physischen, oder biochemischen, Tatbestand des Menschen, nämlich männliche und weibliche Hormonhaushalt, in seiner Psychoanalyse genähert hat. Für die Zauberkunst sei festgehalten, dass eben Freaks und auch Travestie, das heißt, dass das Vorenthalten von Informationen und damit Täuschen und Unterhalten, die Kunst ausmachen und eine gewisse Sensationsgier dem Menschen eigen ist, die auch zum Beispiel genau das sehen will, das es an sich vorgibt nicht sehen oder wissen zu wollen. Sie gehören zu den Effekten der körperlichen Anomalien oder zu dem Bereich Verkleidungskunst, Schauspielkunst und Imitation. Die buchstäbliche körperliche *Anomalie,* die genetisch gegeben ist und zur Schau gestellt wird, ist somit genauso theatral und performative, laut Fischer-Lichtes Definition, dass sobald man Angesehen wird, zur Schau gestellt ist, eben performative ist. Damit ist selbstverständlich auch das gesamte Zirkusgewerbe miteingeschlossen, wie auch Ausstellungen bei denen der menschliche Körper eine Rolle spielt, wie bei Happening und Aktionismus (Joseph Beuys, Günter Brus, Hermann Nitsch, und viele andere mehr). Als weiterer Anhaltspunkt, warum körperliche Anomalien, wie auch außergewöhnliche körperliche Leistungen (Schlangenmenschen und anderes) auch zur theatralen Zauberkunst und dem Theater gehören, ist, dass, wie Eingangs erwähnt wurde, Aristoteles in seiner Poetik auch das Beschauen, die Neugier nach Neuem, von Ungewohntem wie Erschreckenden, und nach Tragödien, als Sichtweise in seiner theoretischen Auseinandersetzung jenes als nützliche Themen zum Lernen und zur Wiederzuerkennen für die Zuseher betrachtet hatte.

Nun, was ist an der Zauberkunst *subversiv*? Die Entstehungsgeschichte der Zauberkunst zeigt, dass Zauberkünstler gegen die herkömmliche *Realität* arbeiten und diese zu einem gewissen Grad damit untergraben. Sie sind individuelle Menschen, die ihre besondere, sie auszeichnende, Weltanschauung oder ihr eigenwilliges Wesen zur Schau stellen und wurden mit spätestens dem 19. Jahrhundert von den zwielichtigen und unehrenhaften Magiern, die betrügen und sich unlauter bereichern, als anerkannte Unterhaltungsbetreiber in der Gesellschaft des Bürgertums integriert und salonfähig gemacht. Das Subversive, welches vom Ursprung der Zauberkunst überbleibt, sind die Kunststücke, die gegen die Naturgesetze laufen und somit subversiv bleiben.

Je mehr Menschen zusammen kommen und eine Gruppe, dann eine Menschenmenge bilden, organisieren sie sich und bilden Institutionen, Vereinigungen, die die Interessen der Gemeinschaft vertreten und aus der Menge der Menschen entstehen, sprich, der Mächtigkeit der betreffende Menschenmenge. Dies führt zur Hervorhebung einzelner Individuen, denen Eigenschaften zugeschrieben werden und die Macht bekommen, die sie zur Rolle des Mächtigen machen. Im

---

237 Bärtige Damen wie: Madame Josephine Fortune Clofullia, S. 26, Madame Baroness Sidonia de Barcsy, Madame Devere S. 34 und 35, und Hermaphroditen wie: Albert-Arberta Halb Frau halb Mann S. 109 In: Hartzman, Marc: *American Sideshow*. Jeremy P. Tarcher/Pengiun, New York. 2006. Und: Lewis, Robert M., Hsg.: *From Travelling Show to Vaudeville. Theatrical Spectacle in America 1830-1910*. John Hopkins University Press: Baltimore and London. 2003. S. 29ff.

Theater und in der Zauberkunst kommt es genauso zu einer Gemeinschaft der Zuseher, die ein Individuum bezüglich dessen Fertigkeiten und Erhabenheit beschauen und das im Spiel, da es nicht die Realität per se ist. Dies hat eine Tradition von Naturvölkern ausgehend und ist dem Menschen eigen, sich in Gruppen zusammenzufügen und performative Aktionen zu setzen mit einzelnen erhabenen Protagonisten. Die Zuschreibung der Macht des Protagonisten und Akteurs, hier als Zauberkünstler, ist abstrakt und erfolgt auf der geistigen Ebene, wir auch nicht direkt ausgesprochen, da von vornherein festgelegt oder als allgemeingültige theatrale Tradition bekannt. Die Ethik und das Regulativ der Gemeinschaft ergibt die Trennung der ethisch korrekten Zauberdarstellung, Zaubertheatralik. Die Zusammengehörigkeit des Betrugs, der Lüge, wie auch Schauspielkunst und Maske, mit der anerkannten Unterhaltungskunst, wie Theaterkunst, Film, Fernsehen, etc. und auch Zauberkunst, ist durch die rechtlich und kulturell entwickelten Machtinstitutionen trennbar, und verhalten sich wie zwei Seiten der selben Medaille, wie Signifié und Signifiant, wenn diachron betrachtet.

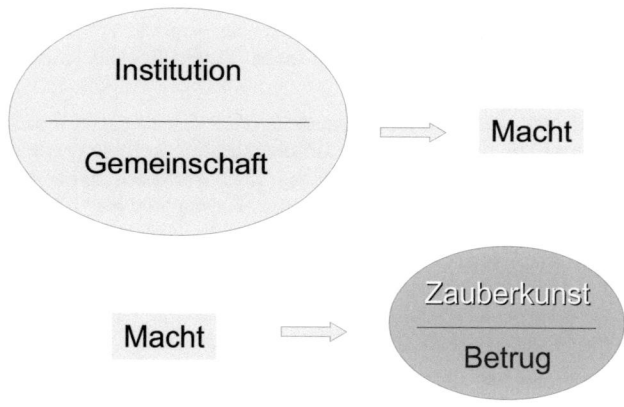

Zeichnung 31: Macht, die abstrakte Regeln und Traditionen festlegt

Der Zauberkünstler läuft naturgemäß Gefahr ein Außenseiter zu sein, durch seine individuelle, besondere, wie ich meine damit subversive Autorität und Weisheit, welche ihn wieder zu etwas Besonderem und Erhabenen machen können. Hier gilt es den sozialen Aspekt der Kommunikation nicht zu vernachlässigen, um die Klarheit der Performanz zu stärken. Die kann nur über eine schlüssige Personnage erreicht werden, die durch Schauspielkunst bewerkstelligt wird und uns nun zum nächsten Kapitel führt, der Gleichsetzung des Schauspielers mit dem Zauberkünstler.

4) Der Personnage-Effekt: Magier

4. Metapher: Zauberkünstler = Schauspieler[238] [239]

Der Effekt, das eigentliche Ziel im Sinne von, der Zweck den jeder Zauberkünstler verfolgt ist sich zu verkaufen und damit seine Libido zu befriedigen. Kompletter Narzissmus ist aber nicht dabei so sehr anzustreben, da sich gezeigt hat, dass allzu narzisstische Größen des Unterhaltungsgewerbes früher oder später dem Untergang geweiht waren oder sind. Sprich der Zauberkünstler muss eine Personnage darstellen, die beliebt ist und die verehrbar ist aufgrund seines einmaligen Könnens. Das heißt, dass der eigentliche Effekt, der beim Zuseher im Kopf entstehen soll, die Personnage ist, die Rolle, die der Zauberkünstler über schauspielerische Leistung verkörpert. Die Schauspielkunst, die der Zauberkünstler verwendet, ist eine Täuschungskunst. Wie weit der Schauspieler seine eigene Person einbringt und ein Selbstdarsteller ist wie ein Helge Schneider oder weibliche Clown Gardi Hutter-Hanna, wie sie von Gerda Baumbach referenziert werden,[240] ist bei den meisten Zauberkünstlern wohl auch gegeben, wobei die reine Zaubertätigkeit definitiv immer eine Täuschungskunst bleibt und ist.

Um wahrhaft und belebt (oder schöpferisch) darzustellen, um die magische Information im Kopf der Rezipienten zur kreieren, muss es dem Zauberkünstler gelingen einen Zugang zum Unbewussten zu finden und zu nutzen. Dies gelingt dem modernen Schauspieler durch eine bewusste Psychotechnik,[241] welche laut Stanislawski, jenen Zugang und jene Überzeugungskraft der naturalistischen Schauspielkunst, wie sie um 1900 und, ab dann, auch für den Film später grundsätzlich geworden ist, Gang und Gebe wurde, ermöglicht. Aus diesem und den davor erwähnten Gründen des Wunderglaubens, ergab sich diese Annahme und Festlegung, in diesem Text, auch für die Zauberkunst, nämlich, dass im Unbewussten die Wunder begraben sind. Aber auch die Annahme, dass es jene als Zuaberkünstler zu enthüllen gelte.[242]

Der oben erwähnte Rhythmus, welcher die Lust und deren Spannungsverhältnisse zur Erfüllung, Tilgung, dann der abebbenden Pause, mit einer folgenden Wiederholung des Spannungsaufbaus, usw.; jenes Bestreben des Lusttriebes, wie es technisch beschrieben wurde, und wie sie von Sigmund Freud auch in seiner Psychoanalyse aufgegriffen wurde, sind rein technischer, unbewusst ablaufender, aber mechanischer Art und Beschreibung. Freud, so ist wohl bekannt, trennte zwischen drei „Ichs" und deren separaten Wirken und gegenseitigen Agierens, Beeinflussens, wie auch deren Relationen und Verwandschaften zueinander in ihrer Entstehung, und deren Konfliktpotentiale (Ödipuskonflikt-Interpretation). In diesem Zusammenhang, kurzgefasst: Ein kontrollierendes Bestreben, des Ichs, ein Libido-Sein des Es und dem bedeutenderen Regulativen des sozialgeformten Über-Ichs, welches als Gewissen und Autorität, vor allem, über beide anderen herrscht und zensuriert. Das Über-Ich ist für Freud regide gesehen ein Zensor, der Aktionen und Relationen zwischen der Libido und des auf Trieb- und Lustgewinn orientierten, kontrollierenden Ichs eingreift. Nun ist es vielleicht besser verständlich, dass das Unbewusste nicht nur komplett sexuelle Bedürfnisse und Sublimierungen derer alleine umfasse, sondern auch jene, die auch andere Lustarten und deren Lustgewinn betreffende Orientierung haben können, die der

---

238 „[...]er ist ein Schauspieler, der die Rolle des Magiers spielt." [Übs. CG] Das Zitat ist von Robert Houdin, einem französischen Magier des 19. Jahrhunderts, längeres Zitat folgt unten.

239 Fitzkee, Dariel: *Magic by Misdirection*. [2. Aufl. 3 Bde. Bd. 3] In: *The Fitzkee Trilogy*. Pomeroy, Ohio. 1987. S. 39.

240 Baumbach, Gerda: *Schauspieler: Historische Anthropologie des Akteurs*. [Bd. 1] Leipziger Universitätsverlag: Leipzig. 2012. S. 19f.

241 Stanislawski, Konstantin Sergejewitsch: *Die Arbeit des Schauspielers an sich selbst im schöpferischen Prozess des Erlebens*. [6. Aufl. 2 Bde. Bd.1] In: *Die Arbeit des Schauspielers an sich selbst; Tagebuch eines Schauspielers*. Henschel Verlag: Berlin. 2002. S. 25ff.

242 Siehe Kapitel 2, über das Motiv der Lust auf Seite 23 dieses Essays.

Freude am Leben zu sein selbst, und jenes Bedürfnisses unbelasstet zuzustreben. Zauberlust und Wunderglauben als Triebfedern des Lebens und dessen Lustbefriedigung als Lebenserleichterung, wie der jeglicher anderer Erleichterungen im Leben darzustellen ausgerichtet sind (wie jene von Freuds Grundbedürfnissen und Affekten zusammengetragen wurden). So erfasst, sind sie für die theatrale Zauberkunst ein wesentlicher Aspekt, da jene eben eine sinngebende Lustbefriedigung in der Erleichterung des Rästelgestaltens und dem folgenden Wunderempfindens darstellen; nicht nur wegen der Freude am Spiel selbst, welche die Lockerung der gewohnten und von der täglichen Außenwelt vorgegebenen Verhaltens und Lebenseinstellungen, außerweltliche, ungewohnte Regeln miteinschließt, welche als dann besonders und des Könnens an Wundern teilzunehmen, zu erleben sich im Zusehen und beschauen sich ergibt. Der zweite Asket in der Freudianischen Annäherung and die theatrale Zauberkunst ist die vom Säuglingsalter an beeinflussende Realitätsformung und mechnaisierung der Realitätssinnwahrnehmung, deren Verarbeitungen im Gehirn, welche den Sinn der Sinne mechanisch beeinflusst, prägender Sinnmachung ist. Diese ist aufgrund ihrer menscheigenen und den von 'Kindesbeinen' an entstehenden Wurzeln nach: Freude am Leben, dass heißt unbefangene und unerfahrene Neugier und Experiemntierdrang, welcher die Sinnesentwicklungen beeinflussen und prägen. Sie sind in der Realitätswahrnehmung der Sinne sinnstiftend und damit nicht nur analog für Menschen prägend, sondern auch nachempfindbar, dass bedeutet von ihrere Möglichkeiten der Sinnstiftungen universell. Hier trift sich die Philosophie des Aristoteles mit seiner Identitäts Definition von Dingen in der Realität mit dem allgemein gültigen Sinnstiften und Erfahrungen sammeln der Menschlichen Entwicklung in Unerfahrenen Säuglingsalter. Der Mechanik des Lust und Spiel, bzw. Kreativwahrnehmungen im Sinnwerdeungsprozeßß des menschlichen infantilen und vor allem Säuglings Gehirns, welches eben unverändert, dass heißt auf immer da ist, ist einer universellen Systematik einer mechanischen Sinnmachung, Denbkens unterworfen. Die Täuschungskunst bedient sich derer, spielt auf dieser Klaviatur der Sinneswahrnehmungsmöglichkeiten, und damit ist, wenn gekonnt beeinflußt, auch der selben Ebene der formalen Systematik und Funktionalität der Wahrnehmung, aber eben eine Täuschung, nicht nur weil sie dies essentiellen unbewust ablaufenden Strukturen gleicht, sondern sogar die selbige Art und Weise der Spannungsentwicklungen von Stimuli und Tilgung derer erzeugt, so wie von Psychologen und Neurologen, wie auch Kognitionsforschern, und eben auch von Freud, schon beschrieben worden sind.

Aufgrund der strukturalistischen Annäherung an die Theatralität der Zauberkunst in diesem Essay, die als universell und menschlich postuliert wird, bleibe ich bei dem insoferne minimalistischen Ansatz, oder des simplifizierenden dialektischen Formalismuses, dass **A**, der die Person des Schauspielers betreffende Aspekt ist, **B**, eine Rolle verkörpert in der Darstellung der Effekte und dass **C**, der Empfänger, der Rezipient als Zuschauer ist, und dass es ein 'Zwischen' gibt, jenes welches zwischen Schauspieler und Zuseher dargestellt wird (die Personnage), vom Publikum und Darsteller, letzlich, empfangen wird.[243] Im ersten Kapitel wurde festgehalten, dass in der theatral-magischen Kommunikation der variantenreicher Bereich zwischen der Methode, oder die Relation zwischen dem Begriff des Tricks und dem des Geheimnisses, dem erzielten Effekt im Kopf der Rezipienten steht. Sprich durch die Effekte, Effekteme die sich der Zuaberkünstler erarbeitet hatte und umgesetzt hat, den Effekten die die Zuaseher wahrnehmen, wird die Personnage unterstützt und gestalltet als überzeugender Magier tätig geworden zu sein. Dies ist eine theatrale Kunst, die somit nihct nur alleine, dem Theater verwurzelt ist, und nicht nur auf einem shclichen Witze erzählen, oder Anektoten präsentieren alleine Fußen kann. Es ist also eine Kunst, die erzeugt werden kann, welche mit hilfe einer Charakterdarstellung der Personnage Magier, dem Schauspieler nutzbarerer Methoden sich bedienen kann. Ohne jene theatralen Leistung der Effekte und der darstellerischen Fähigekeiten des zauberkünstlers, reduziert sich die Wahrnehmung der Theatralität des empfundenen Zauberns. Das Ausspahren und der Ausschluß von Theatralität in der Zauberkunst begründet sich in einfacheren und in der simplen Überzeugung, dass die Zauberkunst auf der schlichetn Lüge alleine beruhe. Dass die Lüge alleine, die Kunst zu Zaubern sei. Denn zu lügen

---

243 Vgl. Baumbach: (2012) a.a.O., S. 14.

alleine ist keine Zauberkunst, auch nicht Lügen zu entlarfen, zu beobachten, oder zu gestallten, in jeglicher Form sich damit auseinanderzusetzen oder jene zu nutzen sich derer zu bedienen. Diese alle machen noch lange kleine Zauberkunst aus. Das ist nicht das Wesen jener Kunst, und formal noch weniger die der thaetralen Zauberkunst als Wesensbestand des Theaters. Die Lüge die sich im Theatralen befindet, lässt sich formal als das Vorenthalten von Informationen mit dem Hervorheben von Unwesentlichem, beziehungsweise aber Wesentlichem für die Darstellung des Effektes, beschreiben, wodurch die „Übertreibung" mit solcher Ablenkung als Bestandteil deubar ist. In der theatralen Kunst: der Darstellung von Kunststücken, ist es die Personnage, die zwischen dem Zauberkünstler und dem Zuseher entsteht und die es gilt überzeugend darzustellen. Hierbei ist das Publikum erheblich wichtiger, denn es muss auch eine 'Rolle' spielen und somit mitmachen können. Diese fordernde Sicht und Praxis der Zauberkunst als Theatralität derselben ist immer integrativer und kreativer Kräfte unterworfen. Es ist der Moment und das Risiko, welches sich im Zaubern im Spiel mit dem Publikum, als Attribute des Theatralen erweisen. Die Historie der Fahrenden sind mit mit diesen zwei wesentlichen Eigenschaften des Anderen, Risiko, momentan, aber auch des Attributes der Unfassbarkeit, der Sensation, der Erholung und Freude am Moment, der als Abwechslung und damit Pause im Alltag der Routinen des Reallebens sich mit dem Zirkus klar erweisen. Damit sind nicht nur die synchronen Verwandschaften dieser Randgenren des Theatralen gegeben, Sie verweisen durch ihre unbewusst präsente Historie (ihrer Tradition, welche sich in der Haltung als Artisten, dass heißt: ihrer somit theatralen Hubris als Künstlerpersonagen zeigt) auf den diachronen Zusammenhang jener rarer, als seltsam empfundnen Künste.

4.1) Diachroner Ansatz

Um die Personnage zu beschreiben, die dem Magier innewohnt, soll geschichtlich vorgegangen werden und somit ein diachroner Ansatz erfolgen. Dazu soll ein Zitat von Robert-Houdin angeführt werden, das auch auf die Etymologie von Bezeichnungen im 19. Jahrhundert für Magier beinhaltet:

> Prestidigitation scheint etymologisch [Presti-… „schnell" -digi…„Finger"] zu beinhalten, dass es notwendig erscheint geschickte Finger zu haben, um den Effekt des Kunststücks zu bewerkstelligen, was streng genommen keineswegs so ist. Ein Zauberer ist kein Jongleur; **er ist ein Schauspieler, der seine Rolle des Magiers spielt**; ein Künstler dessen Fingerfertigkeit[244] benötigen, aber nicht schnell sein müssen. [245]

Dieses Zitat führt uns wieder zu der Semantik und dem Verständnis von Magiern im 19. Jahrhundert, das für die moderne Zauberkunstentwicklung entscheidend ist. Das Herauskristallisieren von „schwarzer" und „weißer" Magie ist hier erst klarer vollzogen worden. Der moderne Zauberkünstler hat also mehr mit einem modernen Schauspieler gemein als mit „schwarzer" Magie. Um Entwicklung zur Gleichsetzung von Zauberkünstler mit Schauspieler zu vollziehen helfen Nachschlagewerke der deutschen und englischen Sprache.

Der Begriff ‚natürliche Zauberkunst' ist in Grimms Wörterbuch zu finden, wo es mit der „kunst der gelehrten ärzte und naturkundigen"[246] in Zusammenhang gebracht wird. Dies verweist auf die Verwandtschaft zur Heilkunst und dem Theater, wie auch auf die moderne Naturwissenschaft, die sich letztlich mit der Aufklärung durchgesetzt hatte und damit den bildenden Charakter von Unterhaltungsprogrammen den Weg bereitet hatte. Jene Natur-kundigen, vielleicht frühe Naturwissenschaftler, und Ärzte müssen in gewisser Weise Wunder heraufbeschwören oder suggerieren. In diesem Zusammenhang wieder ist zu bemerken, dass den Worten „Zaubern" oder im Englischen „conjuring", geschichtliche Inhalte dem Image des Magiers zugeschrieben werden, die

---

244 „deftness" steht im Original, übersetzt heißt das: Geschick oder Fertigkeit.
245 Robert-Houdin: *The Secrets of Conjuring and Magic.* a.a.O., S.43. [Hervor., Anm. u. Übs. CG]
246 Grimm, Jakob und Wilhelm: Deutsches Wörterbuch. Leibnitz 1965. s.v. „Zauberkunst", S. 346.

auf Assoziationen und dessen Eigentümlichkeiten, wie auch die Personnage verweisen, die wohl mit der kirchlichen Übermacht, insbesondere im Mittelalter, zu tun hat. Olaf Benzinger[247] hat auch festgehalten, dass die Zauberkunst sich mit einem Zauberer darstellt, welcher ein Schauspieler ist, welcher mit manullen Fertigkeiten und pschologischer Kompetenzen zur Darstellung der Ausübung der Zauberkunst, zum Teil auch mithilfe von mechanischen Apparaten, sich auszeichnet. Die früheren Assoziationen, welche sich in der Semantik der Interpretationen und deren Aktionen und Reaktionen auf solche damalige agierende Zauberer ergab, sich auf deren Kunstdarstellungen und deren Kunststücke selbst beziehen und bezogen haben, liegen in der Tradition der Sichtweise solcher Schausteller, welche mit der heutigen modernen Zauberkunst als immerwährende Assoziation verwandt sind, nämlich, die der Hexerei. Benzinger hat zu Hexen und Dämonenangst festgehalten, dass jene im Kulturkontext dem Mittelalter zuogeordnet werden können, ihre Herkunft haben, und verweist auf die Zwiste von der Kirche und dem Machtapparaten, die sich mit Randkünsten auseinander gesetzt hatten.[248]

Dass aber Zauberkünstler spätestens seit der Aufklärung im 18. Jahrhundert fortan, und mit dem Etablieren der Naturwissenschaften, keine Hexer und unheilige Hellseher oder sündige Teufel sind, soll mit ihrer „Kunst des Lügens" oder dem Darstellen der Personnage, die theatrale Interpretation von Zauberkünstler mit der Rolle des Magiers als Schauspieler, wie es hier in diesem Essay angestrebt wird, klargestellt sein, und es sollte nun auch klarer werden, dass in der modernen Unterhaltungsindustrie, mit spätestens mit den *Bewegten Bildern*, seit Mitte des 1900, dieser kulturelle Gebrauch und deren Sichtweise, schon gegeben war. Um die Kunststücke eines Zauberkünstlers zu bewirken, bedarf es gewisser Methoden der Ablenkung, nämlich, der *Misdirection*.

4.2) Kontrolle und Lenkung der Aufmerksamkeit

Ein generelles Mittel ist die sogenannte Ablenkung, unter welcher Zauberkünstler mehr verstehen als plumpes Irritieren oder Stören der Aufmerksamkeit, damit etwas anderes nicht auffällt und durchgeführt werden kann.

Zum Aspekt der Kontrolle über die Kommunikation, sind Handhabung der Requisiten und Gegenstände (und Kontrolle über den Zuschauer) in der Zauberkunst mit eingeschlossen. Stella Adler hat festgehalten, dass der Schauspieler die Requisiten immer unter Kontrolle haben soll.[249] Dies gilt für beide; um so mehr für den Zauberkünstler, wenn er sein Publikum unbemerkt und elegant täuschen will.Die wohl und überzeugend formulierte Beschreibung des Vorganges der Täuschung, die von Zauberkünstlern bewirkt werden kann, sei hierbei nicht dem Leser dieses Essays vornachlässigen zu referenzieren.[250]

Wissenschaftler haben festgestellt, dass Zauberkünstler bei der Ablenkung ihrer Zuschauer eine Überforderung der Scheitellappen im Gehirn bewirken, somit das „eigentlich Wichtige", durch Manipulation nicht wahrgenommen werden kann.[251] Das Becherspiel dient hier als eines der Beispiele im klassischen Sinne. Also die Fertigkeit der Routine, Kontrolle der Requisiten und Zuseher, die gefordert wird, sind eine Ebene der Kontrolle und Lenkung der Aufmerksamkeit und Beobachtung des Zusehers. Diese Ebene ist physischer Natur, so wie es beim Becherspiel der Fall ist. Hinzu kommt aber auch die psychologische Ebene, die etwas komplexer zu sein scheint.

Unter Ablenkung auch Misdirection genannt, versteht der Zauberkünstler also mehr als nur die Aufmerksamkeit von einer Sache durch eine andere zu überlagern, wie auch Joseph Bruno unter

---

247 Vgl. Encyclopaedia Britannica. Chicago [u.a.] 1967. s.v. ‚Conjuring': „The conjurer is an actor [...]". [Übs. CG]
248 Benzinger: a.a.O., S. 25.
249 Adler, a.a.O., S. 143.
250 Siehe Klinckowstroem: a.a.O., S. 16.
251 http://science.orf.at/science/news/139439 [Zugang: 29.08.2005]

anderem behauptet.[252] Bruno betont, dass es um die Lenkung der Aufmerksamkeit der Zuschauer durch Stören, Halten und Entspannen der Aufmerksamkeit bei Misdirection geht. Fitzkee hält dazu fest, dass es bei der Misdirection nur um Geheimnisse der Gedanken geht, da das Denken der Zuschauer beeinflusst werden soll. Dies scheint bei Fitzkees Trilogy wiederholt auf.[253]

Das heißt konkret formuliert: die Erwartungshaltung des Zusehers werden berücksichtigt und durch Kontrolle und Lenkung der Aufmerksamkeit manipuliert. Dazu dienen Methoden wie: Erwartung erzeugen, vorzeitige Erfüllung der Erwartung, Monotonie, Verwirrung, Zerstreuen, bzw. Abweichen vom Inhalt, und das Stören.[254] Zu „Diversion" (Abweichen/ Zerstreuen) und „Distraction" (Stören)[255] meint Fitzkee, dass sie fundamentale, unauffällig ablaufende Ereignisse sein müssen, da sie sonst zu auffällig in den Wahrnehmungsbereich der zuseher geraten werden.[256]

Kontrolle der Ablenkung durch diese sechs von Fitzkee ausgeführten Methoden (Erzeugung von Erwartung, vorzeitiger Erfüllung, Monotonie, Verwirrung, abweichende Aufmerksamkeit und Störung) sind alle psychologische Hilfsmittel und Techniken, die der Zauberkünstler nach Gegebenheit einsetzen muss, die zur Suggestion und zum Anreiz führen. Die riskante Aufmerksamkeit der Zuseher, die Schliche der Zauberkünstler zu erkennen, die Möglichkeit des Fehlgehens der Täuschung der Zuseher, muss, laut Fitzkee, der Zauberkünstler durch die Lenkung der Gedanken der Zuseher beeinflusst sein, dass deren eigenen Überzeugung sie leitet, welche es durch Menschenkenntniss der Zauberkünstler und deren Methoden sich Kenntnisse über die Zuseher zu erwerben beeinflusst sein kann. Für Fitzkee ist solches und viel andere Methoden der Leitung der Gedanken und Einflüsse der Zuseher mit ihren Überzeugungen und Interessen ein wichtiger Aspekt, der zur überzeugenden Täuschung dient. Es wird von Fitzkee mit schaupielerischen Fertigkeiten dabei auch beschrieben, wie dies zu bewerkstelligen sei.[257]

Um eine komplette Aufmerksamkeit des Zuschauers zu erwecken, muss der Zauberkünstler eine gewisse Anziehungskraft haben, die durch sein Erscheinungsbild geprägt ist. Fitzkee gibt 39 Aspekte der Anziehung an.[258] Die Aufmerksamkeit ist vom erzeugten Interesse des Publikums an dem Zauberkünstler abhängig und beeinflusst, welches wieder durch die 39 Aspekte der Anziehung gegeben ist. Um interessant zu sein muss der Magier auch Weisheit haben und etwas besonderes sein oder eben erhaben sein.

Lamont und Wiseman unterscheiden zwischen körperlicher und psychologischer Ablenkung (Lenkung) des Zuschauers. Ersteres lenkt die Aufmerksamkeit und die psychologische Ablenkung den Verdacht des Zuschauers, der weiß, dass getrickst wird.[259] Der Verdacht des Zusehers ist gegeben mit einer gewissen Bildung und Interesse an dem was vorgeführt wird. Dazu dienen die Anziehungskraft des Magiers mit seiner Personnage und die Motivation beziehungsweise die Situation, die dargestellt wird, also der Sinn der Vorführung, der dem Kunststück oder der Nummer eigen ist. Die Lenkung der Gedanken der Zuseher ist also bestimmt mit der Motivation, dem Sinn, wie auch der Personnage des Zauberkünstlers.

Zusammenfassend sind es nun grob gesehen vier Ebenen der Kontrolle die ein Zauberkünstler beherrschen sollte, die weiter unterteilt werden könnten:

1. Kontrolle der Routine, den Requisiten und physischen Gegebenheiten bei der Vorführung,

2. Kontrolle der Lenkung der Gedanken (Aufmerksamkeit und Verdacht) der Zuseher,

---

252 Bruno, Joseph: *Handbuch der Misdirection*. [Übs. Franz Gerb, 2. Aufl.] Edition Gerb. 1994. S. 15ff.
253 Fitzkee: *Magic by Misdirection*. a.a.O., S. 35.
254 Ebenda. S. 164-166.
255 Ebd. Distraction Beispiel: S. 196-7.
256 Ebd. S. 193.
257 Ebd. S. 159.
258 Fitzkee: *Showmanship for Magicians*. a.a.O., S. 181f.
259 Lamont und Wiseman: a.a.O., S. 38.

3. Kontrolle über das Erscheinungsbild und damit der Anziehungskraft des Magiers, das heißt: wie er aussieht und sich benimmt und den Zusehern gegenüber verhält, wie auch seine Sprache, und was er an hat,

4. Kontrolle der eigenen Befindlichkeit.

Das heißt, dass der Magier auf mehreren Ebenen, auf komplexere Art, ablenken muss und das aber auf elegante unauffällige Weise. Dazu bedarf es, dass viele Bereiche außerhalb des Bewusstseins kontrolliert ablaufen, unbewusst, das heißt, dass der Zauberkünstler seine Nummer im Schlaf beherrscht. Ein Beispiel hierfür ist Slydini, der durch seine Körpersprache täuscht, mit Spannung und Entspannung, die auch durch Atmung unterstützt wird und die Effekte theatral werden. Wer dies bewusst versucht nachzumachen wird die Problematik verstehen. Mehrschichtige Aufmerksamkeit wird auch vom Schauspieler verlangt, der wie ein Artist oder Jongleur, auf mehreren Ebenen gleichzeitig arbeitet.[260] Die Kunst der Ablenkung bei Zauberkünstlern führt zu einer psychologischen geistigen Fertigkeit, wie auch, verweist sie auf die Verwandtschaft mit Schaustellern beziehungsweise Schauspielern, die dieselben Techniken verwenden.

4.3) Überzeugungskraft des Magiers

Um überzeugend zu täuschen, muss der Zauberkünstler auch überzeugend sein. Es ist unumstritten, dass viel Handwerk und Fertigkeit nötig ist, um gekonnt zu spielen. Sollte aber der Schauspieler und Zauberkünstler über Technik und Routine hinaus gelangen wollen und wahrhaftig Spielen, muss er belebt und schöpferisch darstellen.[261] Dies verleiht dem Vorführenden Überzeugungskraft und Natürlichkeit. Diese ist auch abhängig von visuellen (Kleidung – Kostüm)[262] und akustischen (Sprache[263] – Musik) Normen. Die Kausalität der Darbietung muss gegeben sein. Alles, was er tut, soll wie bei einem Schauspieler eine Rechtfertigung haben.

Adler unterscheidet zwischen innere und sofortige Rechtfertigung, die eine Wahrhaftigkeit der Darstellung beim Schauspieler erzeugen und wegführen vom plumpen Vortäuschen und *Schauspielern*.[264] Diese Rechtfertigungen sind von inhaltlicher, textlicher Art, die sich der Schauspieler erarbeitet hat. Sie sind sozusagen der Subtext, der den Grund gibt für die Handlungen und Aussagen des Schauspielers. Martin Ritter erläutert dazu, dass der Schauspieler einen Untetext, eine innere Rede erarbeitet hat die ihm die nötige überzeugende Sinngebung im Spiel der Rolle ermöglicht.[265]

Der Zauberkünstler muss analog dazu immer einen plausiblen Grund haben für seine Tätigkeiten, Handlungen und auch seinem Text, er braucht eine begründbare Motivation. Dies verleiht seiner Darbietung Glaubwürdigkeit und Überzeugungskraft, mit der die Lenkung der Gedanken der Zuschauer bewerkstelligt werden kann.

Um einen Trick zur Illusion zu vervollkommnen, soll, laut Nelms, der Zauberkünstler seiner Vorführung einen Sinn geben.[266] Aber nicht nur Motivation, Beweggründe und individueller Sinn (die der Figur, die dargestellt wird, eigen sind) sind nötig, um zu täuschen, sondern auch an das zu glauben, was man tut. Fitzkee erwähnt im Zusammenhang mit einem Kunststück mit einem großen Würfel und einer dazu gehörigen Schachtel, dass der Zauberkünstler auch an das glauben muss, was

---

260 Stanislawski: Bd.1 a.a.O., S. 111.
261 Ebenda. S. 24ff.
262 Fitzkee: *Magic by Misdirection.* a.a.O., S. 87.
263 Ebenda. S. 95ff.
264 Adler: a.a.O., S. 105ff.
265 Nelms: a.a.O., S. 13ff.
266 Ritter, Hans Martin: *Sprechen auf der Bühne. Ein Lehr– und Arbeitsbuch.* [1. Aufl.] Henschel: Berlin. 1999. S. 15.

er vorgibt.[267]

Neben Logik und Folgerichtigkeit, dem Gefühl für Wahrhaftigkeit und dem Glauben, sind noch viele andere Elemente im System, der Psychotechnik, von Stanislawskis Schauspieltheorie aus der Praxis festgehalten.[268] Diese Elemente sollen helfen nicht zum mechanischen, übertriebenen, theatralischen, leeren Schablone- und Handwerker-Spieler zu werden, nicht den Text herunter zu plappern und soll helfen belebt und schöpferisch das Unbewusste mit seinen wahren Gefühlen und Erinnerungen zu locken, auszulösen und damit wahrhaftig, produktiv und zweckmäßig handelnd die *Lüge* überwinden. Er spricht von Worthandlungen und den Vorstellungsbildern, die während des Sprechens, wie ein Filmstreifen, ablaufen sollen und vom Unbewussten kommen. Über das Bewusste, die Psychotechnik, soll das Unbewusste evoziert werden.

4.3.1) Technik der Überzeugungskraft

Zu den theatralen Aspekten der Darstellung gehören: Rechtfertigung und Motivation, allgemeingültiger, wie auch individuell klar dargestellter, Sinn, Glaube und Glaubwürdigkeit, Natürlichkeit und Wahrhaftigkeit durch Genauigkeit. Die Überzeugungskraft wird durch das Erarbeiten dieser Aspekte im Detail an der Vorführung durch Analyse oder Abklopfen, überprüfen Teil für Teil, ermöglicht. Für den Zauberkünstler wird die Genauigkeit durch Schauspieltechniken erleichtert, und gestaltet so seine theatrale Leistung, seine Performanz.

Ähnlich der Psychotechnik von Stanislawski spricht Adler von einem mentalen Bankkonto, welches angezapft wird und beim Spielen hilft darzustellen. Es sind Erinnerungen, die wieder erweckt werden, um die Gefühlsechtheit zu erzeugen. Das kann auch durch Trainieren von Tätigkeiten verfestigt werden. Das Öffnen einer Dose oder die Handhabung eines Holzblocks zum Beispiel gehören zu den physischen Wahrheiten, die nicht gestreift oder bloß angedeutet werden sollten.[269] Adler beschreibt, dass sich eine Erinnerung von motorischen Bewegungen, durch die Wiederholung und Konzentration in der realen Ausübung der Rolle notwendig ist, wie alltägliche Tätigkleiten im Leben. Im Schauspiel jedoch ohne den Gegenständen dann vom Gedächtnis abrufbar sind und naturgerecht dargestellt werden können.[270] Übungen mit Requisiten, die in der Vorführung Gegenstand der Handhabung sind, sind für Zauberkünstler unersetzlich und erst durch diese wird die Routine und Echtheit der Darbietung möglich. Fitzkee definiert Routine mit:

> Eine Verfahrensmethode erstellt durch gewisse Umstände, im Detail ausgearbeitet, Teil für Teil,
>
> solange regelmäßig vollzogen bis es zur Gewohnheit in der Vorführung wird.[271]

Mit der Routine wird auch klar, dass die Kunst damit entsteht, dass der Künstler nichts dem Zufall[272] überlässt und mit seiner intellektuellen Kompetenz in seinem Fach das Können seiner Zunft stärkt. Durch die Routine wird der Künstler zum versierten Praktiker. Dies gilt im Schauspiel als auch in der Zauberkunst.

Eine Methode, die das Einüben erleichtert, weil sie es ermöglicht genauer zu arbeiten, um nichts dem Zufall zu überlassen, ist das Teilen in Abschnitte. Stanislawski hat das Teilen von der darzustellenden Handlung in Abschnitte und Aufgaben beschrieben, die folgerichtig gestaltet werden müssen, um zu überzeugen. Dies kann man gar wohl auf Routinen in der Zauberkunst umlegen. Jeder Griff muss genau eingeübt werden und das Teilen in Abschnitte und Abläufe kann nur hilfreich sein. Es muss ins Blut übergehen und nicht künstlich vorgeführt werden.

---

267 Fitzkee: *Magic by Misdirection*. a.a.O., „ *The Diebox* " S. 43.
268 Stanislwaski: Bd.2 a.a.O., S. 161ff.
269 Adler: a.a.O., S. 86.
270 Ebenda. S. 72.
271 Fitzkee: *Showmanship for Magicians*. a.a.O., S. 127. [Übs. CG]
272 Lazarowicz, Klaus: „Theaterwissenschaft Heute" In: *Münchner Beiträge zur Theaterwissenschaft*. *Sonderheft*. München. 1975. S. 11.

Ein berühmtes Beispiel von Dai Vernon ist der *French Drop*, der bei vielen ungeschulteren Magiern vorweg angekündigt wird, durch ein sternartiges Spreizen der Finger der Hand, die sich dem Gegenstand, der aufzunehmen ist, nähert. Diese angespannte Hand verrät indirekt: Achtung! Jetzt wird was passieren! Und kommt nicht bewusst vom Magier, sondern meist aus Angespanntheit und nicht genügender Sicherheit, es könnt ja was schief gehen... zudem auch aus der unnötigen Übertreibung von gängigen Bewegungen, sprich *schauspielern*.

Beim Schauspieler spricht man vom „Pumpen", mit den Händen Bewegungen ausführen aus Unruhe und Unsicherheit, welches unbewusst geschieht und nicht kontrolliert ist. Dies ergibt sich aus der Situation, dass der Täuscher sich nicht wohlfühlt und nervös ist, weil er lügen muss, oder, eben meist der Fall, zu wenig an der Rolle gearbeitet hat. Das ist zwar menschlich, mindert aber die Kunst. Nase kratzen, stupsen, allzu häufiger Wechsel von Standbein und Spielbein, Herum-zappeln, sind Indikatoren, dass etwas nicht stimmt. Auch Schnelles, Undeutliches oder Verwirrendes ist nicht gelungene Täuschungskunst.

Zusammenfassend sei festgehalten, dass das Erstellen vom mentalen Bankkonto und das Teilen in Abschnitte, wie auch das Überprüfen im Detail auf die theatralen Aspekte zur Überzeugungskraft der Darstellung führen. Dadurch soll die Lenkung der Gedanken und der Aufmerksamkeit der Zuseher erleichtert werden.

Falls der Zauberkünstler fehl geht in der Lenkung der Gedanken, seiner „wahrhaften" Darstellung, also seiner Täuschung des Zuschauers, und jener den Hergang des Effekts durchschaut, setzt die Enttäuschung ein. So auch wenn einem Zuschauer ein Trick erklärt wird, ist er dann meist enttäuscht. Damit ist auch die Rolle klar, die der Zuschauer einnimmt. Er hat eine bestimmte Erwartungshaltung und spielt zu einem gewissen Grad mit. Dies kann man gut mit dem Schauspiel vergleichen.

4.4) Theatrale Kompetenz des Zauberkünstlers

Die Verwandtschaft von Zauberkunst und Drama ist schon von Henning Nelms festgehalten worden, dass Zauberkunst letzlich im Kopf der Zuseher stattfindet,.[273] wenn es gelungener Zuaber ist, dass heißt, die Täuschung vollkommen gelungen ist, den die Erziehlung von den Effekten sind nur im Kopf der Zusseher möglich.

Die Magie der Struktur oder des Musters, das sich durch die Abfolge von Ereignissen niederschlägt, zum Beispiel durch Auf- und Abgänge der Protagonisten, Lichtgestaltung, Pausen, Szenefolgen und Positionierung der Personen, wie auch Requisiten und Bühnenbild, entspricht dem Effekt der dramatischen, emotionalen und universell verständlichen Natur der Musik. Dort wie da gibt es Leitmotive, Strukturen und Muster.

In der Zauberkunst ist dies auch der Fall, bei Abfolgen von Handhabungen (Trickplot) und Gesten, sprich essentieller Choreographie, wie vor allem bei Routinen, mit Bällen und Bechern und Zauberstab, zum Beispiel. Jede Routine hat eine Rhythmik und Dynamik, die der Musik ähnlich ist. Wie ein Ritus ist die Zauberkunst im theatralen Sinn: eine Performance von strukturierten Abläufen. Die Bewegungen der Hände lassen auf eine Gestenabfolge mit rituellen Regeln schließen, die zur Theatralität der Zauberkunst und dessen Kommunikation des Theatralen beiwirken. Der geschulte Schauspieler ist sich auch dessen bewusst, dass sein Handeln und nicht Handeln, sein Sprechen und auch Schweigen eine eigene Rhythmik hat. Stanislawski spricht vom Tempo-Rhythmus, der gefunden und eingehalten werden muss beim Spielen von verschiedensten Handlungen.[274]

Im nicht bedingten Unterschied zum Schauspiel erwartet das Publikum vom Zauberkünstler das Unerwartete, will überrascht werden, das Unmögliche und Nicht-Rationale, das Mysterium,

---

273 Nelms: a.a.O., S. 10.
274 Stanislawski: Bd.2 a.a.O., S. 114ff.

welches Träume und Phantasien der Zuschauer weckt, fördert und befriedigt.[275] Diese Erwartungshaltung legt auch die Rolle des Zuschauers fest. Nach dem Prinzip der AIDA, das sogleich auch angesprochen wird, ist auch die Werbung aufgebaut. Das Ungewöhnliche, Unheimliche wie auch Aufmerksamkeitserregende und -steigernde sind zunehmend auch in der europäischen Werbeindustrie erkannt worden und haben sich durchgesetzt. Begierden und Prestige wird hervorgelockt bei den Rezipienten.

Die Aufmerksamkeit sollte in einer Darbietung der Zauberkunst stetig steigen, durch vorwärts und aufwärts gerichtete Effekte. Fitzkee spricht von „Eine Nummer ist wie eine Reihe von Stufen, immer vorwärts und immer ansteigend."[276] Ortiz schreibt, dass das Ansehen, oder das Prestige, welches ich mit der Erhabenheit des Zauberkünstlers und seiner Rolle gleichsetzte, stetig steigen soll.[277] Es zählt, wenn man so will zur letzten Stufe, oder zur Spitze der Pyramide von Abraham Harold Maslow, der den Menschen mit seinen defizitären Bedürfnissen, Essen, Trinken, Atmen, Ausscheidung, Wärme und Sex zur Fortpflanzung, als erste fundamentale Stufe der Pyramide, dann materielle Sicherheit, wie Dach über den Kopf und Versicherungen, soziale Bedürfnisse, wie Freunde, Beziehung, etc., und Wachstumsbedürfnisse, die nie erfüllt werden und ewig wachsen können, nie befriedigt werden, das Ich mit seiner Anerkennung, dem Lob und Ansehen, das man bekommt von anderen, und zu guter Letzt die Selbstverwirklichung, vielleicht gleichzusetzen mit Prestige und Rollenverwirklichung im Leben des Menschen. Die beiden letzten sind, laut meiner Interpretation, die eigentlich theatralen Bedürfnisse, die in der Zauberkunst die Theatralität erst ausmachen, denn Essen kann zwar zusätzlich angeboten werden, aber durch die Zauberkunst kommt die theatrale Kunst und dessen ergänzende, wachstumssteigernde Bedürfnis nach mehr, zu tragen.

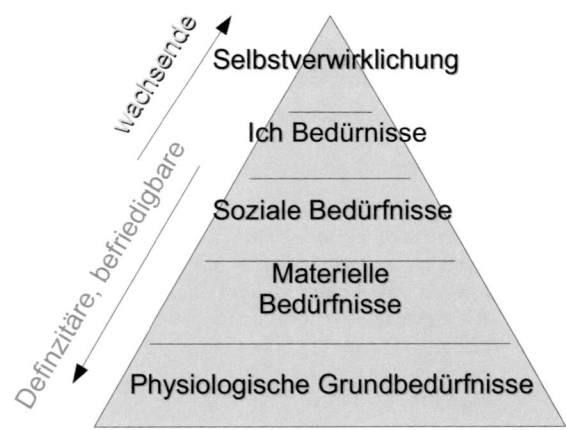

Zeichnung 32: Maslows Pyramide

Dramaturgische Strukturen und Stufen im konkreteren Kontext der Theatralität der Zauberkunst sind mit Nelms gegeben. Der führt Interessenkurven an, die jene Struktur der Stufen wiedergeben und die dramatische Struktur festlegen: wann welche Effekte aufeinander folgen sollen und warum.[278]

---

275 Burger, Eugene und Robert E. Neale: *Magic and Meaning.* Hermetic Press: Seattle, Washington. 1995. S. 14ff.
276 Fitzkee: *Showmanship for Magicians.* a.a.O., S. 81. [Übs. CG]
277 Ortiz: a.a.O., S. 89.
278 Nelms: a.a.O., S. 242ff.

Aus der Werbebranche ist AIDA bekannt: *Attention*, die Aufmerksamkeit erlangen, *Interest*, das Interesse erringen und steigern, *Desire*, das Verlangen erzeugen oder steigern, und *Action*, Aktionen setzen, damit dem Rezipienten es leichter fällt darauf einzusteigen und zu kaufen. Dies gehört zur Verkaufspsychologie der Werbebranche und ist ein Bestandteil jedes Magiers auch in seiner oder ihrer Theatralität; bei der Vorführung genauso, wie bei der Geschäftsanbahnung. Magier sind nicht Marktschreier, auch wenn sie von denen durchaus beeinflusst sind, historisch bedingt, sondern Werbepsychologen, die das Showmanship des sich Verkaufens beherrschen. Showmanship ist in gewissen Belangen durchaus mit Theatralität vergleichbar, aber nicht genau dasselbe. Das Verkaufen oder um Kunden Werben, ist genauso mit Täuschungskunst verwandt, da ein Bedürfnis erzeugt wird, das Produkt zu erwerben. Über das Prestige wird meist ein erhabener Inhalt vermittelt, der das Ego der Zuseher anspricht und somit deren Bedürfnis nach Anerkennung und Ansehen, dem Ich und der Selbstverwirklichung (Maslow) seinen Tribut zollt. Diese Bedürfnisse sind für den Zauberkünstler auch theatrale Inhalte, die der Täuschungskunst angehören und den Magier zur Theatralität verhelfen. Die Einheit der Kunststücke, durch zum Beispiel Themen, vereinfachen die Verkaufsstrategie und das Prestige des Produkts: Magier X.

Zur dramatischen Struktur gehört die Einheit und Konsistenz der Routinen, Nummern und Zauberprogramme oder Shows, die durch ein Thema gegeben wird, wie Fitzkee und Nelms es erwähnen. Solche Einheit erhöht die Aufmerksamkeit und das Interesse der Zuschauer. Die Aufmerksamkeit wird erleichtert durch eine unumgängliche, verehrende Sympathie für den Allein-Unterhalter. Zum Thema, das die Einheit der Zauberdarbietung stärkt, gehört auch der so genannte Sinn einer Vorführung, der nicht nur für die Natürlichkeit der Darstellung und der Überzeugungsstärke der Vorführung verwendet wird, sondern auch der Begründung für das Tun der Magier dient. Der Sinn ist umso fesselnder, wenn er den Zusehern gefällt und das Interesse verstärkt. Diese können zum Beispiel Alltagssituationen sein, wie Essen im Restaurant. Oder Glücksspiele, Lotto, Geld, etc. Diese Themen sind laut Ortiz[279] genau jene, die wieder in den Bereich fallen, die nahe dem Betrug sind. Aufgrund des Menschen, der universelle Interesse am Geheimnis hat und Themen wie Betrug und Spiel, Glücksspiel, Horoskop (Mustererkennung und Sinn machen, wo keiner ist) Phantastisches, Skandalöses, Austricksen von Machtapparaten, wie Banken, Staat, etc. und damit Hervorhebung des schlauen Trickbetrügers und Hochstaplers, wie ein Felix Krull von Thomas Mann, zum Beispiel in der Literatur. Diese Themen, neben Sex, Geld, Charakter und Lust, zählen zu den sinngebenden universellen Themen, die sich besonders bei Magiern eignen, um Interesse und Sympathie beim Publikum zu erlangen.

Die Sympathie ist für das Mitspielen der Zuschauer und das Gelingen der Suggestion des Magiers von essenzieller Notwendigkeit. Fitzkee gibt einige Verhaltensregeln für Zauberkünstler, die Freundschaften knüpfen sollen, um Sympathie und damit Atmosphäre und die richtige Stimmung zu schaffen, an.[280] Dazu zähle ich auch die Ethik und den Respekt dem Publikum gegenüber, auch wenn der Magier „Betrügereien" darstellt sind diese eben im Rahmen der Vorstellung und eben damit künstlich, oder Theatralität.

Für die Universalien und damit auch Theatralitätskompetenz, die ein Magier meist hat, wenn er auf der Bühne steht und einen oder mehrere Zuseher zu sich bittet, oder als Zauberkünstler bei Tisch und hautnah arbeitet, sind generelle Menschenkenntnisse wichtig. Eine Metapher bietet Petzold. Die fünf Säulen von H.G. Petzold sind ein System, nach dem man die Identität des Menschen festlegen kann. Jede Identität habe diese Säulen, die bei verschiedenen Menschen verschieden stark zu sein scheinen. Jene sind: *Werte* und Sinn im Leben, *Arbeit* und Leistung, *Leibliches* wie Körper und Gesundheit, *materielle* Sicherheit und *soziales* Netzwerk. Über diese fünf Aspekte definiert sich die Identität jedes Menschen, laut Petzold. Man kann auch mit Typologien Eigenschaften erschließen, wie von Ernst Kretschmer angeführt, die vom Äußeren ausgehen: Pykniker, Athletiker, und Leptosome, die auf Charaktereigenschaften und Identität schließen lassen können. Da aber alles Äußerliche nicht immer dem Inneren entspricht und auch Mischformen die Mehrzahl der Menschen

---

279 Oritiz: a.a.O., S. 96-134.
280 Fitzkee: *Showmanship for Magicians*. a.a.O., S. 43f.

ausmachen, ist eher Vorsicht bei jeder Pauschalierung geboten. Zudem sollte die/der ZauberkünstlerIn gerade davor auf der Hut zu sein, denn Menschen haben ein eigenes Bild von sich selbst, das nicht dem so genannten Fremdbild entspricht, so wie sie von anderen Wahrgenommen werden – neben dem Blinden Fleck, Verhalten, das unbewusst abläuft, dessen sich der Mensch nicht bewusst ist, den jeder Mensch hat und der einem nicht auffällt. Typologien, wie die von Kretschmer stellen sich aber nicht immer als zutreffend heraus und ein Fehlschluss ist recht möglich. Eher lässt sich über Verhalten und Erscheinungsbild auf die Natur oder Eigenschaften und Präferenzen schließen. Je nach dem individuellen sich gebenden Menschen muss der Zauberkünstler schließend vorgehen und sein Gegenüber so gut wie möglich unterhalten und eine angenehme Atmosphäre vermitteln, damit dieser Mensch auch Freude und Unterhaltung ausstrahlt, welches wieder auf andere Zuseher seine Wirkung zeigt. Was für den einen als Theatral gilt ist für den anderen Übertreibung oder Stocksteif und spießig. Menschenkenntnis und den richtigen Draht zum Publikum haben und weiterführen sind Kompetenzen für die Theatralität des Zauberkünstlers. Hier können Zauberkünstler insbesondere wieder von Pyschics, Wahrsagern, Hellsehern und Trickbetrügern viel lernen, die sich der universalen Bedürfnisse des Menschen und der Typologie der Menschen durchaus bewusst sind und dies zu ihren Gunsten ausnutzen. Neben, als negative geltenden Eigenschaften, wie Süchte und Gier, gilt zum Beispiel auch, dass jeder Mensch sich für klug hält, oder nicht als dumm gelten möchte. Zuseher beim Namen nennen ist Schmeichel-Faktor Nummer Eins und streichelt das Geltungsbedürfnis, Ich- Bedürfnis (Maslow), des Zusehers. Auch sind Tabu Themen bei gemischten Publikum eine Erschwernis bei der Konfrontation mit Unterhaltung. Religion, Arbeit, Sexualität, Nationalität und Politik können ein Pulverfass sein auf dem der Zauberkünstler sitzt. Früher oder Später kann das für einen Folgen haben auch wenn er oder sie Künstler ist. Besonders gilt das in traditionsreichen Kulturen und vielleicht bei fanatischen Bevölkerungsschichten.

Zusammenfassend möchte ich die theatrale Kompetenz des Zauberkünstler damit abrunden, dass es die Menschenkenntnis ist, die ein Zauberkünstler braucht, um seine Effekte an die Frau und den Mann im Publikum richtig zu bringen und einen guten Eindruck, Freude und Staunen, also Unterhaltung, zu bewirken. Dazu sind einerseits das Wissen um die Bedürfnisse, die alle Menschen haben, wie die von Maslow und Petzold aufgestellte Theorien, wie auch die irrationalen Verhaltensmuster, die von Ariely in zwei Büchern beschrieben sind, die des irrationalen Verhaltens und die des Schummelns oder der Unehrlichkeit der Menschen klar umreißen. Zu guter Letzt natürlich traditionelle Psychologen, wie Freud, Jung und Adler, wie auch Viktor Frankl, der mit seiner Logotherapie den Ansatz unter anderem hat, (nach Lektüre von Arielys Büchern und Girards *Mimesis Theorie* verständlicher), dass der Mensch an sich, nüchtern genommen, nicht viel bietet an besonderen, außergewöhnlichen Qualitäten und daher man den Menschen immer als etwas Besseres sehen muss, um das Beste im dem Geschehen mit den beteiligetn Menschen zu bewriken, für alle Anwesenden. Das Potential zum Außergewöhnlichen und Rühmlichen ist zwar immer da, aber zeigt sich bei den meisten Menschen selten. Das gilt auch für den Magier und seinem Publikum welches unterhalten werden will. Im Spiel sind alle Beteiligten, wie es Huizinga formuliert hatte, etwas *anderes* als im gewöhnlichem Leben.

Zur *Mimesis Theorie* von Girard sei noch festgehalten, dass Girard zwar an sich von Literatur ausgeht, aber dass seine Theorie durchaus naturwissenschaftlich interpretierbar und als nun als „beweisbar" gilt.[281] Die Spiegelneuronen, die zu erst bei Affen um 1900 entdeckt wurden und dann beim Menschen evident sind, sind angeblich nun daran zu Verantworten, dass der Mensch von Natur aus nachahmt, und das unbewusst, automatisch. Sprich:

> Noch bedeutungsvoller für unsere Auseinadersetzung mit der Mimesis, ist die Entdeckung des
>
> MNS [Spiegelneuronensystem] des Menschen, welches es ermöglich direkt Bewegungen zu
>
> kopieren, nachzumachen, und mit jener Imitationsmöglichkeit simplerere Bewegungsprozesse

---

281 Gallese, Vittorio: The Two Sides of Mimesis". In: Garrels: a.a.O., S. 92ff.

man auch komplexe Bewegungen erlernen kann. Auch das von Psychologen vielbeschriebene, sogenannte Phänomen, des "Chamelon-Effektes", welches das unbewusste Mimen von Posen, Körperausdrucksweisen, Gesten und von Gesichtsausdrücken bei zwischenmenschlich agierenden Partnern, kann nun mit dem MNS, neurolinguistisch, erklärt werden. Es ist wert festzuhalten, dass alle MNSe sofortigen, unbewussten Spiegelungen sind, welche befürwortend im zwischenmenschlichen Kontext sind, weil sich die Anzahl solchen unbewussten Spiegelns mit der Dauer der interagierenden Menschen in einer Gruppe zugehhörig steigert.[282]

Nun sollte allen Zauberkünstlern bewusst sein, wie sie selbst ein Kunststück lernen und erwerben; ob nun von Lecture Notes oder Seminaren, oder Videos, bei allen ist ein sehr genaues imitieren Voraussetzung, um die recht komplexen Handhabungen einzutrainieren und die Täuschung perfekt zu machen. Dies kann man so gesehen auch schon als Beweis der Mimesis Theorie sehen. Was aber noch wichtiger ist, ist dass es alle Menschen machen und ein Blitzlernen möglich ist, für alle Menschen, durch bloßes Zusehen und dann Nachmachen und sofortigen gelingen. Zum Beispiel bei einem Kunststücken mit Karten: ein Kartenspiel auf dem Rücken der einen Hand bis zum Mitte des Unterarmes zum eigenen Körper hin ausbreiten, dann hochwerfen und alle geworfenen Karten werden, in einer Bewegung mit derselben werfenden Hand, gefangen.

Das magische Element […] erklärt die akademische Popularität der Imitation heutzutage—trotz der beharrlichen Laienanschauung, dass die Imitation eine bloße bewusst-angewandte Täuschung, ein billiger Trick, sei. Der Zauber hat zwei Seiten. Zuerst, wie kann der Imitator erkennen, dass die Aktion, welche er ausführt, dieselbe ist wie jene, die er vom anderen sogleich wahrgenommen hatte? Die Perspektiven können sehr verschieden sein, mit wenigen unterschiedlichen Variantionen im auditiven und visuellem Wahrnehmungsumfeld. Es erscheint wie ein Wunder, dass das möglich ist. Zweitens, wie kann ein Großteil an komplexeren Fertigkeiten und Abläufen sogleich an einen anderen, in dessen Fertigkeitsregister, übermittelt werden? Falls dies ausfindig gemacht werden kann, wie dies funktioniert und kontrolliert werden kann, dann wäre diese Erscheinung eine bereichernde Methode zur Übermittlung von komplexen Fertigkeiten, es wäre ein brauchbares Werkzeug im zwischenmenschlichen Austausch von bindenden, sozialformenden Verhaltensweisen von Individuen und für über Generationen hinweg verfügbar. Trotzdem lässt es staunen, dass solch komplexe Inhalte, Regeln und Schemata des sozialen Verhaltens, sogleich mit dem bloßen Auge, sofortig erworben werden können.[283]

4.5) Eigenschaft des Zauberkünstlers

5. Metapher: Zauberkünstler = erhaben[284]

Die Erhabenheit des Magier gehört zum Blendwerk, Prestige und zur Rolle und damit seiner Maske.

282 Ebenda. S. 94 [Übs. u. Anmerkung CG]
283 Byrne, Richard: „Detecting, Understanding, and Explaining Imitation in Animals". In: *Perspectives on Human Imitation*, ed. Hurley and Charter. 1:225. Zitiert nach Garrels, Scott R.: „Human Imitation". a.a.O., S. 22. [Übs. CG]
284 Lamont und Wiseman: a.a.O., S. 63 ff.

Dies hat nicht nur universell-psychologische menschliche Wurzeln, sondern auch geschichtlich forcierte Gegebenheiten. Der moderne Zauberkünstler hat durch die Romantik, die mit ihrem Einfluss auf die Kunstentwicklung des 19. Jahrhunderts weltweit den Individualismus und damit den originellen Künstler, der sich der modernen Industriellen Revolution sozusagen entgegenstellt, als Held in die Gesellschaft der Metropolen gestellt und führt zur Prämisse, die nun ausgeführt werden soll und für alle modernen Zauberkünstler charakteristisch ist.

Bei dieser Gleichsetzung für den nun anzuführenden Ansatz der Prämisse soll gelten, dass „erhaben" im Sinne von elegant, schlicht und nicht überheblich, ein allerseits beliebter, populärer Charmeur, der durch seine Kompetenz, Autorität und Charisma, wie es Lamont und Wiseman festgehalten haben, überzeugt. Können und Mehr-Wissen von Inhalten, die nicht bekannt sind, machen den Magier erhaben.

Das Können ist verwurzelt und universell angeboren in jedem Menschen, sprich, theoretisch könnte jeder Zuseher auch zaubern, praktisch jedoch nicht. So wie jeder Jonglieren kann und mit beiden Gehirnhälften (linker und rechter Hand) denkt und Tätigkeiten ausführen kann, so verhält es sich mit den Fertigkeiten des Magiers. Genauso wie es schon von Christian Lehman behauptet worden ist[285] und sich als wissenschaftliche Publikation erforscht wurde,[286] dass alle Menschen genetisch bedingt musikalisch sind, auch die Unmusikalischen, so hat jeder Mensch ein Potenzial und die Veranlagung zu zaubern. Das, was den Magier vom Zuseher unterscheidet, ist die Erhabenheit durch Erfahrung und Fertigkeit, die er sich individuell erarbeitet hat und von der das Publikum nichts weiß, zugleich aber eine Erwartungshltung nach Senstion und Begeisterung mitbringt.

Im zweiten Kapitel wurde unterschieden zwischen lauterer (ehrlicher) Magie und „schwarzer" Magie. Die geläuterte Magie hat sich durch die westliche Kulturentwicklung vor allem ausgeprägt, die insbesondere im 19. Jahrhundert in den Metropolen weltweit auch das erhabene Erscheinungsbild des Magiers bestimmt hat. Davon lassen sich Eigenschaften des Magiers ableiten und beschreiben, die auf die Person Zauberkünstler beziehbar sind. Denn zu einem gewissen Grad muss auch ein Darsteller, das sein, was er spielt.

Der Zauberkünstler soll analog eines kunstvollen Schauspielers sich zur Schau stellen. Der geschulte Schauspieler verstrickt sich nicht in übertriebenem Gestikulieren, so wie es bei Stanislawski im Kapitel Dilettantismus beschrieben ist. Dort wird beschrieben, wie ein Schauspieler voller Eifer mit den Augen rollt und tigerartig sich bewegt, um den Mohren in *Othello* von Shakespeare darzustellen, was die Darstellung zwar belebt und dem Schauspieler seine Arbeit erleichtert und Elan gibt, aber die Rolle verfälscht und unnatürlich wird, sprich Schausdümmelei ist.[287]

Der Zauberkünstler behält, so wie ein Schauspieler, die delikate Balance zwischen Andeutung und notwendiger prägnanter Klarheit. In dem Sinn: weniger ist paradoxer Weise mehr. Er überzeugt durch seine individuelle, begründete, wie auch motivierte Natürlichkeit mehr als durch die „Unnatürlichkeit," die den Kunststücken meist anhaftet, die er darbietet. Die Theatralität, wie sie von Erika Fischer-Lichte aufgezeigt wurde und von Montelle zusammengefasst,[288] hat semiotisch gesehen die Struktur des *Zeichens des Zeichens*, das heißt, dass die Alltäglichkeit in einer enthobenen, erhabenen Darstellung, Abbildung von Realität, als *anders* empfunden wird und eine Re-Allokation, einer Neuzuordnung sich ergibt, mit gewisser Andersartigkeit, weil eben nicht real, sondern weil es Schauspiel ist. Dies ist beim Magier unumstößlich gegeben, da er oder sie eine Realität mit den die Effekten abbildet in der das Unmögliche möglich wird.

Es zeigt sich gerade in der geleisteten Sprache, ob der Zauberkünstler konfabuliert oder

285 Lehmann, Christian: *Der genetische Notenschlüssel: Warum Musik zum Menschsein gehört*. Herbig: München. [1. Aufl.] 2010.
286 Liisa T. Ukkola, Päivi Onkamo, Pirre Raijas, Kai Karma, Irma Järvelä: „Musical Aptitude Is Associated with AVPR1A-Haplotypes" In: *PLoS ONE*, Vol. 4, No. 5. (20 May 2009), e5534.
287 Stanislawski: Bd. 1, a.a.O., S. 16ff.
288 Montelle: a.a.O., S. 6f.

überzeugend seine magische Information darbietet. Deswegen muss er auch seine Darstellung bezüglich der Wortwahl geschult und vortrefflich abwägen, um die richtige Stimmung und Atmosphäre zu schaffen.

Mit der Erhabenheit des Magiers und seinem charismatischen Erscheinungsbild, das sich durch elegante, gelernte Körper- und Handfertigkeit und dem geschulten Wortgebrauch ergibt, entsteht die Eigenschaft ein Rattenfänger, gleich eines Politikers oder eben Schaustellers, zu sein, der sein Publikum an der Nase herumführt und Inhalte heraufbeschwört, die ein romantisches Bild des heldenhaften, subversiven Individuums darstellt, da gezaubert wird. Wenn man will ein Robin Hood, Prinz Eisenherz, oder einer der vielen Comichelden, deren es viele gibt – auch weibliche Helden!

Es liegt letztlich in der epischen Tradition mit kritischer Distanz dem Schauspiel zu folgen und daraus die Unterhaltung zu genießen. Mit anderen Worten der theatrale Zauberer ist ein Geschichtenerzähler, auch wenn er nicht spricht. Er gehört der epischen Tradition an. Die Sympathie, die dem epischen, aber nicht konfabulierenden, Magier gezollt wird, ist vor allem auch getragen durch die Identifikation der Zuseher mit dem Magier, der Personnage, die zwar erhaben aber nicht abgehoben ist. Wenn man so will der erzählende theatrale Magier hat ähnlich einem Donald Duck, ein Povoir an Sympathie des Publikums, weil er eben kein eingebildeter, allzu romantischer selbstverliebter, Schwan ist. Er stammt meist aus niederen Verhältnissen und steigt mithilfe der Zauberkunst ins Rampenlicht und ins Zentrum der Aufmerksamkeit der Öffentlichkeit. Ich denke hier auch an die Wiener Schule der Magie, vor allem mit Leopold Ludwig Döbler, Dr. Johann Nepomuk Hofzinser und Prof. Anton Kratky-Baschik, die sich durch die Zauberkunst Ansehen und Verehrung ermöglicht hatten. Der Magier genießt das Ansehen alleine schon durch sein zur Schau stellen seiner Kunst und Personnage.

4.6) Diachroner Aspekt zur Personnage ‚Magier'
6. Metapher: Zauberkünstler = Beschwörer

Der Magier ist ein Zauberer, der Tricks macht, wie es James Randi zum Beispiel festhält,um sich von Scharlatanen besser zu unterscheiden. Er bezeichnet sich nicht als *magician* sondern *conjurer*. Zur Erläuterung der Gleichstellung von Zauberkünstler mit Beschwörer sei festgehalten, dass „Zauberer" im Englischen auch *conjurer* heißt. Dieses Wort kommt aus dem Lateinischen Verb „conjugare" und heißt beschwören oder bannen, etc.

4.6.1) Über Weisheit und Autorität zum Beschwörer

Die bewusste Lenkung oder das Ködern der Gedanken der Zuschauer ist von der kognitiven Volkslinguistik abhängig und verleiht dem Magier eine gewisse Dominanz oder Autorität. Nicht alle Menschen denken bei Mentalmagiern an das, was diese wollen, wo es vielleicht nötig wäre. Zum Beispiel ist das kognitive Bild zu *Gemüse* nicht immer die Karotte und könnte in manch einem Kulturkreis ein anderes Gemüse sein. Oder *Vogel* muss nicht unbedingt eine weiße Taube sein.[289]

In den letzten beiden Unterkapiteln wurde die theatrale Kompetenz des Zusehers und auch die Charakteristik des Magiers und Künstlers ausgeführt. Durch diese Kompetenz kann der Zuseher davon ausgehen, was er sich erwarten kann von einem theatralen Magier bzw., wie eine theatrale Zaubervorführung ablaufen sollte. Deswegen kann sich der Zuschauer vom Magier zudem auch ein Maß an Wissen, Erfahrung oder ‚Weisheit' erwarten, die sich auch im Wortgebrauch widerspiegelt. Das gilt nicht nur für Mentalmagier, sondern ist für alle Magier nötig. Wie schon festgehalten wurde ist mit dem Wort „Magier" schon die Verwandtschaft zu Priestern gegeben. Die Heiligen Drei

---

289 Thompson, Jon: *Naked Mentalism*. [1. Aufl.] Lulu.com. 2007.

Könige werden mit unter auch als ‚magi' bezeichnet und in Verwandtschaft zu den Magiern gesehen.[290]

Zu Mentalmagiern sei noch festgehalten, dass jene, die sich auf dem Geheimnis ausruhen und meinen Sie sein elegant, wenn sie sich hinter dem schlichten Geheimnis verstecken, dass das kaum theatrale Kunst ist. Wenn die Rolle, die sie darstellen nicht einer Personnage entspricht, im Sinne einer durchdachten Doppelrolle, motiviert in einer Situation handeln, die einen individuellen Sinn macht, haben diese Magier ihre theatrale Arbeit nicht erfüllt. Durch die epische Haltung die Brecht dem Schauspieler zukommen lässt ergibt sich eine kritische Distanz zum Dargestellten, der Erzählung und der Personnage, die verkörpert wird. Das heißt, der Schauspieler ist die Rolle und der Erzähler zugleich, der, so zu sagen, Distanz zu sich selbst hat. Deswegen Doppelrolle.

Die Personnage, wie ich sie hier beschreiben will, ist charismatisch, das heißt: der Magier oder die Rolle Magier ist ein Beschwörer, der mithilfe von Rhetorik und schauspielerischen Darstellungsmitteln eine Suggestion durchführt, die eine Illusion, beziehungsweise die Effekte der Unterhaltungsmagie, bewirkt. Der Magier beschwört ein Szenario herauf, das Unterhaltung sein muss. Ein Spektakel an dem Zuseher sich erfreuen können. Dafür ist nicht nur Können nötig, sondern auch eine glaubwürdige Darstellung an Weisheit und Erfahrung. Er darf nicht als Dilettant dastehen und muss eine gewisse Autorität auch in seiner Darstellung seiner Rolle durch diese bewirken können, auch wenn er einen Idioten oder Narren darstellt. Die Personnage kann als Maske oder Verkleidung oder über das Wort und die Gestik sich am eindeutigsten manifestieren.

4.6.2) Etymologischer Kontext zur Personnage ‚Magier'

Das Blendwerk, Gaukelei, „*physica naturali*" mit ihrer Verwandtschaft zu Alchemisten, und in frühere Geschichte ihre Nähe zu Weisen Priestern, Wahrsagern und Narren, wie auch Unterhalter am Hofe, oder des Pharao, sind Herkünfte, die sich in den verschiedenen Worten für Zauberer und seine Kunst etymologisch ergeben: Magier, Zauberer, *Prestidigitateur* und Taschenspieler.

Die Mittelalterliche Herkunft oder das Umfeld war geprägt von feindlicher Einstellung dem Magier gegenüber denn, wie es Benzinger formuliert hatte, sind im Mittelalter die Taschenspiler mit dem Stigma der Unehrlichkeit und des Bösen behaftet gewesen, das galt auch für alle Gaukler und Fahrende Künstler, und diese Verfolgung und Benachteiligung wurde vom Klerus ausgehend angetrieben.[291] Die christlichen Lehrinhalte und Glaubensätze waren ausschlaggebend für die Fahrenden, die Gaukler und alle ihre Künstler. Zu jener Zeit, wurden solche Speilleute und Fahrenden Künstler, Artisten, als vogelfreien erklärt und behandelt, sie waren der Rechte beschnitten und gesellschaftlich geächteten, als unwert behandelt und deklariert. Ihnen wurde, aufgrund ihrer Täuschungsambitionen dem Fälschen, dem bloßen Nachahmen und Dublizieren der Realität und der Echtheit des Seins, verneint Menschen zu sein. Sie wurden verteufelt und für das Übel der Welt verantwortlich gemacht, weil sie aus kirchenphilosophischer Sicht ein Leben in Verkehrung und Verdrehung der Welt leben würden. Der Klerus befürchtete, dass jene Unzuweisbaren, Unfassbaren und Nichtregistrierten Reisenden, wanderde Menschen, mit der Ablenkung von der Realität und mit falschen Vergnügen den Sinn verwirren würden, anders leben als der christlich-fromen Lebensweg vorgab, sie seien bewusste Abtrünnige, die andere mit sich ziehen und verleiten vom rechten, christlichen Lebensweg abzuweichen. Einerseits waren diese Spielleute missachtet, andererseits doch verehrt und haben zu einem gewissen Grad dem Prestige am Hofe als Narr oder Unterhalter und Berater auch sich dienbar machen können.

4.6.3) Beschwörer in Naturvölkern

Das Blendwerk, welches sogenannte Schamanen von Naturvölker ausführen zählt in unseren

---

290 Siehe Tarbell: a.a.O., S. 21f.
291 Benzinger: a.a.O., S. 27.

Breitengraden als Wunderheilung von Scharlatanen, Schamanen, Trickster, Quacksalber und Clown-Doktoren, wie ich in meiner Diplomarbeit festgehalten habe.[292] Dies hat nichts mit moderner Medizin zu tun; ist auch nicht empfehlenswert als Ersatz zu verwenden, wenn es sich um körperliche Krankheiten, wie auch psychische Krankheiten handelt. Hier sind in der modernen Therapie für das 20. Jahrhundert auch anerkannte neue Methoden zu nennen, die aus der theatralen, tradierten Katharsis Theorie entstanden sind. Das Psychodrama zum Beispiel, oder bekannter als die Familienaufstellungstherapie von Moreno, und natürlich die Tiefenpsychologie von Freud mit allen ihren neueren Schulen und therapeutischen Abwandlungen. Diese wissenschaftlich erforschten und begründeten, somit anerkannten Formen der Heilmedizin sind auf Worten basiert, wie auch Theater bezogen, und für manche recht umstritten, wie auch mit Vorsicht zu nutzen oder einzusetzen. Dies gibt Grund zur Annahme, dass das Wort seine Wichtigkeit nicht nur in der heilenden Medizin hat, sondern auch in theatralen Performances. Die Verwandtschaft zwischen Theater und Heilkunst soll somit beschrieben sein.

In anderen Kulturen sind die Wurzeln oder die Verwandtschaft offensichtlicher als in unserem modernen fortschrittlichen Kulturkreis, wo die Herkunft schon ausgeblendet und nicht mehr gegeben zu sein scheint. Solche eigenen und fremden Vorkommen von theatralen Performances, die jene Verwandtschaft aufweisen, werden meist ausgegrenzt und als bedrohlich erachtet, weil sie nicht ins Weltbild passen und anders sind, zudem anders zu funktionieren scheinen.

Um das Anders-sein, das doch verwandt ist mit theatraler Kunst, in diesem Kontext zu verstehen, gilt es auf das Denken anderer Kulturen einzugehen, um das Universelle besser hervorzuheben, welches sich in der theatralen Zauberkunst wieder findet.

Um die archetypische Tradition und damit das Wesen der theatralen Zauberkunst zu verstehen, muss geschichtlich weiter zurückgeblickt werden und nicht nur von der etablierten modernen Zauberkunst ausgegangen werden. Aus dieser Betrachtung ergeben sich eine Vielzahl an Möglichkeiten (zum Beispiel: der Personnage, die entwickelt werden soll, oder die Situationen, Themen oder auch Handlungen, die dargestellt werden können) und ein besseres Verständnis was universell an der Zauberkunst ist, was die essentiellen Wurzeln der Kunst sind.

Marco Süss, zum Beispiel, erwähnt Schamanen der Eskimos, die als Heilkünstler, oder mit Heilsriten, Taschenspielereien und Bauchrednerkünste präsentieren, einhergehend mit komischen Masken und Geistererscheinungen.[293] Hier kommt der von mir definierte „Phänomenologische Kreis der Täuschungskunst" zum tragen, um aufzuweisen, was im Brennpunkt der universell-theatralen Zauberkunst ist, nämlich, die Fertigkeit des Täuschens, das auch bei Spaßmachern und Clowns gegeben ist.

4.6.3.1 Heilkunst in den USA und Afrika

Vergleiche lassen sich in Naturvölkern feststellen, die noch überlebt haben oder von denen es historische Belege gibt. Magier wie Eugen Burger und Robert E. Neale haben dazu Arbeit geleistet.

Eugene Burger erwähnt im Kapitel über die Zauberkunst amerikanischer Eingeborener, die Medizinmänner, Puppenspieler, Schamanen sind und mit Geistern kommunizieren und zu jenen Kontakt haben.[294] Ich verweise hierzu auf die Definition von conjurer und conjuring, die ich oben zitiert habe und auf die Geister-Erscheinungsspektakel in diversen Theatern und Zaubertheatern, wie bei Anton Kratky-Baschik im 19. Jahrhundert in Wien.

---

292 Gruber: a.a.O., S. 19.
293 Süss, Marco: „Der Medizinmann als ‚Jongleur' und ‚Charlatan.'" In: Baumbach, Gerda: *Theaterkunst und Heilkunst: Studien zu Theater und Anthropologie*. Böhlau: Köln/Weimar/Wien. 2002. S. 226ff.
294 Burger und Neale: a.a.O., S. 26ff., 39ff.

Robert E. Neale führt die Pueblo-Indianer Amerikas und der Nairobi aus Afrika an mit einigen Kunststücken aus deren Tricktasche, wie die ‚Puppe' und das ‚schüttelnde Zelt'.[295] Hierzu sei verwiesen auf den Effekt der Animation von Fitzkee im 2. Kapitel dieser Arbeit und den von mir zusammengetragenen Randgebieten der Zauberkunst im „Phänomenologischen Kreis der Täuschungskunst" mit Rocky Raccoon und dem Bauchreden.

Penn und Teller sind ein Beispiel das zur komischen Magie zählt und von Eli Simon erwähnt wird. Hier sind Zauberkünstler, die scheinbare Idioten darstellen, weil sie Tricks erklären und dem Publikum so vorführen, dass diese es sehen können wie es funktioniert.[296] Sie sind sozusagen die Parodie jedes modernen Magiers. Vergleiche zu parodierenden Clowns und Schamanen hatte Süss schon bei den Apachen in den USA um 1900 festgehalten.[297]

Diese Situation der Parodie erinnert vielleicht auch an Doppelkonferancen eines Karl Farkas und Ernst Waldbrunn, wo einer den G'scheiten und der anderen den Blöden spielt und sich auch herausstellt, dass der G'scheite verblendet ist und der Blöde gar wohl klug oder sogar klüger als der scheinbar Intellektuelle, was sehr unterhaltsam ist, und beim Publikum seine universelle Wirkung hatte und hat. Man kann sich mit beiden identifizieren und sieht sich selbst beteiligt. „Wir sind Kaiser" ist eine populäre Wiener Fernsehsendung, die im Abendprogramm ähnliche Struktur von erhaben Verblendet und dienend Klug sich darstellt oder seine unterhaltsame Wirkung hat.

Der heilige Clown und Schamane,[298] der in seinem Ritus agiert, wird von Süss beschrieben als das „Andere" und betont die Schweirigkeiten in unserer Gesellschaft mit anderem Unbekanntem umzugehen, wenn es um individuelle, gewohnheitsbeeinflusste Kulursichtweisen handelt: Es geht bei solchen theatralen Zusammenwirken nicht um die perfekte Illusion unmd Täuschung, sondern um den einfachen Verweis auf das Andere, Unfassbare. Wo kann man dies anders besser beobachten als in einem Freiraum der Interpretation überlassenen theatralen Kontaktes von ursprüchlichen Traditionenen. Bei solchen erscheint die Universalität mit der clownesken Darstellung am klarsten, wenn auch mit unterschiedlichen Wirkungen des Verständnisses damit umgehen zu müssen. Das Lachen, aber in diesem Zusammenhang, hierbei bezwingt die Ehrfuercht vor desintegrativen Gefühlszuständen, wenn theatral bewirkt.

Die Betrachtung des freizugänglichen Verständnisses von Realität ist mit dem Konstruktivismus der westlichen Welt stimmig und ein universelles Indiz für das Verwandtschaftsverständnis zwischen Schamane und Zauberkünstler, zwischen Theaterkunst und Heilkunst, wie auch lässt sich daraus schließen, dass die Herkunft der Zauberkunst eng mit dem des Schauspiels verbunden ist und ursprünglicher zu sein scheint, als es der Zauberkunst vielleicht zuschreiben gewohnt ist.

4.6.4.) Exotische Personnage

Zwei Zauberkünstler Chung Ling Soo[299] und Charly Eperny, der als Chiang Fu und My Wong[300] haben als chinesische Magier ihren Lebensunterhalt verdient und sind weiter gegangen als nur für die Schau in ihre Rollen und Kostüme zu schlüpfen. Sie sind die Chinesen im Leben gewesen, zum mindestens gilt das für Chung Ling Soo. Es ist nämlich für Zauberkünstler, die nicht ausgebildete Schauspieler sind, eine Sache sich selbst, oder eine soziale Rolle, die in Gesellschaften gespielt wird und in der eigene Charakterzüge und Eigenschaften hervorgekehrt werden oder ausgelebt werden, zu spielen; und es ist etwas komplett anderes als Zauberkünstler, eine andere Identität ins Kleinste zu gestalten, zu erarbeiten und darzustellen und mit der Rolle in der Öffentlichkeit zu

---

295 Ebenda. S. 39ff.
296 Simon, Eli: *The Art of Clowning*. Palgrave Macmillan: New York. 2009. S. 97.
297 Süss: a.a.O., S. 237.
298 Ebd. S. 237.
299 Winkler, Gisela und Dietmar Winkler, Hsg. *Das große Hokuspokus. Aus dem Leben berühmter Magier*. Berlin. 1985. S. 208f.
300 Ebenda. S. 438.

leben.

Bei der Selbstdarstellung, oder beim Hervorkehren, einer sozialen Rolle ist der Unterschied zum eigenen Denken (und sich selbst sein) zu klein, gerade beim schauspielerisch weniger geschulten Zauberkünstler, wodurch sich alles verwischt und ungenau erarbeitet wird, weil die kritische Distanz nicht gegeben ist. Die Glaubwürdigkeit geht verloren und die Darstellung verliert an Qualität und Klarheit, damit an Überzeugung. Die stellt sich meist für Zauberkünstler eben schwieriger dann heraus als eine komplett andersartige Person darzustellen, wo es mehr offensichtliche Unterschiede gibt, deren man sich auch bewusster ist oder in der Auseinandersetzung somit bewusster wird.

Es ist gerade aus der künstlichen Situation heraus genauer und besser möglich sich zu sensibilisieren, wie auch zu perfektionieren, in einer Personnage, die sich vollkommen anders gestaltet und ergibt, weil sie aus einer anderen Kultur stammt und einem anderen Land zugehört. Dadurch ist die kritische Distanz und die Sensibilität für Details geschärft und, bei gewissenhafter Arbeit, gelangt der Darsteller zu einer besseren schauspielerischen Leistung. Schwierige Darstellungen sind eine Herausforderung auch für geschulte Schauspieler, zum Beispiel: einen Säugling darzustellen. Der Unterschied zwischen einem selbst und einer fremden, exotischen Figur verhält sich ähnlich, wie bei dem Zweitspracherwerb, bei dem eine bessere Feinfühligkeit sich entwickelt für die Zweitsprache, die dann meist genauer als die Muttersprache sich entwickeln kann.

Die Andersartigkeit, besonders von orientalischen oder fremden Kulturen, erhöht die Schaulust, Attraktion, Aufmerksamkeit und das Interesse des Publikums, die als wesentlich in der theatralen Zauberkunst gelten. Dies gleicht dem Verfremdungs-Effekt von Bertolt Brecht in seiner Theorie des Epischen Theaters.

4.7) Episches Theater und theatrale Zauberkunst

Zum Verfremdungseffekt gehören Stilmittel vor allem des Theaters mit denen kritische Distanz zum erzählten Inhalt geschaffen wird, damit man nicht allzu leichtgläubig sich mit den Inhalten oder den Rollen identifiziert und die Realität dabei fehlinterpretiert und missversteht, oder geblendet den Inhalten glauben schenkt. Brecht stellt in Opposition zum Epischen Theater das illusionistische Dramatische Theater. Insbesondere zählt dazu der Naturalismus mit seinen milieugenauen und illusionistischen Darstellungsweisen. Bei Brechtschem Theater geht man davon ab und hin zu einem gestenbetonten Theater, welches mit Songs und einem Erzähler, der außerhalb der Rolle, im Aparté, zum Publikum redet und kommentiert, unter anderem funktioniert. Das soll bewirken, dass der Zuseher sich seine Meinung bilden kann und über die Handlung reflektieren und sich nicht in Emotionen verstrickt, die die Sachlage des Inhalts verfälschen kann. Es ist ein intellektuelles Theater und hat bei Brecht auch Lehrstücke zur Folge gehabt. Natürlich kann man dramatisches und episches Theater nicht auseinander dividieren.

Brecht hat das sogenannten anti-aristotelische Theater begründet oder definiert. Es geht analog zu Aristoteles Theorie, die mit der *Poetik* geschrieben wurde, in These und Anti-These vor. Das heißt, dass das epische Theater dem dramatischen Theater entgegengestellt wird. Der Illusionierung, die durch die Kürze und sich mit der Dramatik Aristoteles ergibt, soll ein anti-illusionistisches Theater, das das kritische Denken und Rezipieren ermöglicht, entgegengestellt sein. Das Aufbrechen von der illusionistischen, einlullenden, Täuschungskunst der Dramatik ist mit dem Erzähler und Verfremdungseffekten, wie auch den Songs mit Slogans und auch den Gesten bei der Darstellung der Rollen gegeben. Es soll die Fabel, wie es Brecht nennt, erhalten bleiben, aber Zwischenresümees sollen vermittelt werden, um die Inhalte, die zu reflektieren sind zu vermitteln und das Dargestellte, die Szenen und Handlungsabschnitte, sollen mit Abstand und kritischer Vernunft verdaut werden. Somit ergibt sich damit ein intellektuelleres, bewussteres Wahrnehmen und Erfreuen an der Unterhaltung, die so dargeboten wird. Und vor allem ergibt sich somit ein

Lehrstück, beziehungsweise eine Moral von der Geschichte, oder dargestellten Handlung, der Fabel, die als Kernstück des Dramas vermittelt werden soll.

Worin liegt nun das Epische in der dramatischen Zauberkunst? Sie ist illusionistisch und beruht auf Effekten und Mechanik, platter, perfekter purer Unterhaltung und Ablenkung, und vor allem auf kurzen Attraktionen, Spektakeln der nicht-intellektuellen, seichten Unterhaltungsgattung? Dies, würde man glauben, spreche in der Zauberkunst gegen das epische Theater und seiner Gattung als Lehrstück von Brecht.

Die Tradition des Epischen ist für geschichtenerzählende Zauberkünstler, wie auch Mentalmagier relevant, die sich nicht in Wortgefechten verlieren sollten und zum Punkt, oder zur Conclusio, ihrer Darbietung kommen müssen, um allgemein verständlich und überzeugend zu sein und bestrebt sein sollten die Aufmerksamkeit der Zuseher nicht zu verlieren. Diese Methode des Verdauen-lassens und kritisch Reflektierens ist auch gegeben bei einem Programm, einer Schau, wo verschiedene Nummern im Varieté, Zirkus oder in Schaubuden etc. folgen und ein Conferencier den Übergang, als „Erzähler" fungierenden, schafft. Die „Pausen" sind für Zauberkünstler, die ein ganzes Programm darbieten nicht zu vernachlässigen, da wenn zu viel auf einmal an Effekten stattfindet, der Genuss der einzelnen Effekte verloren geht, da es zu Verwirrung kommt. Da Zauberkunst immer noch Unterhaltungskunst ist und zu den leichteren Unterhaltungen immer noch zählt, auch wenn intellektuell und lehrreich, möchte ich noch die Komik, die solch eine theatrale Zauberkunst beinhaltet, beschreiben.

Nun ich habe angeführt, dass das Wesen für die theatrale Zauberkunst vor allem in der Fertigkeit liegt und dem zur Schaustellen der Kunst, der Attraktion durch Effekte, die wider den Naturgesetzen laufen. Dies ist Verfremdung zum Alltag und kann nur mit kritischer Distanz richtig genossen werden. Sonst ist der Zuseher fehl am Platz und kann sich der plumpen, kalten, vielleicht perfekten Tricks, die mindestens seit dem 19. Jahrhundert der Bildung doch dienlich sein sollten, um die Freizeit sinnvoller zu gestalten, nicht erfreuen und geht mehr verwirrt und geschädigt aus der Zaubervorführung hinaus, als befriedigt und erfreut, wie er es aber kann und auch tut bei einer wahrhaft, ethisch korrekten, epischen Zauberveranstaltung.

Sprich, die theatrale Zauberkunst ist episch und hat ihre Qualität in dramatisch gestalteten Geschichten, die zur Schau gestellt werden. Denn Episch heißt nicht sich in Geschichten und ausufernden Erzählungen zu verlieren, sondern nur das, was notwendig und evident zum Bild gehört, das sich ein Zuseher machen soll, beitragen.

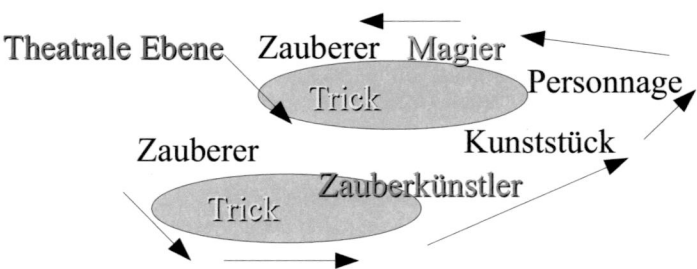

Zeichnung 33: Spirale zum theatralen Zauberer

5) Theatrale Komik der Zauberkunst

In diesem vorletzten Kapitel möchte ich noch ausholen und das soweit Beschriebene der Zauberkunst mit der Komik erweitern und als komplementäres Gegenstück ausschreiben (Zeichnung 36). Die Annäherung an das Thema der Theatralität der Zauberkunst vom Blickwinkel der Komik ermöglicht die Integration und das Verständnis der Randgebiete der Zauberkunst, den Phänomenen der Täuschungskunst, die ich als Konsolidierung für das unumgängliche Wesen der Zauberkunst angebracht habe: dem Handwerk, der Fertigkeit beziehungsweise der *techné*. Hierzu ist auch die kulturell gegebene, universale Festlichkeit und das Spiel der Narren und Komödianten zu erwähnen, dass genau jene Randgebiete der Zauberkunst miteinschließt, wie im Kreis der Phänomenologie angeordnet wurde. Zur Komik gehören auch vor allem die Überbegriffe wie Humor und das Lachen, aber auch Wiedererkennen, Analogie (Harlekin-Prinzip), Rätseln und Lernen. Genau jene, der Humor und das Lachen des Menschen, zeichnen den ebenbürtigen intelligenten Menschen aus. Der Humor unterscheidet den Menschen vom Tier. Humor ist etwas intellektuelles, das dem Menschen Lustgewinn bereitet und führt gerade in der Zauberkunst zur komischen Unterhaltung. Der Verblüffungseffekt der Zauberkunst, der beim Zuschauer sich im Staunen ergibt und sich die Frage stellt: Wie das zuwege kommt oder wie das zustande gebracht wurde, ist analog dem psychologischen Prozess, der sich in der Psyche des Rezipienten abspielt bei der Wahrnehmung von komischen Situationen oder der Komik generell.

Wie es Lipps[301] in seinem Werk über das Komische im Zusammenhang mit der Lust und den mechanischen Abläufen der lückenhaften Sinneswahrnehmung und deren Empfinden als Komisch beschrieben hatte, kann man annehmen, dass es signifikant und markant ist, dass sich solche Phänomene, und deren unbewussten Abläufe, als *wunderlich* auszeichenen. Er bringt den Aspekt der Unkenntnis und des Zweifels ein, wobei die Lust, die hierbei verdeckt unsere psychische zielgerichtete, individuelle Natur sei, und durch jene Zielausrichtung des eigenen bestimmenden Lustgewinns, nur auf dessen Gehalt in der Realität, auf Tatbestände jener, lauert, welche die Erfüllung der Lust ermöglichen können. Dass sich hierbei das Nichtergeben der Tatbestände in der Lage der registrierten Beobachtung und des Erlebens der aktuellen Situationen, aber generell so wahrgenommen wird, bildet sich hierbei für den Beobachter etwas als unlogisch: dem Ziel nicht entsprechend, der erwarteten Entwicklung der Tatbestände nicht logisch, sich genau daraus, und dadurch, das sie in der zielorientierten Richting dieser Erwartunghaltung der Zukunft, nicht nur eine Stauung der unbewussten Bedürfnisbefriedigung im Gefühlsleben der wahrnehmenden Menschen ergibt, sondern eben das Komische sich aus der empfindenden Sachlage selbst ergibt. Die nun als Komisch wirkende Realisierung des unbewussten Lustempfindes mit ihrem Potential der vorherigen Stauung, entwickelt sich im Ablauf dann nun gegen die Zielrichtung und wird mit der Frage „Wie?" und der Umkehr des Ablaufes mit dem rückwärtigorientierten Hergang der Situation klar, dass sie sich gegen den Lauf der Realitätsentwicklung ergibt und sich damit alleine schon, mit der Realisierung dieser Lage nun rückwärtig orientiert ergeben hat. Die freie Entwicklung der Tatbestände des Erlebens von dieser Stauung, welche sich dann in der Komik löst und zur Frage des Wie? und Warum? geführt hatte, ist mit dem registrierten und wahrgenommenen Erlebten der bestimmten Situation der Realität komisch, lustig, und hat ein verblüffendes Attribut. (Diese Dramaturgie des Komischen ist auch im Theater, oder beim Konsumieren von Kabarett, und in anderen komischen Unterhaltungsgenren; aber auch in anderern Medienformen: im Film, auf Video, im Internet, auf Tonträgern, etc. bekannt). Das Verblüfft-Sein, mit dem Fragen nach dem: Was das sei?, und dem: Wie es überhaupt zustande kommen konnte, dass das so seltsam, komisch, denn nun ist?, ist ein Charakterisktikum der komischen Unterhaltung und, so wie beschrieben, signifikant in jeder menschlichen Lebenserfahrung, in welches etwas als komisch erfahren wird.

Genau dieses „Rückwärtswenden", Rätseln, ist in der Zauberkunst gegeben mit den Effekten, die darauf hinweisen, dass es eine intellektuelle Aktivität der Zuseher bewirkt. Dies schließt somit die

---

301 Lipps: a.a.O., S. 165.

Vexierspiele mit ein, wie auch die Clowns und alle auch so weit hergeholten Zier- und Analogie-Darstellungen mit Ringen, Stäben im traditionellem *Nankin Tamasudare*, Seil, Papier, Ballons, etc.. Darwin Ortiz[302] schreibt in seinem Buch von der narrativen Kunst in der Zauberkunst und beschreibt ein Kartenkunststück, das eine Geschichte hat, Kannibalenthema, wo eine Karte andere aufisst. Diese Geschichte gibt nicht nur einen Art Narrativen-Sinn und Grund, warum geknabbert wird, sondern unterhält aufgrund der witzigen Einfallsgabe des Erfinders. Hierbei wird etwas in Analogie gestellt, was nicht mit einander zu tun hat aber durch die Erzählung und dem Ähnlichkeiten-erkennen, dem Harlekin Prinzip, macht es einleuchten Sinn und unterhält. Der Mensch ist geneigt Muster zu erkennen und Sinn zu machen und solche originellen *Boniments* erhöhen den emotionalen Genuss und damit den Effekt.

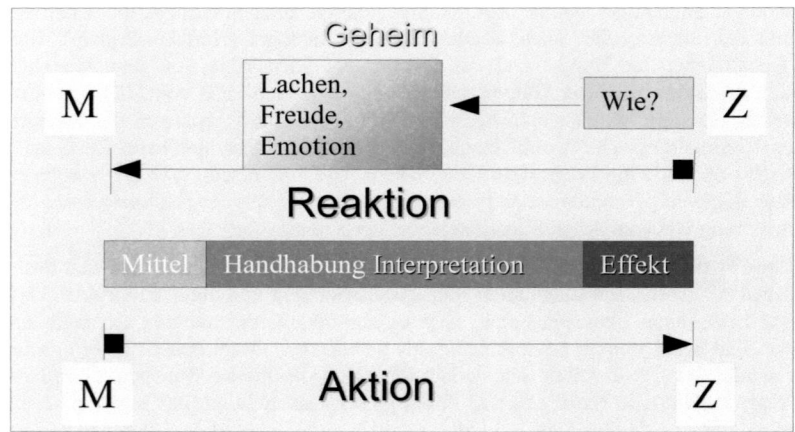

Zeichnung 34: Kommunikationsmodell der Theatralität der Zauberkunst

Im Kontrast zu dem Mustererkennen der Säugetiere und somit auch Menschen, steht Fitzkee. Fitzkee hatte festgehalten, dass das Ringspiel mit seinen diversesten Mustern, Anordnung von Ringketten zu verschiedene Formen, auch drei-dimensonale, wie *Rose*, die sich öffnet, die *Schaukel* und vieles mehr, keine magischen Kunststücke sein. Doch gerade solche geben Narrativen Inhalt für die verbale Präsentation. Die Zuseher werden es sehen, auch wenn eher abstrakt oder scheinbar weit hergeholte Bezeichnungen für die verschiedenen Figuren existieren. Solange kein großes Rätseln entsteht sollte es auch von Ortiz akzeptiert werden. Dieser meint, dass die starke Magie darin beruhe nicht intellektuell und damit nicht den Zuseher zum Rätseln anhalten sollte, sondern im Zuseher Emotionen als Nachdenken bewirken soll. Magier meint Ortiz neigen dazu den Zuseher mit einem Rätsel zu verlassen, was für den Kunstgenuss zerstörend wirke. Deswegen schreibt Ortiz, dass das Intellektualisieren hintan gestellt gehöre und mehr auf der emotionalen Ebene gearbeitet werden sollte. Das Lachen ist so wie ich meine so eine emotionale Reaktion, die sich auch im Staunen ergibt. Sprich die Suche nach einer Lösung des Rätselns kommt nicht auf und man erfreut sich mit dem Lachen an der absurden Situation, die die Effekte darstellen. Je überzeugender das Kunststück, um so surrealer und stärker die Verwunderung und das Amüsement darüber.

Im Zentrum aller Effekte, die im Kopf des Zusehers entstehen, steht die Frage „Wie?" - das Rätseln und Wundern, mit der emotionalen Reaktion, dem Lachen, das Ausdruck der Freude ist und alles vereinnahmt und das Intellektuelle in Unterhaltung verwandelt.

---

302 Ortiz: a.a.O.

16. Gedankenlesen, 19. Übersinnliche
17. Gedanken- KOPF Wahrnehmung,
übertragung,
18. Vorhersagen, 13. Versagen des
Zuschauers,
15. Identifikation, 14. Kontrolle von
11. Unverwundbarkeit, Unbelebten,
KÖRPER "WIE?" OBJEKT 7. Animation,
12. Körperliche 8. Anti-Gravitation,
Anomalien,
9. Anziehung,
1. Produktion, 10. sympathetische
Wirkung,
2. Verschwinden,
HAND 4. Transformation,
3. Transposition, 5. Penetration,
6. Restoration,

Zeichnung 35: Wie? im Zentrum aller möglichen Effekte im Kopf des Zusehers

Die Realität, die dargestellt wird in einer Zaubervorführung, ist eine „andere", wie im Kino oder der Literatur, so zu sagen, eine fiktive, und belegt damit auch einen Konnex zu den *„sacred clowns"*, einer spirituellen Ebene, die keine „übermenschlichen Wunder" beinhaltet, sondern theatrale Späße, eine Vernarrtheit und Widersprüchlichkeit mit einer auf den Kopf gestellten Welt. Durch die Verwandtschaft von Theatralität mit dem Clownesken, ist es besser zu verstehen, dass Menschen, die komplett verblüfft sind von den Effekten, die ein Zauberkünstler bietet, auch lachen und einen Lustgewinn dabei empfinden, eine Katharsis oder Reinigung durch Abfuhr von Affektzuständen erleben. Lust entsteht, laut Lipps, durch das gedanklich erschlossene und erwartete Geschehnis, welches mit allen soweit wahrgenommenen Geschehnissen und Ereignissen und den Umständen die aktuelle Gültigkeit dabei haben, in der real beeinflussten und bedingten Realität der Möglichkeiten, jenes Geschehnis schlussrichtig bewirken können. Für Lipps entsteht dabei die Lust.[303]

Wie von Peter Ludwig Berger[304] in seinem Buch *Redeeming Laughter* eingebracht wurde, hatte der dänische Historiker, Johan Huizinga, eine gewagte Theorie bezüglich *Homo Ludens*, das heißt, er hatte behauptet, oder die These aufgestellt, dass der Mensch und dessen Kultur nicht nur alleine mit der Sprache, sondern durch das Spiel, das Theater in ihrer ursprünglichen Form, entstand.[305] Er hatte dazu beschrieben, dass folgerichtiger die Kultur ursprünglich gesehen mit dem Spiel entstanden sei, dass heißt, wie er es formuliert: die Kultur erspielt sich und entfaltet sich im Spiel als Spiel. Er vergleicht diesen Enstehensprozeß mit der des Gebärens eines Menschen aus dem Mutterleib.

Berger definiert das eigentümliche Erlebnis der Komik als komischen Einbruch, welcher einen in eine andere Welt (Realität) eindringen lässt. Er nennt es analog zu dem Wiener Philosophen, Juristen und Soziologen, Alfred Schütz, *endliche Provinzen der Bedeutung*, wie Träume, Witze, Theater, Kinderspiele, intensive ästhetische Genüsse (Malerei, Musik), religiöse Erlebnisse und Wissenschaftler, die sich in ihren intellektuellen Tätigkeiten vertiefen. Dazu möchte ich auf die Erhabenheit und das Besonders-sein-Wollen, Bedeutung und individuelle Geltung haben und Herr im Eigen Haus sein des Menschen verweisen, der diese Lustsehnsucht nach besonderen, erhabenen Erlebnissen und Eintauchen in andere Realitäten oder Genüssen der Sinne betonen, die sich mit der

---

303 Ebenda. S. 149.
304 Berger, Peter L.: *Redeeming Laughter. The Comic Dimension of Human Experience*. Walter De Gruyter: Berlin/ New York. 1997. S. 12ff.
305 Huizinga: a.a.O., S. 189.

Lust, oder dem Lustprinzip, dem Hedonismus am besten beschreiben lassen. Das Aufwachen, oder mit den täglichen *unendlichen Alltag* konfrontiert sein, ist wie ein Schock, ein Einbruch sozusagen, so auch eben das Eintreten in die finite Welt des Erlebnisses von Humor und anderen Genüssen, wie auch Sex, stellt sich als „Schock" dar, beim Übergang zu diesen.[306]

Das Lachen, generell gesehen, kann auch entstehen, wenn zum Beispiel ein hochgeistig-verstickter Mensch dem Himmel entgegenblickt und das Hindernis vor seinen Füßen übersieht und „auf den Arsch" fällt, der sogenannte „pratfall", oder Reinfall. Berger sieht das Lachen darüber als den Durchblick, die Diagnose[307] dessen, was sich real abspielt und damit die Schadenfreude, wenn man so will, an dem der gefallen ist, also Komik ist. Berger meint, dass Komik etwas abstraktes, eine Denkleistung und eines gewissen intellektuellen Geistes bedarf, um die Realität zu durchschauen und dem Schein entgegen zu wirken und dass mit dem Hilfsmittel der Logik, die einen Sophismus darstellt und somit einen Widerspruch bewirkt, über den gelacht wird. In der Zauberkunst ist der Zuseher dazu angehalten dem Trick auf die Schliche zu kommen und muss daher eine gewisse intellektuelle Leistung beim Beobachten erbringen, wenn er den Genuss der Darbietung erlangen will, nämlich das Staunen und Freuen am Wunder, der Illusion. Erwachsene haben damit mehr Freude an der Zauberkunst, da sie intellektueller an die Zauberkunst herangehen und auch damit leichter zu blenden sind als Kinder. Kinder sehen mitunter mehr ins Detail und „oberflächlicher", denken nicht so kompliziert und sind unbefangen von Konventionen und genau deswegen das schwierigere Publikum für Zauberkünstler. Kinder bis Jugendliche können in einem ernsten Magier eine lächerliche Figur sehen, weil sie eben nicht „gebildet" sind und den Widerspruch, den ein Zauberkünstler durch seine Kunst darstellt, als offensichtlich komisch empfinden und direkt durch Auslachen Kund tun. Jeder Mensch ist widersprüchlich und hat damit ein Potenzial der Lächerlichkeit oder der Komik in sich. Umso mehr Magier, die offensichtlich gegen die Ratio arbeiten. Es ist, so meine ich, damit gerade etwas Subversives, das seine Wurzel in der Kulturgeschichte hat. Berger führt aus, dass die Wurzeln der Komik aus der griechischen Antike, den *komos* der Dionysien entstammt,[308] genauer den griechischen Komödien, vor allem die derb-lüsternen Waldgeister, genannt Satyrn, die den Kokopelli ähneln, der Dionysischen Festspiele. Diese kulturellen Wurzeln sind die Basis des Theatralen und der Theatralität, die direkt auf die Zauberkunst eingewirkt haben und noch immer mit den Effekten evident sind, über die man lachen kann oder staunt und sich unterhält. Das Verkehren der Welt in eine andere Realität, bei Festspielen und Narrenzeiten, die ihre Wurzeln in der Religion haben, sind lustbetont und überschwänglich vernarrt.

5.1) Humor

Zaubervorführungen sollen unterhalten und durch ihre Effekte die Leute zum Staunen animieren, dies wird erleichtert nicht nur durch den Vortrag und die suggestive Stimmung, die dadurch geschaffen werden soll, sondern auch durch Humor. Tanja Krämer fasst ihren Artikel in Bild der Wissenschaft zu Humor Universelles zusammen: alle Kulturen lachen und das auch gerne, der Humor ist im Gehirn aktiv vernetzt tätig, Witzepräferenzen sind beim Menschen signifikant bezüglich ihrer Persönlichkeit, Humor kann Stresssituationen lindern und er vermöge von unseren Vorfahren, beim Zusammenhalt der Gruppe, verwendet worden zu sein.[309]

Humor zeichnet den witzigen Intellekt aus, welcher der Kommunikation eine gewisse positive Einstellung und Leichtigkeit gibt und somit die Informationen leichter fließen können. Sie bewirkt, dass geschmunzelt oder eben gelacht wird. Ortiz hält zu Humor fest, dass er den Zusehern die Möglichkeit zur Entspannung bietet und damit aber auch die Aufmerksamkeit so beeinträchtigen kann, weniger der Genauen Wahrnehmung sich zu widmen, dass er das Lachen vor allem und die

---

306 Berger: a.a.O., S. 7.
307 Ebenda. S. 29.
308 Ebd. S. 16.
309 Krämer, Tanja: „Die Evolution der Witzigkeit" In: *Bild der Wissenschaft.* (7) 2011. S.20.

Freude an der dargebotenen Manipulation zur Unterhaltung zu vertiefen verhilft, ja, vor lauter Lachen sogar die Augen verschließen oder eben im entscheidenden Moment zu Binzeln verleitet. Sprich Humor und Heiterkeit, die von selbst kommt, kann auch als direkte Ablenkung vom Magier genutzt werden. [310]

5.2) Das Lachen

Als universell für den Menschen gilt, dass er lachen kann, was Henri Bergson in *Le Rire* festgehalten hat.[311] Es gibt aber auch Tiere, die lachen können, wie Ratten, Hunde und vor allem Affen.[312] Das Lachen ist ein Hilfsmittel, das das Publikum an den Zauberkünstler bindet und ihn sympathisch macht, wie auch die Situation lockert und kann damit auch als Ablenkung für die Täuschungsmethode dienen. Das Publikum wird animiert mit zu machen und ist mit dem Lachen involviert.

Der Herkunft nach hat das Wort „lachen" und „laugh" seine Wurzeln im Onomatopoetischen. Es gehört somit zu den Urworten, wenn man der Hypothese anhängt, dass jene ursprünglichen Worte onomatopoetisch waren, wäre wohl jenes einer der ersten, auch wenn die Tätigkeit des Lachens selbst kein „Wort" darstellt.

Von den Varianten und Nuancen des lachen abgesehen, ist Lachen eine regelmäßige Sequenz von kurzen Vokalsilben, welche gewöhnlich im Englishcen als „ha-ha", „ho-ho" oder „he-he" veranscheuliochen. Diese „Wörter" sind Teil von einem universellem Vokabular, welche alle Kulturvölker kennen. Lachen ist ein instiktives Verhalten, welches von den genen programmiert ist, und gehört nicht dem gewohnten Volksmündlichen an.[313]

Robert Provine hat in seinem wissenschaftlichen Werk festgehalten, dass das Lachen und Sprechen mit der Atmung und dem Aufrechten Gang des Menschen erst möglich geworden sein könnte. Das heißt, dass der Schimpanse nicht nur nicht sprechen kann, weil er nicht das entwickelte Organ dazu hat, sondern auch dem Umstand verdankt, dass er nicht komplett auf zwei Beinen geht und auch die Atmung damit anders beeinflusst ist als beim Menschen. Das Lachen ist somit beim Schimpansen ein Ein- und Aus-Atmen von Vokallauten und hat damit auch eine andere akustische Qualität als die des Menschen. Der *Homo Erectus* hat durch das Aufrechtgehen, Wechsel vom Vierbeiner zum Zweibeiner also, damit vor allem die Möglichkeit zum Sprechen und Lachen, wie es signifikant für Menschen ist, entwickeln können, so lautet die Hypothese.[314]

Das Universelle der Komik soll beitragend zum Theatralen der Zauberkunst sein mit dem, dass das Lachen etwas zutiefst menschliches ist und vor allem der *Humor* den Menschen vom Tier unterscheidet. Denn, so meint unter anderem Berger, haben sich, zum Beispiel, Affen je einen Witz erzählt und darüber dann gelacht?

5.3) Der Witz

Der Witz gleicht in seiner Struktur und Doppelbödigkeit oder dem Sophismus, der Scheinlogik, dem Zaubern. Witze sind Kurz und haben eine Pointe. Zauberkunststücke sind kurz und haben Effekte. Doch welche anderen Eigenschaften sind dem Witz eigen. Kein anderer als der

---

310 Ortiz:a.a.O., S. 337.
311 Berger: a.a.O., S. 28. und Provine, Robert R.: *Laughter – A scientific investigation*. Penguin Books: New York. 2000. S. 1.
312 Krämer, Tanja: „Humor." In: *Bild der Wissenschaft*. Juli 2011. S. 18 und 20-29.
313 Provine: a.a.O., S. 1. [Übs. CG]
314 Ebenda. S. 75 ff.

Psychoanalytiker Freud hat sich mit dem Witz besonders auseinander gesetzt und war zudem ein leidenschaftlicher Witzesammler und auch Witzeerzähler. Witze sind laut Freud eine soziale, zwischenmenschliche Aktivität, die ohne dem Zweiten und vor allem dem Dritten sinnlos sind, bzw. einen Witz erzählt man, um über das Lachen des anderen selbst wieder zu lachen und Freude am Witz zu haben. Daraus folgt für Zauberkünstler: Wer sein Publikum gewinnen will, und einen besonderen gesellschaftlichen Rahmen erzeugen will, bringt es nicht nur zum Staunen sondern auch zum Lachen. Freud meinte zu dem Witz, das jener einer der Lustgweinne ist, welche soziale Bindungen vereinfache, wobei es immer der Präsenz des anderen unmittelbaren menschen gehe und damit sozialen Charakter hat, da es aus Freuds Sicht eine Verständnis fordernde Gedankenleistung bedarf, um den Witz zu erfassen. Damit ist für Freud die Bindung im sozialen über die Lust am Witz im Kontakt der involvierten Menschen gegeben.[315]

Freud geht natürlich viel weiter in seiner These, er sieht im Witz vor allem den Lustgewinn, den versteckten Sexualakt, der einem sonst komplett verdrängt bleibe und, wenn man so will, sublimiert als Lust am Witz und mit dem gemeinsamen Lachen darüber befriedigt wird. So, wie ich es schon festgehalten habe, muss auch der Zauberkünstler sich der Sprache, der sozialen Normen zu einem gewissen Grad unterwerfen, bei allem Individualismus, den er als erhabener Magier hat. Das Denken oder die Denkleistung des Zauberkünstlers als komischer, wie auch ernster Magier, sind gefragt. Denn, wie es Freud erwähnt: Bei übermäßiger Gedankenaktivität und minimalster Körperaktivität der Präsentation erreicht man Staunen und Verehrung bei der Kommunikation zum anderen Mitmenschen. Freud erwähnt den Verblüffungscharakter eines Witzes mit seinem Beispiel des Wortes „famillionär" und ergänzt mit dem Verblüffungscharakter dieser Wortkreation seine Betrachtungen zum Witz; er meint, dass es aufgrund der Kreativleistung von zwei lexikalen Wortteilen zu rätseln anhält und durch den Kontext des Witzes zu einer offensichtlicheren Struktur der Witzanalysen gelangt, was nicht komisch sei.[316] Komisch, behauptet Freud, sind hingegen körperlich übermäßige Anstrengungen, Übertreibungen und geringe Gedankenleistung. Beim Kind nicht sind derlei Aktivitäten kaum komisch, da es dem Kind eigen ist so mitunter zu handeln, aber beim Erwachsenen wirkt solches Verhalten komisch.

Das Rätselartige, welches eine nicht-lexikalische Wortkreation birgt, kann durchaus dem Zauberwort „Hokuspokus" verglichen werden. Doch dazu aber erst später. Der Witz, als solche wie sie Freud gesammelt und analysiert hatte, ist, laut Berger, nicht universell, jedoch hat das Komische des Witzes an sich, seine traditionellen Wurzeln in allen Kulturen der Welt. Diesen Aspekt der Komik belegt Berger[317] sei kein Neuland und hierzu hatten schon zwei Anthropologen A. R. Radcliff and Mary Douglas Vorarbeit geleistet. Freud hält dabei fest, dass sich die Ethymologie der Komik ein bekanntes Kulturwissenschaftliches Thema schon lange war. Es drängt sich hierbei die formale Ansicht auf, dass das Komische nicht nur kuturell bedingt sein kann, sondern, dass es als wesentlich offenerers Kommunikationsmittel in ihrer Umsetzung, in der Verwendung aufscheint. Die funktionale Rahmensetzung, die dabei zwangsläufig entsteht, wird als befreiend empfunden und kann dabei Kreativtätsleistung des Kombinationslexems („famillionär"). Die Sematik im Zwischenmenschlichen bewirken somit auch eine Besonderheit, da pötzlich und punktuell, als Pointe sich ereignet, welches auch momentan als Anders-Sein wahrgenommen wird. Das Komische und der Witz mit der momentanen Leistung des lachens und Entspannens im Anders-Sein und sich Fühlens, ist nicht einschränkend, sonder spontan erlebt, es ist nicht fassbar, weniger planbar, sondern sich ereignend, der Situation und der Stimmung der Menschen gebunden.

5.4) Theatrale Komik als Waffe

Aristoteles hatte ein zweites Buch zur *Poetik* geschrieben, welches leider verschollen ist. Es gibt

315 Freud, Sigmund: *Der Witz und seine Beziehung zum Unbewußten*. Fischer: Frankfurt am Main. 2010.
   S. 192.
316 Ebenda. S. 29.
317 Berger: a.a.O., S. 71.

Spekulationen darüber, was damit geschehen ist. Es könnte sein, dass das Lachen, so wie es Umberto Eco interpretiert in seinem Roman und dessen Verfilmung *Der Name der Rose*,[318] schlicht eine Bedrohung darstellte, also die Furcht der Herrschenden, die Kontrolle über Menschen zu verlieren und deswegen das Lachen verbietet und unterjocht, da die Untertanen mit dem Lachen die Herrschenden dem Gespött preisgeben. Sprich, dass das Lachen nicht nur das Menschsein beinhaltet, sondern auch Intellekt, kritisches Denken, Skeptizismus und anarchistische Rebellion und Befreiung von Bedrohung, Einengung, Unterjochung, wie auch Betrug um die Menschenrechte und den damit entstehenden Angstzuständen. Das heißt also, laut Aristoteles Katharsis Theorie Reinigung von Affektzuständen durch Jammern und Schaudern (Elos und Phobos)[319] in der Tragödie und in der Komödie wohl, Reinigung durch das befreiende Lachen. So betrachtet es auch Berger:

Den Terminus, den Koestler als entschieden kognitives Handlen sieht, nennt er "Bisituation". Es sei die Fertigkeit zwei nicht-assoziierte Teile der Realität zusammenzubringen. Im Deutschen bezeichnet man diese Kunststück mit den zwei zusammengesetzten Verben: dem *Zusammendenken* und dem *Mitdenken*. Wenn das erfolgreich bewerkstelligt werden kann, dann ist eine Kartharsis erzielt, ein Erfolgserlebnis ist gemeinsam erreicht: Ein Eurekah! Oder ein Aha! Erlebnis. Dieses Erlebnis hat eine Struktur, welche in jeder kreativer Tätigkeit vorhanden ist, jene welche Innovationen des Intellekts sind. Sei es bei den Humoristen, den Wissenschaftlern oder den kreativen Künstlern. Koestler wiederholt was Thomas Kuhn in seinem Werk über wissenschaftliche Revolutionen mit einem Paradigmenwechsel bezeichnet hatte. Denn der Fortschritt der Wissenschaft selbst begeht ihn mit kleinen Schritten voran, in die Zukunft, mehr und mehr empirische Daten anhäufend, mehr als es bis jeher gedeutet wurde. Jedoch der Moment des Erfolges passiert plötzlich und vehement, von einem theoretischen Rahmenwerk zu einem komplett anderen. Koestlers zentrale These ist jene, welche die Witzerkennung ist, das heißt, den Zeitpunkt zuerlangen, um den Witz als solchen zu geniesen und darüber zu lachen. Dieser Weg dorthin ist vergleichbar mit dem wissenschaftlichen Forschungsweg, wo bis zu jenem Zeitpunkt des Lösens von wissenschaftlichen Aufgaben, die Lösung noch verdeckt unklar ist. Dieses Lösen oder eben das Lachen beim Witz, mit dem Erkennen der Pointe desselben, ist ein kathartisches Geschehen beim Menschen. Wobei der Witz, durch die emotionale Seite der Katharsis, an eine kognitive Wahrnehmung gebunden ist. Vor allem im Falle der Satire driftet jener Moment der komische Wahrnehmung in den Bereich der sozialen Wissenschaften.[320]

Aristoteles jedoch, wie auch Platon, der einem göttlichen Ideenkonzept anhing und der Ontologie, die Wissenschaft von den Seienden und nicht-Seienden Dingen der Realität, wie auch die Epistemologie vertrat, das heißt, dass beide Philosophen Wissenschaftler des Wissens und damit der Macht waren, sahen das Lachen, wie auch die Komik nicht als unbedingt positiv an. Sie sahen die Ideenwelt als gottgegeben. Platon vor allem sah im Lachen die Gefahr die Macht der Herrschenden zu erschüttern.

---

318 Siehe auch Berger: a.a. O., S. 18.
319 Aristoteles: a.a.O., S. 19.
320 Berger: a.a.O., S. 61f.

Platons bedachte Aufmerksamkeit begründete sich mehr aus der sich ermächtigenden Angst vor jenem Lachen, welches den gesammten Staat zu stören drohte, als durch jenes Lachen, welches Ausdruck der Freude an ihrer Ausübungen sich ereignen konnte. In Platons Republik, hatte er die negativen Konsequenzen des gewaltigen Lachens, welches uns verlassen macht, diskutiert. Damit die jungen Novicen seines Idealstaates nicht durch jenes Lachen korrumpiert werden, empfohl er mehrnoch, dass jene Publikationen über derlei Verlachungen von Göttern oder Heroen zu zensurieren oder umzuarbeiten seien.[321]

Macht ist allen diesen Situationen, oder dem menschlichen Lebensinhalt, jenes Hindernis der Zivilisation, das den Individualismus und die persönliche Kunstentwicklung des Menschen hindert oder herausfordert am Leben Glück zu empfinden und sich dem lustvollen Leben zu widmen. Der Staat, wie auch jede Organisation und Vereinigung, die sich gleich einem Monopol dem einzelnen Menschen entgegenstellt und ihm diktiert, was er tun darf und was er zu zahlen hat. Menschen, die von Natur aus mit der Auszeichnung ihrer Individualität mit der Sprache und dem Denken, das kreativ und unendlich kombinierbare Ausdrucksmöglichkeiten bietet, ist im Gegensatz zu Maschinen und dem Tier, nicht dem Stimulus und Reaktion ausgeliefert, sondern kann selbst entscheiden was die Reaktion ist und ob überhaupt eine folgen soll.[322] Das unterscheidet den Menschen vom Tier und von Maschinen. Auch die Gesellschaft hat gewisse Machteinflüsse und Regulative die auf das Individuum Mensch einwirken und einschränken, eine Uniformität und Monotonie und Entfremdung bewirken. Der Magier, gleich einem Harry Houdini, befreit sich aus dem Regulativ und der Einengung der Gesellschaft und zaubert sich frei. Die Tragik oder die menschliche Tragödie und das Schicksal des Magiers ist aber, dass der Magier genau das wieder produziert in seinem Aufstieg, wovon er selber geflüchtet ist. In anderen Worten ausgedrückt, jeder erfolgreiche Magier ist ein kleiner Diktator, wie Kinder, wenn sie an die Macht kämen auch Diktator wären, da ihnen aber die Bildung und Intellektualität fehlt, sie damit nie diese Machtposition erreichen. Kinder ohne dem Regulativ der Eltern, würden verwildern. Das Über-Ich ist nötig, um den Menschen zum sozialen Mensch zu machen und aus der Steinzeit zu führen.

Die Satire war und ist jene Ausdrucksform und Literaturgattung, die in Diktaturen gegen jene, und der Zensur zum Trotz, entstand. Johann Nepomuk Nestroy ist ein bekannter und beliebter Dramatiker des 19. Jahrhunderts, der es in seinen dramatischen Zauberspielen beherrschte die Herrschaftsstruktur bloß zu legen und dem Gespött preiszugeben. Charlie Chaplin ist ein aus London stammender, dem Music Hall abstammender, Entertainer, der mit seinem Film *The Great Dictator* sich über die Absurdität Hitlers Diktatur lustig macht und ihn auslacht.

5.5) Die sechs Ansätze für die komische Magie

5.5.1) Das Handwerk – die techné der Komiker

Absurde Situationen, Übertreibung, Unerwartetes oder Unvorhersehbares, das Eintreten von Unfällen oder Missgeschick (Schadenfreude), Nonsens, Wiederholungen bzw. Running Gags, Witze, Gleichklang und Reim können komisch sein und das Lachen aktivieren.

5.5.1.1 Die Übertreibung:

Von Übertreibungen machen auch Clowns Gebrauch, zum Beispiel bei komischen Gängen oder

---

321 Provine: a.a.O., S. 13. [Übs. CG]
322 Chomsky: *Cartesian Linguistics.* S. 73.

beim Bewegen. Ich wiederhole nochmal den Ansatz, dass Zauberkünstler mit Ihrer Zauberaktivität zu einem gewissen Grad auch übertreiben müssen und Zierkunststücke, seltsame Bewegungen ausführen, meist sehr elegant aber kapriziös und damit ein komisches Element in sich birgt. Doch was ist Komik oder komisch? Wagners Opern, die meisten zu seiner Zeit, wenn nicht alle, wurden nie so verwirklicht, wie er es als Gesamtkunstwerk gerne gehabt hätte, weil wahrscheinlich auch gar nicht machbar, also überfordert und damit hat seine Kunst eine gewisse Komik, theatrale Komik, trotz aller Ernsthaftigkeit oder Tragödie im klassischen Sinne. Leonard Bernsteins Adaption *Candide* mit Lillian Hellmans Libretto, wirkt komisch vielleicht, weil gerade die leichte, virtuose Musik von Bernstein mit dem bissigen, kritischen Text von Hellman einen Gegensatz oder Kontrast, Widerspruch, darstellt. Auch ein Thomas Bernhard gilt als komisch wegen seiner Übertreibungen.

Für Zauberkünstler ist es die Technik der „komischen" Übertreibung: die Ostentazione, die sich aus der Körpersprache und Gestik ergibt, die zur Ablenkung und Klarheit der Übermittlung der Effekte dient. Es ist die Übertreibung, die auch wenn zu viel davon angewandt wird, komisch bis lächerlich wirkt und ins Burleske führt, da sie den allgemein gültigen, wie auch den individuell erarbeiteten, Normen widerspricht und übertrieben seltsam wirkt, was vom ernsten Täuscher, dem Magier, vermieden werden muss, wenn er das reine Staunen bewirken will und nicht das Lachen forcieren will. Elegante Übertreibung ist bei allen Manipulatoren sichtbar, die gekonnt den Mindestaufwand der Bewegungen, die zur Ausführung ihrer körpersprachlichen Ablenkung dienen, und kaum merkbar. Diese Ausdrucksform der Bewegungen haben eine eigene Ästhetik oder Dynamik, die als künstlich empfunden wird.[323]

Das heißt also für die Übertreibung des Magiers: nur dort wo nötig und am richtigen Platz, um die eigene Ökonomie der Sprache und Bewegung, Choreographie des Körpers und der Gesten, nicht negativ zu beeinflussen. Die individuelle dargestellte Norm der Sprache und Gesten der Personnage Magier sollte, wenn erfolgreich eingeführt und etabliert, nicht gebrochen werden, oder nur dann, wenn eine Ablenkung oder Betonung von Nöten ist, oder eben Komik entstehen soll. Diese von der individuellen Personnage Magier erzeugte Ökonomie der Sprache und Körpersprache ergibt eine Rhythmik, wie auch ein Muster, einen Ritus an Bewegungen und damit auch eine *eigene* Künstlichkeit, die im Alltag nicht zu finden sein wird und den Zauberkünstler, genauer genau diesen Magier „X" ausmachen, eben die Theatralität des Magiers ist. Für den Laien wirkt die Künstlichkeit mitunter auch komisch. Bei Proben im Theater kann es genau deshalb auch zu Lachanfällen kommen, da sich plötzlich die Künstlichkeit oder die nicht alltägliche Situation mit der dargestellten Situation im Kontrast in der Vorstellung der Akteure als absurd erfahren lässt und dann gelacht wird. Gerade bei Fehlleistungen der Akteure wird dann die Situation besonders lustig empfunden und dienen bei machen Unterhaltungsfilmen als Nachspannmaterial.

Ein Heinz Erhardt hat mit seinen theatral dargestellten Gedichten genau jene Theatralität, die als lustig empfunden wird, wenn es um gedankenschwangere Gedichte geht, ausgenutzt und sich als Volksliebling in die Herzen des Publikums gezaubert. Ein analoges Beispiel aus den USA ist Doc Easons *Kate and Edith*, das den Humor aus der Bedeutung und Theatralität der Verse oder Reimform des Textes und dem eher profanen Inhalten, sexuellen Andeutungen und Doppelbedeutungen von Worten zieht. Der Kontrast von erhaben-theatral und profan lässt einen Lachen, neben der Pointe der gesamten Geschichte. Dazu wird auch noch gezaubert, was den komischen Unterhaltungswert steigert.

5.5.1.2 Der Unsinn - Absurdität

Das Absurde Theater des 20. Jahrhunderts, von Oscar Wilde[324] ausgehend und mit ihrem Höhepunkt

---

323 Kaye, Marvin: *Stein and Day Handbook of Magic*. Scarborough Books Edition: New York. 1983. S. 79.
324 *The Importance of Being Earnest* zum Beispiel, wo es um die absurde Situation des in die Welt geworfenen, also vor die Tür abgegebenen Säuglings, dann, im Erwachsenenleben geht. Der Humor zeichnet sich in der Sprache der gehobenen Leute aus die recht absurd wirkt und damit lustig.

durch Samuel Beckett mit seinem Stück *Warten auf Godot*,[325] ist schlicht ausgedrückt, das Lachen über ausweglose Situationen und über den Unsinn oder Nicht-Sinn, ratlose oder des Verstandes unzugängliche Situationen, mit Lachen zu befreien und entgegen zu treten, zu opponieren. Berger hat zu dem Absurden Theater im Zusammenhang mit dem Komischen und dem Narren, welcher seit dem Mittelalter scheinbar ausgestorben ist, festgehalten, dass das Absurde Theater die Rückkehr darstelle von Narren in der Kultur der westlichen Welt.[326] Er schreibt von einer Tradition, die Martin Esslin in seinem Werk über das Absurde Theater erwähnt hatte. Die synchrone Bedeutung der der Verwendungsart der Symbole im Absurden Theater, die Esslin als Teil der absurdistischen Traditionen verstand, wurden schon zuvor in diesem Essay erwähnt. Berger führt in diesem Zusammenhang aus, dass

[…] das apostolische Fortschreiten von den dionysischen Orgien über die mittelalterlichen Narrenfeste bis zu den Hofnarren und den heutigen Clowns selbst nur die wesentliche Zivilisation betrifft. Bei engerer Betrachtung der Tradition, mit Fokus auf die Bühne, ergibt sich eine Rückführung zur klassischen griechischen Komödien, über die *Commedi dell'arte* und dem *Vaudeville* bis zu den heldenhaften Clowns der frühen Filmbranche, wie die eines Charlie Chaplin dessen Absurdität, stimmig mit der zuvor erwähnten Etymologie, durch die Stummfilme klarer wird—dass heißt, unter dem Aspekt der Taubheit.[327]

Ähnlich der Lust am Unsinn, wie es Freud beschreibt, die eine von vielen Triebfedern bei Witzen ist. Wenn im Witz etwas, das vielleicht auch noch durch Sophismus, also eine schein-logische Argumentation ist und sich als Denkfehler entpuppt, oder ins Nichts umkippt, dann ist es komisch, und der Kontrast zwischen Groß und Klein, bzw. bedeutend und nichtig oder gar nichts, ist damit erfüllt, der für viele Theoretiker des Komischen, eben, als essentiell für Komik gilt. Lipps[328] hatte festgehalten, dass die Komik einen verblüffen könne, dies durch den abrupten Wechseln von der blumigen Vorgabe zu der simpleren Realität im Entstehen der Komik liegt, wobei das Absinken in diese Realitäterkenntnis als komisch empfunden wird. Dies führt zur Annahme, dass nicht nur ein strukturierter Zeitablauf nötig ist, sondern auch, dass es eine kompakte, zeitgebundene Charakteristik im Moment des Erzielens, der Pointe, hat. Es entspricht mit dieser Struktur dem Zaubereffekt, den ich hier versucht hatte in einem oppositionellen binären System zu klassifizieren. Demnach wären alle damit beschriebenen Verwandlungseffekte, das Verschwinden und das Erscheinen zuordenbar, wobei Größen und Effektstärken gegenständlich und solide, damit visuell entscheidendern Einfluss des Kontrastes beinhalten, welches als den markanten Erlebnismoment der Überraschung, des Staunens und Lachens und Wunderns gegenständlich ermöglichen können.

Mit dem Lachen über Witze oder Komisches, wo wir verblüfft über die Nichtigkeit einer hochtrabenden Scheinlogik stehen, sieht man dann von unten nach oben, und begibt sich für die Zeit der Nichtigkeit und dem Unsinn oder der Absurdität hin. Eine sematische Ambiguitätsrealisierung, macht den gegenströmigen Moment der Erkenntnis im Erlebnis des Komischen in der Zauberkunst als Perfromance Art des Theatralen, signifikant. Eine Art Erleuchtung findet statt, die sich überraschend einstellt, und einem sozusagen Sinn im Unsinn gibt. Eine mitunder paradox-sinnlich wahrnehmbare Lebensmomentaufnahme, welche sich im Gefallen oder in der Irritation lösen kann. Die Zauberkunst, ähnlich der Komik, ist dem mechanischen Stimulus des menschlichen Gehirns entsprechend abhängig. Der Kontrast von Gegensätzen kann in der Komik geradezu überschwängliche Reaktionen bewirken, oder auch nur ins Lächerliche abgleiten. Lächerlich[329] ist Komik, wenn es hartnäckige Unvernunft betrifft, zum Beispiel, wenn

325 Beckett, Samuel: *Waiting for Godot: A Tragicomedy in Two Acts*. Grove Press. 1994.
326 Berger: a.a.O., S. 175ff.
327 Berger: Ebenda. S. 176. [Übs. CG]
328 Lipps: a.a.O., S. 41.
329 Ebenda. S.43.

eine Person die Vorgaben der Vernuft mimt, aber sie nicht besitzt, und dann eben sich durch die Unkenntnisse selbst immer wieder bloßstellt. Eine schadenfreudige Reaktion und Lächerlichkeit ist hierbei oft gegeben, wenn sich die komisch wirkende Personage durch ihre permanente Unvernunft bei den Rezipienten Irritationen hervorgerufen hatte. Berger verweist auch auf die Theorie von Immanuel Kant, der die Komik aus dem Effekt entstehend sieht, wo etwas Großes, oder besser gesagt, eine große Erwartungshaltung ins Nichts zusammenfällt. Dies wurde laut Berger durch Jean Paul mit dem Gegenteilgen Effekt erweitert, bei dem aus dem Nichts plötzlich etwas ganz Bedeutendes, Großes, da ist, oder erscheint.[330] Dies bewirkt, dass etwas komisch empfunden wird und dass dann auch gelacht wird. Ich möchte hier für Zauberkünstler an die Effekte von kleinen, im Detail nachgebildeten Gegenständen und auch großen Gegenständen, wie Münzen, Spielkarten, Mini-Händen, etc. erinnern, die einen bizarren oder eben komischen Effekt neben dem Staunen erzeugen, wenn diese Gegenstände erscheinen oder verschwinden, etc., eben in der Zauberroutine vorkommen. Dies führt uns zu einem weiteren Technikpunkt der komischen Theatralität, den Gegensätzen und den Verkehrungen.

5.5.1.3 Die Verkehrungen von Gegensätzen:

Ein Bub mit einem Zylinder oder ein Mann mit einer Kinderzipfelmütze wirkt komisch aufgrund desselben Kontrastes zwischen Groß und Klein[331], bzw. wegen der Verkehrtheit. Travestie, also Verkleidungen aller Art, die einen Kontrast ergeben, und Gegensätze verkehren, wirken komisch. (Auch Körperteile „abnormal" dargestellt, wie die Rote Nase beim klassischen Clown.) Ein plötzlich Großes wirkt beeindruckend, während ein plötzlich Kleines komisch wirkt. Die Umwandlung oder Vorgabe des anderen Geschlechtes (des gegensätzlichen Geschlechts) ist eine Art von Komik, die bei Drag Queens, Travestiekünstlern und auch schon bei Schamanen vorkommt. Diese Täuschungskunst hat somit eine Tradition und Universalität, die sich im Zaubern des Magiers (ich verweise hier auf die Gegensatzpaare in der Effektemeliste im Kapitel der Effekte 2.4 auf Seite 49 Zeichnung 20) wiederspiegelt. Evident ist es bei Schamanen durch ihre körperbezogenen Rollen im Zwischenbereich der bekannten Rollenverhältnisse der geschlechtlichen Realitäten, welche sich eben in der freibeschaffenen, kreativen Rollenfunktion des Theatralen befinden müssen. Hierbei handelt es sich um eine natürliche, fordernde und zugewiesene Paradoxie, die den Menschen hier signifikant eigen ist, in ihrer Aktion als Schamanen. Sie werden oft als Trickster-Figuren genannt und sind mit seltenen archetypischen Merkmalen bekannt. Mythen ringen sich zwangsläufig aufgrund der Körperlichkeit dieser Personnagen, weil sie eben jedem als ungewöhnliche Seltenheit in Erinnerung verbleiben. Es zeigt sich hier der Dualismus mitunter auch in den zierenden Masken[332] und den Verkleidungsmöglichkeiten des Körpers, welche eine scharfe Spaltung im Kontrast der visuellen Gestaltung oft zeigen kann.

Scharfe Kontrastierungen im Sematikbereich der Performer sind Verkehrungsmerkmale die sich hier meist ergeben. Diese sind spontan, kreativer, mitunter derb, aber vor allem vom theatralem Wesenszug bestimmt. Die Verkehrung von Unlogik zu Logik durch Rhetorik und täuschender Argumentation (Sophismus) ist hierbei umso gelungener, umso unerwartzet schlagfertiger präsentiert.

5.5.1.4 Die Schlagfertigkeit:

Pointenreiche Schlagfertigkeit neben eleganten suggestiven Ton und Inhalt sind genauso gefragt, umso mehr, wenn es komische Magie betrifft. Freud beschreibt Schlagfertigkeit beim Witz als: die aggressive Attacke mit gleicher Münze zurück zahlen, durch Verkehrung ins Gegenteil der Attacke des Gegners. Die Schlagfertigkeit zeichnet den ungebrochenen Willen, wenn man so will, die

---

330 Berger: a.a.O., S. 24.
331 Ebenda. S.54.
332 Slifer: a.a.O., S. 129f.

positive Ja- Einstellung des Komikers und Clowns aus und damit seinen Intellekt. Im Sinne des: „Den Wurschtl kann keiner daschlogn", den Kasperl bringt nichts um, er ist ein Steh-auf-Manderl oder auch eines Harlekins, der von den Toten aufersteht. Bezüge zu Clowns, wie Charlie Chaplin, Falstaff Figur, bei zum Beispiel, Shakespeares „serious comedy" *Henry the 4th* (Erster und Zweiter Teil), oder generell, der Trickster Figur, sind mit der Schlagfertigkeit und der generellen positiven Einstellung und deren Wirkung gegeben.

5.5.1.5 Die Wiederholung und das Wiederfinden:

Der Running Gag, wie auch Wortspielereien, die sich wiederholen oder zum Teil gleich sind, wie Gleichklang, zum Teil auch Unsinn, wie auch Sinn, Doppelsinn und Andeutung. Wiedergefunden wird das, was versteckt nachgeahmt werden soll, zum Beispiel beim Witz. Wiederfinden bei Parodie, Karikatur und Travestie, Gattungen der komischen Künste, sind ein wiederfinden, das bei kontrastreicher Gestaltung Komik beinhaltet. Die Andeutung und Suggestion ist bei ernster wie auch lustiger Unterhaltung unersetzlich. Es ist umso komischer je zurückhaltender der Komiker ist, als wenn er selbst dauernd lacht und die Pointen und Komik damit vergibt. Das Wiederfinden oder Erkennen von Dargestellten ergibt sich in den Randgebieten der Täuschungskunst offensichtlich bei dem Ballonmodellieren, Figuren produzieren mit dem Chinesischen Ringspiel, Nankin Tamasudare, Falten von Papier, Papierreißen, Trouble Wit, Stimmimitation und Pantomime und basiert auf der Analogie, also dem Harlekin-Prinzip von Rudolf Münz. Diese Künste bergen eine gewisse Komik oder Leichtigkeit und Intellektualität, die Freude am Wiederfinden oder Wiedererkennen, welches in allen Theaterdarstellungen, welcher Art auch immer, naturgemäß sich ergibt, da die dargestellte Realität nicht die Alltägliche ersetzt oder gar diese ist. Sie ist eben die *andere* Realität, wenn man so will die Fiktion mit ihren eigenen Gesetzen und Wirklichkeiten. Der Clown, der mit einem Küchentopf das Gitarrespielen darstellt wirkt komisch, beziehungsweise kindlich vernarrt. Der ungebrochene Ja- Wille des Clowns ist dem Magier auch gegeben, wenn er sagt, alles ist möglich, beziehungsweise für mich ist nichts unmöglich, und er in seinem Tun Wunder suggeriert. Die Theatralität, die bei Sprechmagiern entsteht ist gegeben, wenn ein Magier auch, analog zu dem was er zaubert, eine Geschichte oder ein Gleichnis erzählt. Das Wiedererkennen und Wiederfinden von den Assoziationen des Dargestellten zur Realität ist theatral und hat eine Künstlichkeit, wie auch Komik.

5.5.1.6 Kontrolle der Gegenstände

Der Clown oder Komiker muss sich genauso wie ein Schauspieler und ein Zauberkünstler der Handhabung, des Gebrauchs der Objekte, die er verwendet oder bedient und deren Mehrzweck bewusst sein und daraus alles zur Komik raus holen können, das heißt, er muss die Objekte unter Kontrolle haben. Als Beispiel soll wieder Charlie Chaplin dienen:

> Charlie Chaplin war ein Genie mit seinen Requisiten. Sein Trademark war sein Hut und Gehstock, welche die primären Ausdrucksweisen seiner Requisitenfertigkeiten waren. Wir können uns alle lebhaft vorstellen, wie locker er seinen Bambusstock dreht und schwingt, wie geschickt er seine Melone bediente; es ist einfach zu ersehen, wie geneigt er war, all seine Talente hier zu aktivieren, um jene Möglichkeiten der ungewöhnlichsten Handhabungen zu erforschen und zu kreieren.[333]

Als zeitgenössisches Beispiel kann man Avner Eisenberg anführen, der sich mit der Tücke des Objekts, Zigaretten, Leiter, Besen, Jacke, auseinandersetzt und auch zaubert, er „isst" Papierservietten.

---

333 Simon, Eli: *The Art of Clowning*. Palgrave Macmillan: New York. 2009. S. 29.

5.5.2) Täuschungskunst

Die Täuschungskunst, die dem Komischen und dem Witz eigen ist, ist gegeben mit Logik und Rhetorik, welche die Nichtigkeit des Inhalts oder der Person, die es betrifft, erst zu guter Letzt offenbart. Das heißt: das Erhabene wird im Zuge der Darstellung komisch aufgrund der verheimlichten Nichtigkeit, die aber mit der Pointe sich ergibt bzw. das Erhabene sich als Bagatelle herausstellt. Das heißt, dass der Witzeerzähler, wie auch jeder Komiker, Informationen zurückhalten muss, das heißt, lügen muss, um die Täuschung, das Denken des Zusehers zu locken und dort hinzu lenken, um den Widerspruch erst zu aller Letzt effektive zur Geltung zu bringen. Kontrolle der Gedanken wie auch überzeugende Darstellung des Inhaltes oder Informationen sind nötig, um diese Täuschung zu bewirken, analog zu einem Magier, der sich der psychologischen Hilfsmittel der Misdirection bedient, wie oben detaillierter ausgeführt. Als schauspielerische Leistungen von Clowns mit Pantomime und Geräuschimitation ist René Bazinet unter den zeitgenössischen Clowns zu nennen. Auch ein Peter Shub und David Shiner sind mit ihrer Performanz dem darstellerischen Pantomimen und Akteur der Täuschungskunst als Beispiele dienlich.

5.5.3) subversiv

Wie weit die Zauberkunst laut der dritten Prämisse, dass sie subversiv sei alleine durch ihre Naturwidrigkeit der Effekte, auch komisch ist, beziehungsweise das Lachen neben dem Staunen fördert, oder den Weg bereitet, ist ein Ansatz, die Komische Magie als Theatral zu definieren. Denn, das was die Magier darstellen macht nur in der theatralen Welt Sinn und ist in der Realität widersprüchlich und nicht logisch und funktioniert nicht.

Das Subversive der Magie zeigt sich auch in dem Zauberformelspruch *Hokuspokus*, das von *hoc et corpus* kommen soll und sich ableitet von der in Latein gehaltenen Liturgie in der Kirche des Mittelalters, sprich, es war eine Verunglimpfung gegen das Tun der herrschenden Kirche, die sich damit auszeichnete, dass sie dezidiert Latein verwendet hatte, um ihre Machtstellung und intellektuelle Haltung aufrecht zu bewahren und sozusagen auch ein Rätsel für die allgemeine Bevölkerung darstellen sollte, eine Art Mystik damit verbunden hatte. Sprich der Pöbel soll blöd sterben, braucht nicht alles wissen, da Wissen Macht ist, und die wollen nur die Kirchenleute für sich in Anspruch nehmen. Martin Luther mit seiner Bibelübersetzung ist da radikal vorgegangen und hat die Bibel ins Deutsche übersetzt und damit gegen die katholische Kirche gewirkt mit ihren Praktiken der Unterjochung. Das *Hokuspokus* stellt somit ein Rebellieren und sich lustig machen über die geheimnisvollen, allmächtigen Kirchenleute und deren Methoden. Mächtige werden dem Gespött preisgegeben. Dies bewirkt eine Erleichterung und ein Zusammenhalten in der Gemeinschaft, die dasselbe Schicksal teilt, wie auch Identität. In diesem Zusammenhang sei erwähnt, dass es Forscher gibt, die meinen, dass der Witz und Humor, das gemeinsame Lachen, zur Abgrenzung und zum Gruppenerhalt gedient habe.[334] Die Funktion der subversiven Zauberformel ist nicht nur auf diese beschränkt. Jedes individuelle als Zentralbegriff oder Typische einer Zaubervorstellung, der individuelle Sinn der erfahren wird vom Publikum, das Mysterium an dem die Zuseher teilhaben, wird gleichsam einer Sonderstellung und einem besonderem Ereignis an dem man teilnehmen durfte wahrgenommen und bleibt als Erinnerung eines besonderen Events im Gedächtnis der Zuseher haften. Dazu zählen auch individuelle sich auch auf den Magier und seine Personnage beziehende typische Redewendungen und Gesten. Diese gilt es als Zauberkünstler für sich zu finden und in der theatral-magischen Kommunikation zu übermitteln. Einer impliziten naturgegebenen Komik kann man sich als Magier nicht erwehren.

5.5.4) Schauspieler

Die Personnage des komischen Magiers ist meinem Ansatz für die komische Zaubertheatralität am

---

334 Krämer, Tanja: „Humor." In: *Bild der Wissenschaft* (7) 2011. S. 25f.

besten mit dem Clown gleichzusetzen. Der Clown macht nicht nur Tricks und Späße, sondern stellt zur Schau und spielt Schau. Gerade der Clown lässt der Bandbreite der Personnage alle charakterlichen Spielmöglichkeiten offen und soll deswegen als Ideal für die theatral-komische Magie, als Begriff dienen. Mit anderen Worten: der Clown ist die lustige Personnage für Zauberkünstler.

Einer der wichtigsten und bedeutendsten Clowns des 20. Jahrhunderts ist wohl Charlie Chaplin: er hat weiße Schminke im Gesicht, eine zu weite Hose, zu enge Weste, komischen Gang und allerlei komische Situationen und Sketsches zu dramatischen Handlungen und epischen Geschichten dargeboten. Hitler soll, ist zwar nicht belegt, den Schnurrbart (nicht nur die Swastika aus dem fernen Osten) geklaut haben, wegen Chaplins großer Popularität. Der Tramp ist eine komische Figur der Straße, kindlich, liebenswürdig, tolpatschig, trotzdem elegant und sexy!

Der Clown geht geschichtlich gesehen mit der weißen Schminke[335] und als Spaßmacher oder Narr auch bis in die griechische Antike zurück, wie auch das Lachen universal und 16 Millionen Jahre alt sein soll.[336] Der Clown zählt, so wie ich im ersten Teil beschrieben habe zu den Randgebieten der Täuschungskunst und ist mit dem Theater verwandt. Es gibt in der Zauberkunst und in der Clownerie dieselben Bezeichnungen wie zum Beispiel: Routine und Trick.

Die Personnagemöglichkeiten des theatralen Zauberkünstlers sind unzählig und wie es Eugene Burger schon festgehalten hat bezüglich der Zauberarten könnte man einen Gegensatz aufbauen zwischen existentieller und humanistischer Magie, oder Ritueller und Bühnen Magie.[337] Analog dazu stelle ich somit dem dramatischen, allmächtigen dominanten, ernsten Hellseher und Magier, der, gleich einem Physicus, *sich die Hände nicht dreckig macht*, also dem seriösen Mentalisten, den komischen possenreißenden Schausteller und Taschenspieler entgegen, der gar wohl die Hände dezidiert verwendet und bodenständig praktisch ist. Ähnlich, wie es Klaus Fürst formuliert hat in *theoria cum praxi* (2), wo er meint, dass eine Genretreue dadurch gegeben ist, wenn man keinen Humor oder nicht auf das Lachen abzielt bei Mentalisten, und ernster Magie, wie es die Mentalisten tun sollen und den Humoristischen, die das Publikum zum Lachen bringen.[338] Fürst meint, dass der komische Magier seine Rolle und sein Tun nicht ernst nimmt und meint, dass nur der Mentalist richtig schauspielt und seriös arbeiten kann, wenn er das Lachen der Zuseher vermeidet; und der Widerspruch den ein Komiker bewirkt mit seinen Späßen, etc. vermieden werden muss, da sie der glaubhaften Darstellung des Magiers stört. Zu diesem und der Rolle Magier aber noch später, unter Trickster und anderen Eigenheiten der Rolle des Magiers, die eine Komik impliziert und nicht seriös im strengen Sinn sein kann, da sie magisch ist und Magie naturbedingt komisch ist, wie oben mit dem Staunen und der Rückwärtswirkung, der psychischen Leistung der Zuseher, die bewirkt wird und mit Lipps referenziert ist. Heimatlos und fahrend, wie ein Zigeuner, ist der Magier selbst eine zerrissene Persönlichkeit und trägt die Personnage des Schamanen in sich, die verwurzelt mit der Tradition des Schaustellens, dem Theatralen ist. Gerade dadurch wird er erhaben.

---

335 Simon: a.a.O., S. 87ff.
336 Krämer, Tanja: „Kitzel mich!" In: *Bild der Wissenschaft* (7) 2011. S.28.
337 Burger: a.a.O., S. 175.
338 Fürst, Klaus: „theoria cum praxi (2)". In: *Zauberkunst* 1984-1985 Teil 1-2, S. 13.

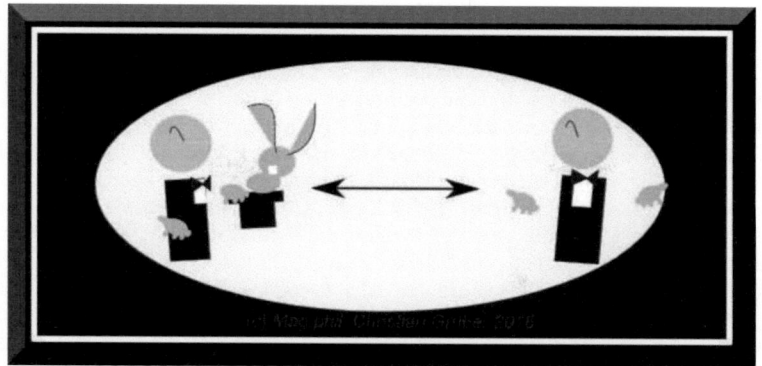

Zeichnung 36: Komischer Magier versus ernster, seriöser Mentalmagier

5.5.5) erhaben

Dies gilt für den komischen Magier umso mehr. Nicht nur muss er mit unter auch gelungene Zauberkunststücke darbieten (wie bei Aufsitzer-Effekten, neben dem Komischen Effekt und damit dieses Handwerk beherrschen), sondern gehört zudem der komischen Tradition der „sacred clowns" an. Die „heiligen Clowns" verhalten sich analog des Archetypus Trickster Figur, die vieles gegensätzlich und verkehrt macht, und sind somit Narren. Als solche haben sie die Lizenz zu lügen. Als „Heilige" oder Weise Männer, so auch Frauen, sind sie erhaben. Der Zauberkünstler bewirkt durch die Effekte ein Rückwärts, ein Nachdenken und Wundern der Zuseher, wie er es bewerkstelligt hat gegen die Naturgesetze scheinbar vorzugehen. Die *Commedia dell'arte* Figur Harlekin weist mit der rituellen oder theatralen Wiedergeburt und „Auferstehung" des verstorbenen Harlekin auf die nicht nur spirituelle, sondern auf die Magier oder Zaubererfunktion der Figur hin. Diese Personnage des itallienischen Theatergenres ist dadurch erhaben, aber doch einer von uns, einer, der jeder sein könnte und mit dem sich jeder identifizieren kann. Er steht als universaler Mensch oder das Menschsein und als personifizierter Lebenswille da. Auf die fantastische Geschlechtsnatur des Harlekin, der aus Liebe zu Colombine und umgekehrt, sein Geschlecht wechseln kann, wie auch, dass Harlekin Leben, Kinder, gebiert, weist auf die Verwandtschaft zu Kokopelli und Schamanen hin, die zweigeschlechtlich sind und magische übermenschliche Sexualität darstellen oder symbolisieren[339] und die kindliche Natur des Menschseins hin. Die Dichotomie des Wesens Kokopelli ist universell, das heißt, dass sie in verschiedenen Kulturen vorkommt.[340] Der Magier, der ein Karnickel aus dem Zylinder zaubert ist vergleichbar mit Harlekin und seinem Kinder gebären. Er wird dadurch erhaben, da er sich den Naturgesetzen enthebt und in einer *anderen* Realität agiert und auf diese verweist.

5.5.6) Beschwörer

Schamane, wie vor allem Kokopelli, und Archetypen wie Trickster Figuren, die zur Religion führen, sind charismatische Figuren, die in der Anthropologie als Vorgänger des Priesters, des Clowns und des Magiers und Heilers also Arztes gelten. Der Showbusinesscharakter von Schamanen wurde von Rogan Taylor in den 80gern festgehalten oder beschrieben. Des Menschen Eigenheit zu glauben und spirituelle Zauberformeln zu sprechen, sich Hilfsmittel zu erfinden und damit die ersten Werkzeuge zum Bearbeiten von anderen dienlichen Materialien zu schaffen, ist dem Menschen als Urerkenntnis eingeprägt; so auch ist das Event der ersten Worte und der Sprache, mit der Evolutionsgeschichte gegeben. Chomsky ist einer der Vertreter der Hypothese, die seit mindestens

---

339 Taylor, Rogan P.: *The Death and Resurrection Show From Shaman to Superstar.* Anthony Blond: London, UK. 1985. S. 109.
340 Slifer: a.a.O., S. 129f.

einer Dekade als die wahrscheinlichste gilt, dass der Homo Sapiens mit einer kleinen Mutation der DNS zum Denken und zur Sprachentwicklung befähigt wurde. Dass heißt, Chomsky nennt die Fähigkeit zu Kombinieren und komplexe Zustände zu „durchschauen" als Merge. Ein plötzlicher großer Sprung in der Evolutionsgeschichte der Menschheit hatte vor zwischen 100.000 bis 60.000 Jahren stattgefunden.[341] Und das wahrscheinlich nur wegen einer zufälligen kleinen Mutation der DNS eines einzigen unserer Vorfahren. Im Sinne von sich eine Erklärung finden und Sinn machen, zu Kombinieren wende ich den Merger der zweiten Art beim Schauspiel an, das heißt, der Zuseher weiß, dass das was vorgeht Theater ist. Beim Zaubern das gleiche, dass es Zaubertricks sind. Merger erster Art sehe ich damit, dass der Mensch die Realität abstrakt in Worte auszudrücken befähigt wurde, (wie ursprünglich vor allem Schmerz, Emotionen, Angst, etc.), zu Deutsch Verbinden von zwei unterschiedlichen Dingen oder Sachen, um etwas Neues zu erzeugen, die Fähigkeit zum Denken und Sprache zu entwickeln. Aus der Merger oder Kombinationsgabe des Menschen folgt, dass jeder Mensch kreativ ist, er oder sie kann Kombinieren und hat Phantasie, ist damit auch verletzlich und anfällig für Fehlschlüsse und Täuschungen von sich selbst und von anderen, der Umwelt.

Die Verwandtschaft und Wurzel des theatralen Menschen, das Fahrende Volk, sind in den wandernden Nomaden zu finden, die ersten fahrenden, umherziehenden Schaffenden oder Künstler und Possenreißer. Diese mit unter Selbstblender, wie Clown-Doktoren, Schamanen, die in Abgründe gezogen sein sollen und eine Krise durchlebt haben und nun als Heiler und Weise eine Art therapeutische Vorführung den Zusehern und Teilnehmern der Schau bieten, waren wohl auch die Vielzahl der Propheten, die es zu Jesus Christus Zeit gegeben haben soll. Die Analogie zu Propheten, die in der Wüste ein Nomadenleben führen und illusioniert zurückkehren und besessen Prophezeiungen den antreffenden Menschen bieten, ist mit den Wunderdoktoren und Quacksalbern, wie auch fahrenden Spielmännern, *ioculator/jongleur*[342] und Magiern, analog gegeben. Huizinga nennt die archaischen Dichter *Vates*.[343] Sie sind vergleichbar mit modernen Therapeuten, wie Sigmund Freud oder auch Jung, die in einer Krise und Selbstanalyse und Selbstfindung ihre Krise überwunden haben sollen und fortan heilten; wobei von Jung selbst festgehalten ist, dass er selbst auch Zweifel hatte, ob das, was er als sogenannter Wissenschaftler erforscht hatte, nicht eher Kunst oder Religion beziehungsweise Religionsersatz ist. Bei Freud ist bekannt, dass er abergläubischer Atheist war,[344] der recht autoritär war und bedenklich Geld- und Ruhmbesessenheit unterlag und weiters biographische Daten und Erfolge seiner Therapiemethoden sich zurecht rückte, wie es Onfray darstellt. Diese humane Facette des nicht-Zurecht-Kommens des Menschen mit der Realität ist genau die Begrenztheit des Menschen, die denselben zu Wunderglauben, Spiritualität, aber auch Zauberkunst und Theatralität führt. Die Träume und Selbstimagination, die als Inhalt, oder besser gesagt, Material für die Analyse in therapeutischen Sitzungen dienen, sind Hinweis auf den Placebo Effekt, auf den Verweis auf eine andere Welt, die als Symbol dient und mit als Ersatz der Realität dienen kann und mit dieser nur lose in Verbindung steht und für jeden individuelle Funktion hat und individueller Art ist. Also keine universal interpretierbare Wissenschaft ist. In anderen Worten, die Psychotherapie ist ein heraufbeschwören von Effekten in den Köpfen, wie es Magier auch vollziehen, nur ist der Beweggrund beim Magier zu Unterhalten und nicht medizinisch zu heilen.

Der seriöseste, ernste, wie auch der schockierendste oder bizarrste Magier wirkt immer seltsam durch die Effekte, die er darbietet und ist damit dem Komischen ausgeliefert. Das Komische ist genauso Theatral, wie das Tragische. Oder genauer gesagt: die magische Theatralität ist Komik.

---

341 Chomsky: *Science of Language*. a.a.O., S. 102.
342 Huizinga: a.a.O., S. 53.
343 Ebenda. S. 134. (Lateinisch: Seher, Prophet).
344 Onfray: a.a.O. S. 303ff., S. 352ff. (Auf dem Papier werden viele geheilt).

5.6) Trickster Figur als anthropologischer Prototyp des Magiers

Der Trickster scheint die Figur zu sein, die in allen Kulturen in der einen oder anderen Form vorkommt und relevant ist. Sie ist dem Schamanen, dem Zauberer, dem Heiligen Clown, dem Harlekin (Hanswurst bis dummer Teufel[345]) der *Commedia dell'arte* eigen, dem *Vates*[346] (wie ihn Huizinga nennt, der Sophist und Dichter, Schamane, Seher, Wundertäter und Prophet ist) kongruent. Trickster wird erwähnt in Theatralitätsgefügen von Rudolf Münz und ist in der Tiefenpsychologie des Jung von Bedeutung. Er schreibt zu Trickster, dass jener die kollektive Schattenfigur[347] ist, mit allen minderen selbstnachgiebigen Lastern des Menschen, welche somit allen Menschen bekannt sein kann. Die Schatten, die ein Jung dem Tricksterarchetypen zuweist, sind dem Menschen angebunden und als Selbsterfahrung erfahrbar. Die Archetypen und deren Schattenseite tief verwurzelt, aber durch die moderne Zeit mythologisiert worden. Im Sinne einer freudianischen Interpretation: verdrängt, oder vielleicht vernchlässigt, im kollektivem kulturellen Sinne verewigt, woraus für Jung sich seine Aufmerksamkeit als Freudianer eingestellt haben könnte.

Was für die Zauberkunst im Betrachtungsfeld des Tricksters und seinem andersartigen Erscheinungsbildes relevanter erscheint, ist die Befassung mit dem Anderen und des heilungsperformativen Themas in der Unterhaltungsbranche auch selbst ausgeübt. Ein Mentalist, namens Eugene Burger und Robert E. Neale hat sich mit dem historischen Prototypen der Tricksterfigur und Schamanen als Zauberthema und Personnage in *Magic and Meaning* auseinandersetzt. Schamanen beschreibt Burger als:

> Zu dem wohl-diskutierten Falle des Schamanen, welcher einen Krankheitsvirus aus einem Patienten gesaugt habe und einen Wurm (oder auch anderen Gegenstand) ausgespuckte hatte, welcher vorher wohl in der Hand oder dem Mund des Schamanen verborgen war, kann mancher diesen ausgestoßenen Wurm als physisches Symbol einer spirituellen Weltrealität verstehen. [Fußnote] Der Schamane und der Patient glauben an eine Vergegenständlichung von dem eingedrungenen Krankeitsvirus, dem sie die Krankheitssymptome zuschreiben, wie von Marvin Harris vorgebracht wurde, ist der Schamane dazu verbunden den Patienten davon *zu überzeugen*, dass er den Krankheitsgegenstand auch entfernen konnte. In den eigenen Worten von Harris: „Kuturelle Auswahl hatte desswegen den Gebrauch von Täuschungsmanövern der Handfertigkeit den Vorzug gegeben, um die Vorgabe einer therapeutischen evidenten Wirkung zu erzielen, obwohl für den Schamanen die Heilung des Patienten in der unantasbaren spirituellen Überzeugungswelt sich befindet." [Fußnote][348]

Den Trickster sieht Burger als eine Figur, die in vielen Formen in unserer Kultur vorhanden ist. Er beschreibt Trickster als:

> lustigen Unhold, dessen Lächerlichkeit und ausscheifenden Unsinn gefährliche Verschmutzung ist, die neues Leben produzieren soll. Als Kulturhelden haben die Tricksters wertvolle Geschenke, welche jedoch Katastrophales bewirken, zu vergeben. Sind werben für

---

345 Jung: a.a.O., S. 158.
346 Huizinga: a.a.O., S. 161.
347 Jung: a.a.O., S. 173f.
348 Burger: a.a.O., S. 35. [Übs. u. Anmerkung CG]

Menschlichkeit sind aber nicht immer menschenfreundlich. Sie sind erdgebunden, unelegant und inkonsequent und doch lebhaft, freudig und kreativ. Tricksters können uns mit unserem Bedürfniss nach Humanität und Spiritualität dienen, weil sie eben so marginal in unserem Gemeinverständnis vorhanden sind. Sie erzeugen bedeutsamen Unfug [Disphrasierung oder theatrale Verfremdung]. Jenes Agieren enthüllt das Fassungsvermögen von Menschlichkeit deutlich, insbesondere mit den Willkürlichkeiten des Lebens, welche unsere Lebensanstrengungen prägen. Es stellt bloß und wirbt um eine überschwängliche Freude an dem Unsinn des Seins und hat eine unzerstörbare Hoffnung des Neuen, welches mit dem Versucht möglich werden kann. Der Trickster zieht gegenwärtige Wunder den zukünftigen Mirakel vor, jedoch bewirken Chaos zum Zwecke der Kreativität. Was sich uns als das Marginale zu unseren Gemeinverständnis darstellt ist entscheidend für das ungemeine Verständnis, welches unsere Spiritualität ist.[349]

Nun, das hat definitiv nicht mit Medizin zu tun, aber mit der Verwandtschaft zwischen Theater oder dem Theatralen und der Heilkunst von „Primitiven", der Heilkunst wie sie Rudolf Münz als erster für die Theaterwissenschaft entdeckt hatte und mit seinen Studenten erarbeitet hatte.[350] Nicht umsonst ist im Englischen das Wort Theater auch für den OP gebräuchlich, da in unserer westlichen Kultur das Heilen mit dem Theater verwandt ist. Somit auch mit der Theatralität und der Zauberkunst, als Täuschungskunst.

Die Trickster Figur lässt sich in der europäischen Kultur zurückverfolgen: bei den Römern mit dem Mercurius,[351] bei den Griechen mit dem Hermes und bei den Amerikanischen Naturvölkern, den Indianern, mit diversen Schamanen und Trickster Figuren wie: Coyote, Fox, Raven, Spider, Rabbit und andere (welche halb Tier und halb Mensch sind und göttlichen Input haben) im Norden Europas mit Loki, Monkey King in China, in Japan: Yamato Takeru. Allen ist gemeinsam, dass sie mit List die Regeln brechen, verwandlungsfähige, reisende Grenzgänger und kreativ oder innovativ sind. Von Jung weiß man, dass er den Trickster mit dem Schatten vergleicht und dem sogenannten Unbewusstsein, das bei Tieren vertreten sei, sie haben kein menschengleiches Selbstbild (Spiegel und Affe – Experiment, wo der Affe oder Schimpanse hinter den Spiegel greift und nicht sich selbst erkennen kann) oder ein Bewusstsein, wie es Menschen haben, welches, beim Menschen, scheinbar einen beeinträchtigenden Einfluss auf dessen Handeln und auch Denken hat. Es ist relativ triebig aber auch irrational, eigenützig bedürfnisbefriedigend und bis zu unbewusst „böse". Aber auch das sogenannte Schattenkonzept von Jung hat mehreres dahinter versteckt, das wieder positiv wertbar ist, wie Anima, oder auch im Archetypus des weisen Alte (Zauberer, König, etc.), per se, eine positiv wirkende Funktion.[352] Der Archetypus Trickster hat viele Namen, wie: Mercurius, Hermes (der nicht nur Rinder stiehlt, sondern auch eine Techné erfindet, um Feuer zu machen und Fleisch zu kochen)[353] und Prometheus, sie stehlen (Feuer) und tun dies mit List. Coyote, eine Indianer Trickster Figur, stiehlt Fleisch mit List und muss daher eine gewisse Intelligenz an den Tag legen, um sein Ziel zu erreichen. Die Trickster Figur, wie sie Hyde beschreibt wird verglichen mit dem bösen-guten Helden in der amerikanischen Kultur,[354] der wie ein *confidence trickster*, Trickbetrüger, zu Ruhm gelangt. Ein Film der modernen amerikanischen Filmkultur „Sting" von 1973 (Der Clou) mit Zauberertätigkeiten (Kartenszene) und vor allem *confidence trickster* Filmhandlung.

---

349 Ebenda. S. 101f. [Übs. u. Anmerkung CG]
350 Baumbach, (Hsg.): *Theaterkunst und Heilkunst.* a.a.O., S. XII.
351 Jung: a.a.O., S. 159ff.
352 Ebenda. S. 174.
353 Hyde: a.a.O., S. 9.
354 Ebenda. S. 11.

In Amerika, ist ein wahrscheinlicher Kandidat für den Mythos des wiedergeborenen Tricksters der Trickbetrüger, offensichtlich in der amerikanischen Filmindustrie und Literatur auffindbar. Doch in der Realität jenes Sprachraums, sind solche Vertrauensbrecher einem traurigeren Lebensschicksal ausgesetzt. Manche haben sogar diese Grenzgänger als heimliche Helden des Amerikanischen interpretiert. [...][355]

Der Fleischverzehr von Trickstern wird von Hyde hervorgehoben und auch daraus geschlossen, dass Fleischfresser in der Evolutionsgeschichte den Vegetarischen immer voraus gewesen sind.[356] Interessanterweise soll auch ein Jesus Christus einen ungeheuren Appetit gehabt haben, so auch die Tricksterfiguren und so manch ein Dokument von historischen Magiern[357] weisen einen großen Hunger und ein Verschlingen von Nahrungsmitteln auf.

Das Diebische und der Betrug-Charakter von Trickster und Schamanen führt damit zu einem negativen Aspekt oder Blickwinkel von ursprünglicher Zauberkunst. Da hier nun das Thema Betrug wieder ins Spiel kommt, soll damit gezeigt werden, dass mit dem Zauberkünstler diachron gesehen, dieser Aspekt nicht weg zu dividieren ist. Wer genau schaut stiehlt, heißt es im Volksmund und Zauberkünstler müssen, wenn sie überzeugend täuschen wollen genau arbeiten und schauen und beobachten und handeln. Freud hatte mit der Tiefenpsychologie ein Detail-orientiertes Denken und der Spruch, der Teufel liegt im Detail liegt bei Freud sehr nahe und so auch den Zauberkünstlern, die analytisch ins Detail gehen müssen, um Kenntnisse und Fertigkeiten der Täuschungskunst zu erwerben, um dann ausführen zu können. Diese Herkunft aus dem betrügerischen Umfeld, und im historischen Kontext, gibt nicht nur Material, das thematisch eine Rolle spielen kann, sondern auch Material bezüglich der Methoden, die ein Zauberkünstler anwendet. Als ein Beleg-Beispiel dient das Erdnase Buch *Expert at the Card Table*. Der Betrüger wird nicht sagen, dass er lügt, ein Zauberer wird damit keine Probleme haben zu sagen, dass er lügt und seine Kunststücke auf Tricks beruhen. Der moderne Zauberkünstler stellt die paradoxe menschliche Situation zur Realität dar, er ist somit ein *ehrlicher Lügner*.

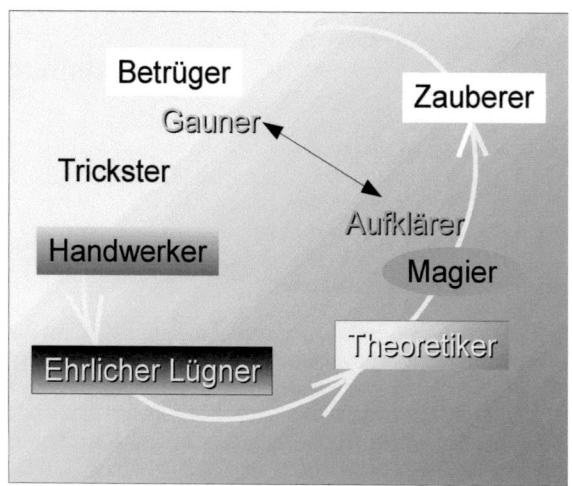

Zeichnung 37: Kreislauf des Zauberers

---

355 Ebd. S. 11. [Übs. CG]
356 Ebd. S. 20.
357 Zitat von Benzinger: a.a.O., S. 13: über den Magier Dedi, der einen abgeschnittenen Kopf wieder aufzusetzen verstehe.

6) Resümee und Conclusio

Es wurde mit Referenzen aus der theaterwissenschaftlichen Literatur, Literatur der Linguistik und Psychologie, und der Zauberliteratur in dieser Arbeit ausgeführt und behauptet, dass Zauberkunst in der Ausübung als Magier theatral ist. Von den Begriffen Zauberer und dem Zaubern wurde über die Zauberkunst ausgeführt, wie die zwei Begriffe entwickelt werden könnten, welches durch den Gebrauch der Worte Kunststück für Trick und Zauberkünstler für Zauberer veranschaulicht sein sollte. Zudem ist die Personnage als Bezeichnung für die Rolle eingeführt worden und das Wort Magier als Rolle benutzt worden. Zu guter Letzt sind die Begriffe Zauberer und Trick wieder relevant, aber mit einem anderen besseren Verständnis. Die Worte Zauberer und Trick haben durch die theatrale und epische Sicht und Interpretation eine andere Bedeutung bekommen. Der theatrale Zauberer hat eine andere Qualität als der Zauberer schlecht hin.

Die Vorgehensweise im Deutschen gleicht somit einer Spirale, beziehungsweise einem Kreis, wo der Punkt, mit dem Begriff Zauberer wieder erreicht erscheint, aber auf einer höheren Ebene liegt. Durch die theatrale epische Interpretation, die nur durch Erfahrung und Anwenden bewerkstelligt wird, gelangt man auf diese Ebene. Sie soll Theatrale Ebene genannt werden und hat den Höhepunkt der Erkenntnis in der Personnage Trickster. Das heißt, nur durch die Praxis wird man auf diese erhabene Ebene gelangen. Im Englischen kann man hingegen gleich mit „conjurer" beginnen, aber damit erspart man sich nicht das Kreisen und Wiederkehren zu dem ursprünglichen Wort. Die theatrale Arbeit muss hier genauso durchwandert werden, um zum selben Verständnis zu kommen und um die theatrale Ebene zu erreichen. Der Gebrauch des Wortes „magician" ist nur für die Personnage Magier verwendbar und nicht für Zauberer, wie es vielleicht umgangssprachlich sehr gängig ist.

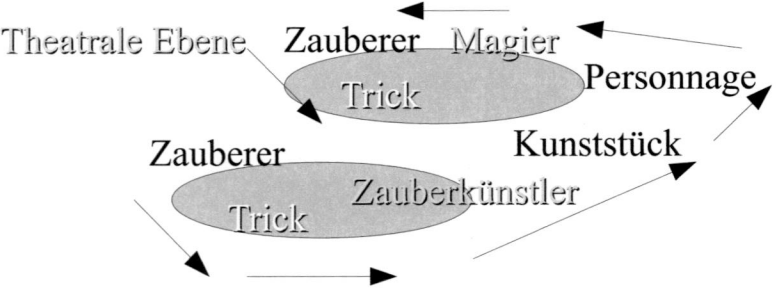

Zeichnung 38: Spirale zum theatralen Zauberer

Mit Etymologie und Wortbedeutungen (diachroner Achse der Linguistik) zur Zauberkunst und zum Zauberkünstler ist in diesem Essay eingebracht worden, die aus den romanischen und germanischen Sprachen und deren Kultur und Kulturentwicklung entstanden sind, um ein theatrales Bild der Zauberkunst, der westlichen Welt, zu beschreiben. Aus der Annahme, dass Kunst vom Können kommt, schließe ich, dass im Zentrum der Zauberkunst die *techné* steht. Die *techné* lässt sich als Theatralität der Zauberkunst verstehen, wenn man die Gleichstellung von *Ostentazione* mit der Tätigkeit des Magiers nachvollzieht, die die Effekte im Kopf des Zusehers bewirken. Das neudefinierte Medium, der Inhalt der zur Täuschung des Zusehers im Objekt mit dem gezaubert wird immanent ist, bewirkt, wie die Maske eine erstens Einschränkung der Bewegungen einerseits wie auch eine Betonung, Ostentation, von Bewegungen andererseits um die Täuschung oder Misdirection und Aufmerksamkeitslenkung zu bewerkstelligen. Das heißt da die Zauberkunst Täuschungskunst ist, ergibt sich ihre Theatralität aus dem Umstand, dass getäuscht werden muss und das überzeugend.

Es wurde ausgeführt, dass die verschiedenen Sparten und Effekte der Zauberkunst, vor allem der manuellen Magie in Opposition zur Mentalmagie, alle auf dem gesprochenen Wort, Subtext und der Körpersprache (Geste) beruhen und einen universellen Mechanismus haben, der als Theatral interpretiert wurde. Die Universalien und Analogien, die nötig sind damit diese magische Kommunikation funktioniert, sind allen Menschen eigen:

1. Linguistische Universalien: Verwandtschaft zwischen Worten, Denken (Merge) und Realitätswahrnehmung, Abstraktheit der Worte (größtenteils willkürlich), Soziale Aspekt der Sprache (Dialog), Kommunikationsmodell, Lachen, Humor und Komik, Zusammenhang der Sprache und der Hände mit dem selben Ort im Gehirn, von wo diese Fertigkeiten ausgehen.[358]

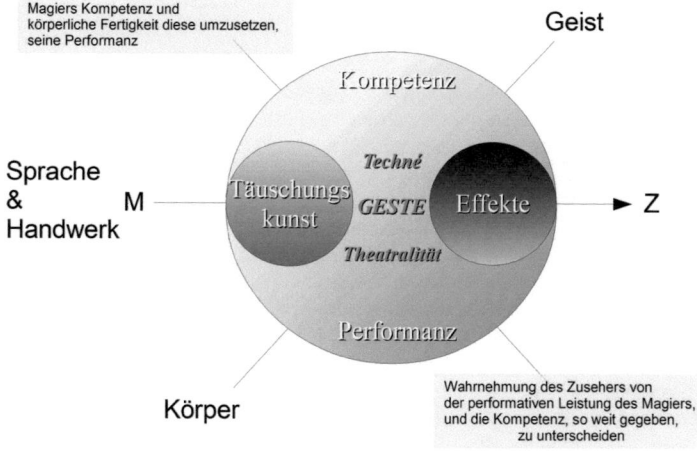

Zeichnung 39: Zaubertradition = Theatralität der Zauberkunst = Geste

2. Kulturelle Universalien: intellektuelle, skeptische oder konstruktivistische Weltanschauung (die auch im Buddhismus wiederzufinden ist),
Ethik: Unterscheidung zwischen Unterhaltung und Betrug,
Schau, das Besondere oder Andersartige (Übertreibung und Auffälligkeit), die der Zauberkunst eigen ist,
Schamanen, Trickster, und Kokopelli.

3. Körperliche Universalien: Mundhöhle und damit die Fähigkeit zu sprechen, Wahrnehmung über die fünf Sinnesorgane, Fertigkeit, die in der Zauberkunst gegeben ist vor allem mit den Händen (durch den Aufrechten Gang), Mimesis durch Spiegelneuronen und Merger.

4. Psychologische Universalien: Wunderglauben, Empathie (Furcht und Mitleid) Schaulust (Voyeurismus) Sensationsgier Geltungsdrang (Herr im 'eigenen' Haus sein) dazu zählen

---

358 Propper RE, McGraw SE, Brunyé TT, Weiss M: „Getting a Grip on Memory: Unilateral Hand Clenching Alters Episodic Recall." In: *PLoS ONE* 8(4). 2013. e62474. doi:10.1371/journal.pone.0062474 Diese Studie belegt, dass es einen Zusammenhang zwischen Hände und Sprachmerkfähigkeit, bzw. dem Lernen und Merken bzw. Wiederholen von Worten gibt, wenn Menschen die linke oder rechte Hand zur Faust ballen.

auch Erhabenheit und etwas Besonderes sein wollen, wie auch etwas besitzen wollen und vor allem das automatische, unbewusste Imitieren (Mimesis Theorie).

Über die Fertigkeit und *techné* werden diese Universalien perfektioniert und gelangen zur theatral-magischen Performanz, der theatralen Ebene, der Theatralität. Tiere lassen sich zwar täuschen, aber können Zauberkunst nicht genießen, wie Menschen; dass heißt, beim Verschwinden lassen eines Balles; für den Hund ist der Ball, wie bei einem Säugling wirklich verschwunden, auch kann ein Hund oder Säugling nicht zaubern.[359] Raben können täuschen, verwenden dies aber nicht als Unterhaltung, sondern als Überlebensmethode. Graugänse können abergläubisch sein, können, aber nicht für andere Graugänse diese Illusion als Geschäft anbieten, wie es bei *Cold Reading* bei Wahrsagern und Mentalmagiern angewandt wird. Bienen können Kommunizieren wo und wie weit etwas entfernt ist, aber schlagen Fehl bei Inhalten, die erhebliche Unterschiede machen, wenn zum Beispiel die Biene, ohne Flügel, kommuniziert wie viel Energieaufwand sie für die Strecke zurück legen musste, können die anderen Bienen dies nicht umsetzen, dass die Strecke ja ohne Flügel zurückgelegt wurde und daher erhebliche Interpretation des Tanzes nötig ist, um zu erschließen, wo die Biene herkommt. Dies, „Denken", können die Bienen, wie es Menschen tun, nicht. Die Theatralität, und deren Kommunikation, bleibt dem Menschen eigen.

Um die Formel von Barthes „Theatralität = Theater − Text" möchte ich nun meine Formel anbringen die die Zauberkunst integriert und das Ausgeführte dieses Essays abrundet. Theatralität = Realität + Außergewöhnliches. Theatralität entsteht durch das Neubilden von zwei Wahrnehmungsinhalten zu etwas Neuem, soll hier verstanden sein als die Kombination von zwei verschiedenen Dingen oder Zuständen, sprich es bedarf einer zeitlichen Abfolge und Wandlung in einem fixem Referenzsystem: dem Raum, beziehungsweise dem Theater oder *theátron*. Effekte, und wenn es „nur" die Personnage ist, die dargestellt wird, sind die Kombination von zwei Zuständen oder Dingen, siehe auch die Liste der Effekteme. Für den epischen Schauspieler ist es der Personnage-Effekt, er ist der Erzähler und die Rolle in Kombination. Also könte man sagen keine Theatralität ohne Effekte. Realität ist Theater ohne Effekte, eine tote Maschine oder die Schablone. Die Fähigkeit des Menschen zu *Mergen*, Kombinieren, ist genetisch bedingt und liegt auf der diachronen Geraden, ist eine syntaktische Operation, die das Gehirn vollzieht.[360] Dies erst ermöglicht das Denken, die Sprache und jegliche Schlussfolgerung, macht die Grundstruktur von Theatralität aus und belegt, dass Theater und alle damit verbunden Künste, wie die Täuschungskunst auch geistig sind, im Kopf stattfinden, und intellektuelle Tätigkeiten beim Spielen und Genießen dieser Kunstsparte beinhaltet. Der Mensch kann also durch Merge das Gewöhnliche mit dem Außergewöhnlichen verbinden, was dann die Theatralität ausmacht. Daher:

„Theatralität = Realität + Effekte".

Ohne Realität gibt es blanke Illusion, den Traum oder das Unbewusste, unkonkretes Phantasieren bis zur Irrationalität und Rausch. Antonin Artaud hat mit seinem *Theatre et son Double*, einen Ritus und berauschtes Theater zuwege gebracht.[361] Max Reinhardt hat mit seinem illusionistischen Theater die, wo alle Theaterelemente auf die Illusionierung ausgerichtet sind auf seine Art Rausch und auch Irritation bewirkt, zum Beispiel mit seiner *Elektra* Inszenierung,[362] die so manchen Zuseher bewegt oder auch irritiert haben. Bei allen im Theaterrahmen stattfinden illusionsreichen oder berauschenden Festen ist aber der Theaterrahmen mit Ort, Zeitbegrenzung und dem Spiel

---

359 Ab einem gewissen Alter von ungefähr vier Monaten können Säuglinge doch auch ihre Mitmenschen, Bezugspersonen manipulieren, in dem Sinne, dass sie Täuschen, Desinfomationen und anderes vorgeben. Reddy, Vasu: „Getting back to the rough ground: deception and 'social living'." In: *Philosophical Transactions of the Royal Society B*, 362 (1480). 2007. pp. 621-637. ISSN 1471-2970 10.1098/rstb.2006.1999

360 Chomsky: *On Nature and Language*. a.a.O., S. 4.

361 Marschall, Brigitte: *Die Droge und ihr Double. Zur Theatralität anderer Bewußtseinszustände*. Böhlau: Wien. 2000. S. 7f., 11f., 32f., 85-90, 173, 187.

362 Siehe dazu Fischer-Lichte, Erika: *Performativität*. 2012. S. 9.

gegeben und damit als solches erkennbar. Das bedeutet, dass das Theater bodenständig sein muss, realitätsnahe, um Theatralität zu erzeugen.

Die Ostentazione, oder die gekonnte Übertreibung, ist, für die pure Zauberkunst, die Effekte, was für die theatrale Zauberkunst bedeutet, dass alle die, die Effekte bewerkstelligen, auch rein technisch gesehen, Theatralität bewerkstelligen, also theatral sind; ob sie Theater nun mögen oder nicht. Wie schon zu Beginn erwähnt, kann eine unerfahrene Handhabung, Darstellung der Effekte, Schabloneschmähs etc. die Effekte mindern und zur bloßen Schaustümelei verkümmern. Dies hat aber auch ein Potential für komische Theatralität, die auch ihre Techné hat, die gelernt werden kann. Als genereller Tipp gilt: Weniger ist oft mehr, die Effekte selbst sind schon paradox genug für den Zuseher; wenn gekonnt gemacht, braucht man nicht zusätzlich verwirren oder überladen und übertreiben.

Mit dem Bild der Waage wieder ausgedrückt, und nun auf die Formel „Theatralität = Realität + Effekte" angewandt, gilt, dass wenn die Effekteschale übergewichtig ist, die Realität damit verdrängt wird und die Illusionierung und damit dem Eskapismus aus der Realität, wie mit dem Naturalistischen Theater und Musicals, bis zu Betrug bei manchen Magiern, die auch dazu behaupten, dass sie wirklich übernatürliche Fähigkeiten haben, und allen Scharlatanen, die ihre Mitmenschen belügen und hintergehen. Bei dem anderen Extrem, dem Übergewicht der Realitätsschale, tritt die Effektemeschale ins Hintertreffen und ein Aufklären und desillusionieren findet statt, das zum Beispiel bei JREF und Science Busters, Myth Busters, und andere kritische Vereinigungen und Veranstaltungen, wie auch Lectures, Seminare, von Zauberkünstlern für Zauberkünstler, wo Zauberkunststücke erklärt werden und eher einen Monolog des Vorführenden darstellt mit Desillusionierung der Effekte durch Erklärung, aber Begeisterung für das Funktionieren der Effekte und Kunststücke. Im Film und im Fernsehen, wären das auch zum Beispiel alle Dokumentationen, Diskussionen, Nachrichten, Unterricht und Wissenschaftssendungen. Ideale Kombination von beiden, das heißt, bei ausgewogener Schalenhöhe, ist die Balance gegeben und die Theatralität im Idealzustand, wie beim Epischen Theater, zum Beispiel, es der Fall ist. Daraus folgt unweigerlich, dass die Idealform der Theatralität für Zauberkunst nicht darin liegt, alle Theatralitätselemente: Licht, gesprochener Text (Rhetorik) mit Rhythmus, Gleichklang, Intonation, Bühnenbild, beziehungsweise Raum der Vorführung oder Ort der Zauberdarbietung, die Requisiten, Strukturierung der Handlungen und Geschehnisse, Körpersprache und Atmung, Musik und Assistenten oder Mitagierende, nicht alle nur auf die Effekte ausgerichtet sind, sondern so ausgerichtet sind, dass sie auch Verfremden und dagegen wirken, wie mit der Schlampigkeit oder Ungeschicklichkeit von Handhabungen und anderen Zufälligkeiten, die Realität und Verfremdung ins Spiel bringen. Auch sollte eben der Magier nicht Übernatürlichkeit, außerhalb der Rolle, behaupten zu besitzen. Aus-der-Rolle-treten und Apartés können helfen, um zu Verfremden und Licht ins Dunkel zu bringen. Aufklärerisches und weniger Effekte sind auch balancestabilisierend.

Das Kartesische Koordinatensystem, das von Jakobson in der Linguistik Anwendung fand, habe ich im ersten Kapitel angerissen. Es kann aber auch auf die Zauberkunst mit ihrer Tradition angewendet werden. In dem Sinne zählt die Parole und die Geste, sprich die Interpretation der Kunststücke in der Performanz der Darbietung, zur Theatralität. Die Bewegung und der Zeitablauf sind wesentliche Elemente durch die diese Achse erst Sinn macht. Die Kompetenz ist im Hintergrund. Die Performanz zeigt die Leistung des Magiers, die Tat, die Aktivität, das Zaubern. Dies ist eine Struktur im synchronen *Hic et Nunc,* dem Moment der Vorführung, der dramatischen Zauberkunst, die im Kontext des Diachronen, dem historischen Kontext, sich mit deren Häufung von Vorführengen sich zur praktischen Erfahrung des Magiers bildet und somit die synchrone Gerade beeinflusst. Auf der diachronen Geraden liegt die gesamte Zaubertradition mit allen historischen Ereignissen der Zauberkunst und Persönlichkeiten, so auch Publikationen der Zauberkunst und deren Theorien, vor allem im 20. und 19. Jahrhundert. Im Vergleich zur Zaubertradition ist jede einzelne Zaubervorführung eines einzelnen Magiers nur ein Moment, der natürlich auch eine Zeitachse aufweist. Die Zeichnung 40, wie folgt, zeigt das Kartesische Koordinatensystem, wie es von Jakobson verwendet wurde, *Hic et Nunc* und Moment ist hier hinzugefügt, um zu zeigen, dass sie synchron im Vergleich zur gesamten Zaubertradition sind, welche diachron ist.

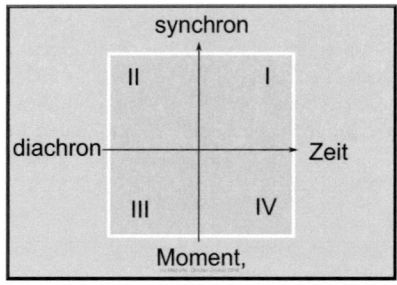

| synchron |
| Performativität der Zauberkunst Langage, Kompetenz der Worte und Gesten |
| Theatralität der Zauberkunst Performanz, Darstellung der Worte und Gesten |

Zeichnung 40: Kartesische Koordinaten System für Zauberevent

Zeichnung 41: Performativität und Theatralität der Zauberkunst

Die Theatralität der Zauberkunst setze ich mit der Zaubertradition gleich, und damit ergibt sich für die Achse der Unterschiede und Kombination, der zeitlichen Entwicklung der Zauberkunst im kartesischen Koordinationsystem folgendes Bild: analog zu Montelles Performativität in Opposition zur Theatralität[363] (siehe Zeichnung 41). Unter Performativität versteht Montelle den einmaligen Inhalt des Events, das momentan, entstandene Konzept, die Umsetzung der generellen Kompetenz, in der Vorführung; hat also etwas Improvisatorisches und Unwiederholbares ans sich. Josette Féral hat festgehalten: Kein Theater ohne Theatralität,[364] was für die Zauberkunst bedeutet, Keine Zauberkunst ohne dessen Theatralität. Das Konzept des Unterbrechens von alltäglich Ablauf des Lebens mit dem Theaterevent von Ludwig Berger mit seiner Komikhypothese und auch Johan Huizinga mit seiner Spielehypothese finde ich wieder mit Montelle, der Féral referenziert und selbst weiter folgert mit:

Theatralität, wie es Féral argumentiert – ist Abwandlung oder die Realisierung des Andersseins – und als solches funktioniert durch die Unterbrechung des Kontinuums: ein Schisma, oder Unterbrechung im Alltäglichen (siehe Féral 2002: 12). Die Theatralität entwickelt sich graduell in einen Repräsentationsmodus des Sonderbaren. Oder anders genähert, die Theatralität wird zum effektiven Kommunikationsmittel mit Hilfe der Andersartighkeit. Ich will damit die Theatralität als Werkzeug des Erlebens und der Akzeptanz des Andersartigen erwägen. Damit begründe ich die Annahme, dass die Vermittlung von Inhalten zur abwandelnden Andersartigkeit, oder das Initiieren der Einsässigen durch mythogene Strukturen der Andersartigkeit, einer speziellen Repräsentationsweise bedarf. Deswegen wurde die Theatralität apparativ in der Akzeptanz der Abwandlung (der Andersartigkeit). Obwohl die Andersartigkeit ein weites Land darstellt und, für meinen Zweck, will ich nur einen geringen Teil nutzen – den der Neubestimmung oder der provokanten Unterbrechung (Schisma) im Kontinuum des alltäglichen Lebens.[365]

---

363 Montelle: a.a.O., S. 12.
364 Ebenda. S. 7ff.
365 Ebd. S. 7f. [Übs. CG]

Also das Erleben und Respektieren der Andersseins und des Anderen, welches einen in eine besonderes oder eben anderes Raum-Zeit-Erlebnis, gegenüber dem täglichen Leben, führt und mit seinem Spielcharakter an der relativen Kurzfristigkeit, neben der Struktur und der diachron beeinflussten Theatralität, der Zaubertradition teilhaben lässt.

Zaubertradition - Theatralität der Zauberkunst

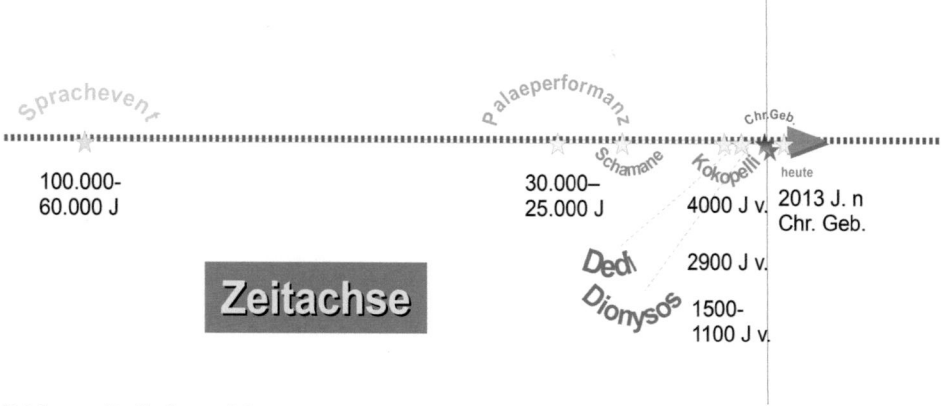

Zeichnung 42: Zaubertradition

Ich möchte nun mit einem Zitat aus Lulu Hursts Autobiographie schließen, da bei ihr als Magierin und Wundertäterin es so gewesen zu sein scheint, dass sie sich selbst getäuscht hatte, das heißt, sie konnte sich nicht erklären, warum ihre Kunststücke funktionieren, glaubte selbst aber keineswegs an übernatürliche Fähigkeiten. Das Geheimnis sind generelle physikalische Gesetze, wie Hebelgesetz in „versteckter" Form, da mit Menschen ausgeführt, die zum Beispiel etwas heben sollen und nicht können. Die Theatralität ist mit ihrer Person als Frau, die übermenschliche Kräfte zu haben scheint gegeben. Sie reflektiert im Nachhinein, nach einem bewegten und finanziell lukrativem Zauberinnenleben, über ihre Kunststücke und plädiert für die Vernunft und die Wissenschaft:

Nun, genau hier und jetzt, möchte ich es festhalten, dass, als ich wirklich ersthaft meine Studien, mit einem Blick auf alles Abergläubische zu diesem Thema begonnen hatte, ich immer die Bande der Vernunft und die des Gemeinverstandes strengstens einhielt. Auch habe ich verständlich gearbeitet, weder gläubig noch abergläubisch, sondern von Skepsis und durch die Naturgesetze strengstens folgend. Ich bin immer davon überzeugt gewesen, dass im Wesentlichen jeden Faktes und Effektes, immer alles auf einer allgemeingültigen Begründung hinausläuft, denn ansonsten ist das, was sich als Fakt ergibt, nichts als eine Illusion oder eine Täuschung. Unsere alte Welt muss da noch eine wichtige Lektion lernen, sie muss diese gut lernen, und für immer lernen, und sie muss sie für immer üben, nämlich, dass die Natur ihre immer währenden Gesetze des Kausalzusammenhanges von Ursache und Wirkung hat; dass alles und jedes von diesen geleitet werden muss, dass jedes genuine und wahre Faktum durch die Kausalität erklärt und verstanden werden muss, wenn man es bis zur letzten Analyse gebracht hat, dass alles das den Naturgesetzen widerspricht, ein Schabernack und eine Täuschung ist; und damit weder Wahrheit noch Fakt sein kann; und dass in allen Bereichen unseres Denkens und Wissens diese ewigen Gesetze der Natur und des Verstandes präsent sind, und unumstößlich Vorrang haben müssen![366]

---

366 Wiley, Barry H.: a.a.O., S. 217. [Übs. CG]

Illustration Index

Bibliographie

Aderhold, Egon: *Sprecherziehung des Schauspielers Grundlagen und Methoden*. [5. Aufl.] Henschel: Berlin. 1998.

Adler, Stella: *Die Schule der Schauspielkunst*. [Übs. Maria Buchwald und Angela Schumitz] Henschel: Berlin. 2005.

Alexander, F. M.: *Der Gebrauch des Selbst. Die bewusste Steuerung des Gebrauchs im Bezug auf Diagnose, Funktionieren und Reaktionskontrolle*. [Übs. Ruth Krügel vom Original 1946] Karger. 2001.

Arbib, Michael: *How the Brain Got Language: The Mirror System Hypothesis*. Oxford University Press: New York. 2012.

Ariely, Dan: *Predictably Irrational: The Hidden Forces That Shape Our Decisions*. Harper Business and Economics: New York. 2009.

Ariely, Dan: *The (Honest) Truth about Dishonesty: How We Lie to Everyone—Especially Ourselves*. Harper: New York. 2012.

Aristoteles: *Poetik*. [Übs. Manfred Fuhrmann] Reclam: Stuttgart. 1982.

Baggini, Julian: *Ego Trick: In Search of the Self*. Granta Books. 2011.

Balme, Christopher, Hsg.: *Das Theater von Morgen*. Königshausen & Neumann: Würzburg. 1988.

Baudrillard, Jean: *Simulacra and Simulation*. [Übs. v. Glaser, Sheila Faria] Michigan Press. 2008.

Baumbach, Gerda: *Schauspieler: Historische Anthropologie des Akteurs*. [Bd. 1] Leipziger Universitätsverlag: Leipzig. 2012.

Baumbach, Gerda: *Theaterkunst und Heilkunst: Studien zu Theater und Anthropologie*. Köln/Weimar/Wien. 2002.

Beckett, Samuel: *Waiting for Godot: A Tragicomedy in Two Acts*. Grove Press. 1994.

Benzinger, Olaf: *Das Buch der Zauberer*. DTV Premium. 2003.

Berger, Peter Ludwig: *Redeeming Laughter. The Comic Dimension of Human Experience*. Walter De Gruyter: Berlin/ New York. 1997.

Block, J. Richard und Harold E. Yunker: *Ich sehe was, was du nicht siehst 250 optische Täuschungen und visuelle Illusionen*. Goldmann Verlag. 1996.

Borch-Jacobsen, Mikkel und Sonu Shamdasani: *The Freud Files: An Inquiry into the History of Psychoanalysis*. Cambridge University Press. 2012.

Bruno, Joseph: *Handbuch der Misdirection*. [Übs. Franz Gerb, 2. Aufl.] Edition Gerb. 1994.

Burger, Eugene und Robert E. Neale: *Magic and Meaning*. Seattle, Washington. 1995.

Buss, Mareike, Habscheid, Stephan, Jautz, Sabine, Liedtke, Frank, Schneider, Jan G., eds, *Theatralität des sprachlichen Handelns: Eine Metaphorik zwischen Linguistik und Kulturwissenschaften*. [1. Aufl.] Fink (Wilhelm): München. 2009.

Byrne, David: *How Music Works*. Edinburgh/London: Canongate. 2012.

Carroll, John B. ,Hsg.: *Language, Thought, and Reality Selected Writings of Benjamin Lee Whorf*. The MIT Press. 1956.

Chesney-Lawrence, Luis: *Towards a Theatrical Attitude in Man The Feeling of Theatricality*. CreateSpace Independent Publishing Platform. (February 21) 2012.

Chomsky, Noam: *Cartesian Linguistics. A Chapter in the History of Rationalist Thought*. [James MacGilvray, ed.] 3 Ausg. Cambridge University Press: Cambridge. 2009.

Chomsky, Noam und James McGilvray: *The Science of Language: Interviews with James McGilvray*. Cambridge University Press. 2012.

Chomsky, Noam: *On Nature and Language*. [Belletti, Adriana und Luigi Rizzi, Hsg.] Cambridge University Press: Cambridge. 2002.

Christian, Magic: *Johann Nepomuk Hofzinser Non Plus Ultra Der Zauber des 19. Jahrhunderts*. Volker Huber: Offenbach am Main. 1998.

Davis, Tracy C. und Thomas Postlewait, Hsg.: *Theatricality*. Cambridge University Press: Cambridge. 2003.

Debler, Werner: *Leopold Ludwig Döbler. Wiener Hoftaschenspieler und Zauberprofessor aus einem alten Schwäbisch Gmünder Geschlecht*. Einhorn: Schwäbisch Gmünd. 2001.

Ditzinger, Thomas: *Illusionen des Sehens Eine Reise in die Welt der visuellen Wahrnehmung*. [1. Aufl.] Elsevier Spektrum Akademischer Verlag. 2006.

Drosdowski, Günther, Hsg.: *Duden Etymologie Herkunftswörterbuch der deutschen Sprache*. Mannheim/Wien/Zürich. 1989.

Ehrig, Viktoria: „Commedia dell'arte". In: *Theater der Zeit*. Berlin. Heft 5 1947.

Eliot, Thomas Sterns: „Burnt Norton". In: *The Complete Poems and Plays of T.S.Eliot*. London. 1969. *Encyclopaedia Britannica*. Chicago [u.a.] 1967.

Enders, Jody: „Performing Miracles. Mimesis of Valenciennes". In: *Theatricality*. Hsg., Davis, Tracy C. und Thomas Postlewait. Cambridge University Press: Cambridge. 2003. S. 40-64.

Erdnase, S.W.: *The Expert at the Card Table: The Classic Treatise on Card Manipulation*. Dover Publications: New York. 1995.

Ette, Ottmar: *Roland Barthes. Eine intellektuelle Biographie*. Suhrkamp: Frankfurt am Main. 1998.

Federer, Brigitte und Ernst Strouhal: "Am Spielplatz Rarer Künste". In: *Rare Künste. Zur Kultur und Mediengeschichte der Zauberkunst*. Hsg., Federer Brigitte und Ernst Strouhal, Springer: Wien, New York. 2007.

Féral, Josette: „Theatricality: The specificity of theatrical language." In: *SubStance*. Vol. 31, 2/3. 2002. S. 94-108.

Fischer Ottokar: *Das Wunderbuch der Zauberkunst*. [Faksimile 1929] Edition Olms: Zürich. 1980.

Fischer-Lichte, Erika und Jens Roselt: „Attraktion des Augenblicks – Aufführung, Performance, performativ und Performativität als theaterwissenschaftliche Begriffe." In: *Theorie des Performativen*. Heft 1, Bd. 10. 2001.

Fischer-Lichte, Erika: *Performativität: Eine Einführung*. Transcriptverlag: Bielefeld. [Edition Kulturwissenschaft: Bd. 10] 2012.

Fitzkee, Dariel: „Magic by Misdirection." [2. Aufl. 3 Bde. Bd. 3] In: *The Fitzkee Trilogy*. Lee Jacobs Production: Pomeroy, Ohio. USA. 1987.

Fitzkee, Dariel: „Showmanship for Magicians." [3. Aufl. 3Bde. Bd.1] In: *The Fitzkee Trilogy*. Lee Jacobs Production: Pomeroy, Ohio. USA. 1988.

Fitzkee, Dariel: „The Trick Brain." [2. Aufl. 3 Bde. 2.Bd.] In: *The Fitzkee Trilogy*. Lee Jacobs Production: Pomeroy, Ohio. USA. 1999.

Fitzkee, Dariel: *Rings in Your Fingers*. Magic Ltd., Lloyd E. Jones: Oakland, California. 1977.

Fo, Dario: *Kleines Handbuch des Schauspielers Mit einem Beitrag von Franca Rame*. [Übs. Peter O. Chotjewitz, 2. Aufl.] Verlag der Autoren: Frankfurt am Main. 1993.

Foerster, Heinz von und Berhard Pröksen: *Wahrheit ist eine Erfindung eines Lügners Gespräche für Skeptiker*. Carl-Auer Verlag, [8. Aufl.] 2008.

Fraiberg, Selma: *Die magischen Jahre in der Persönlichkeitsentwicklung des Vorschulkindes*. Rowohlt: Hamburg. 1986.

Freud, Sigmund: *Abriss der Psychoanalyse*. Reclam: Stuttgart. 2010.

Freud, Sigmund: *Der Witz und seine Beziehung zum Unbewußten – Der Humor.* Fischer Taschenbuch Verlag: Frankfurt am Main. 1992.

Fricke, Ellen: „Deixis, Geste und Raum: das Bühlersche Zeigefeld als Bühne." In: Buss, Mareike, et al., Hsg., *Theatralität des sprachlichen Handelns: Eine Metaphorik zwischen Linguistik und Kulturwissenschaften*. [1. Aufl.] Fink (Wilhelm): München. 2009. S. 165-186.

Garrels, Scott R.: „Human Imitation: Historical, Philosophical, and Scientific Perspectives." In: *Mimesis and Science: Empirical Research on Imitation and the Mimentic Theory of Culture and Religion*. [Garrels, Scott R., Hsg., *Studies in Violence, Mimesis, and Culture Series*.] Michigan State University Press: East Lansing, Michigan. 2011.

Gazzaniga, Michael: *The Mind's Past*. University California Press: Berkley Los Angeles London. 2000.

Gelb Michael: *Body Learning An Introduction to Alexander Technique: Regain Your Natural Poise*. [2. Aufl.] Henry Holt and Company: New York. 1994.

Gelb, Michael J. und Tony Buzan: *Lessons from the Art of Juggling: How to Achieve Your Full Potential in Business, Learning and Life*. Crown Trade Paperbacks: New York. 1994.

Girard, René: *A Theater of Envy: William Shakespeare*. Oxford University Press: New York. 1991.

Goll, Roland Martin: *Theorie Theatralen Handelns Überlegungen zur Konstitution und Legitimation einer Kunstgattung*, Verlag Palm & Enke Erlangen. 1981.

Gottschall, Jonathan: *The Storytelling Animal: How Stories Make Us Human*. Houghton Mifflin Harcourt: New York. 2012.

Granrose, John: *The Archetype of the Magician* [nicht-pub. Diplomarbeit] C. G. Jung Institute: Zürich. 1996.

Grimm, Jakob und Wilhelm: *Deutsches Wörterbuch*. Leibnitz 1965.

Gruber, Christian: *Wiener Zaubertradition als theatrale Zeiterscheinung im 19. Jahrhundert*, [nicht-publ. Diplomarbeit] Theater-, Film- und Medienwissenschaft: Wien. 2004.

Gruber, Christian: „Zaubertradition bei Penn und Teller". In: *Magie* (2) 2012. S. 78-80.

Hartzman, Marc: *American Sideshow*. Jeremy P. Tarcher/Pengiun: New York. 2006.

Hofstadter, Douglas: *Metamagical Themas: Questing for the Essence of Mind and Pattern*. Basic Books: New York. 1985.

Hofstadter, Douglas Richard und Emmanuel Sander: *Surfaces and Essences: Analogy as the Fuel and Fire of Thinking*. Basic Books: New York. 2013.

Hofzinser, Johann Nepomuk: „Bosco" In: *Allgemeine Wiener Theaterzeitung*, 9. Februar 1848.

Houdin, Jean Eugène Robert- [Übs. Hoffmann]: *Secrets of Conjuring and Magic: Or How to Become a Wizard*. Cambridge Library Collection: Cambridge UP: New York. 2011.

Houdin, Robert-, [Übs. u. Hsg., Hoffmann]: *The Secret of Stage Conjuring*. Routeledge & Sons Ltd: London. [Faksimile] 1900.

Houdini, Harry: *On* [Deception], [Foreword by Derren Brown] Hesperus: London, UK. 2009.

Huizinga, Johan: *Homo Ludens: Vom Ursprung der Kultur im Spiel*. [Übs. H. Nachod, 22. Aufl.] Rororo. 2011.

Hyde, Lewis: *Trickster Makes This World: Mischief, Myth, and Art*. Farrar, Straus and Grioux: New York. 2010.

Jaquin, Anthony: *Reality is Plastic: The Art of Impromtu Hypnosis*. Derby, UK: UKHTC Ltd. 2008.

Jung, Carl G: *Archetypen*. Dtv: München. [16. Aufl.] 2010.

Kalush, William und Larry Sloman: *The Secret Life of Houdini The Making of America's First Superhero*. Atria Books: New York. 2007

Kaye, Marvin: *Stein and Day Handbook of Magic*. Scarborough Books Edition: New York. 1983.

Klinckowstroem, Carl: *Die Zauberkunst*. München 1954.

Kornbichler, Thomas: *Die Entdeckung des siebten Kontinents: der bürgerliche Revolutionär Sigmund Freud zu seinem 50. Todestag*. Psychologie Fischer: Frankfurt am Main. 1989.

Krämer, Tanja: „Humor". In: *Bild der Wissenschaft* (7) 2011, S. 18-33 .

Kreisler, Georg: *Zufällig in San Francisco Unbeabsichtigte Gedichte*. Verbrecher Verlag: Berlin 2010.

Laing, R. D. *The Divided Self*. Pelican Book: Harmondsworth: England. 1965.

Lacan, Jacques: *Ecrits*. Paris. 1966.

Lamont, Peter und Richard Wiseman: *Magic in Theory: An Introduction to the Theoretical and Psychological Elements of Conjuring*. University of Hertfordshire Press: Hertfordshire. 1999.

Lamont, Peter: *The Rise of the Indian Rope Trick: How a Spectacular Hoax Became History*. Thunder's Mouthz Press: New York. 2004.

Lavery, Jimmy et al.: *The Secret Life of Siegfried and Roy: How the Tiger Kings Tamed Las Vegas*. Phoenix Books: Beverly Hills. 2008.

Lazarowicz, Klaus: „Theaterwissenschaft Heute" (*Münchner Beiträge zur Theaterwissenschaft. Sonderheft.*) München. 1975.

Lehmann, Christian: *Der genetische Notenschlüssel: Warum Musik zum Menschsein gehört*. Herbig: München. [1. Aufl.] 2010.

Leroi-Gourhan, André: *Hand und Wort: Die Evolution von Technik, Sprache und Kunst*. [Michael Bischoff, Übs., Aufl. 5.]. Suhrkamp Verlag. 1987.

Levit, Johnathan: „The Magic of Suzanne!" In: *MUM*. September 2011.

Lewis, Robert M., Hrsg.: *From Travelling Show to Vaudeville. Theatrical Spectacle in America 1830-1910*. John Hopkins University Press: Baltimore and London. 2003.

Liebal, Katja und Josep Call: „The origins of non-human primates' manual gestures." In: *Phil. Trans. R. Soc. B*. 367. 2012. S. 118–128.

Liisa T. Ukkola, Päivi Onkamo, Pirre Raijas, Kai Karma, Irma Järvelä: „Musical Aptitude Is Associated with AVPR1A-Haplotypes" In: *PloS ONE*, Vol. 4, No. 5. (20 May 2009), e5534.

Lipps, Theodor: *Komik und Humor – Eine psychologisch-ästhetische Untersuchung*. Outlook: Bremen, Deutschland [Re-print from 1898]. 2011.

MacCabe, Pete, Hsg.: *Scripting Magic*. [Eigenverlag] Canada. 2009.

Marschall, Brigitte: *Die Droge und ihr Double. Zur Theatralität anderer Bewußtseinszustände*. Böhlau: Wien. 2000.

Martinez-Conde, Susanna und Stephan L. Macknik: „Wie Zauberer mit der Wahrnehmung spielen". In: *Spektrum der Wissenschaft*, Juni 2009. S. 44-53.

Meyer, Pamela: *Liespotting Proven Techniques to Detect Deception*. St. Martin's Press. 2010.

Montelle, Yann-Pierre: *Palaeperformance: The Emergence of Theatricality as Social Practice*. Seagull Books: India. 2007.

Moreno, Jacob Levy: *Psychodrama und Soziometrie*. [Hsg. Jonathan Fox, 2. Aufl., Übs. Martina Gremmler-Fuhr] Edition Humanistische Psychologie: Köln. 2001.

Münz, Rudolf: *Theatralität und Theater Zur Historiographie von Theatralitätsgefügen*. Berlin. 1998.

Nelms, Henning: *Zauberei und Schauspielkunst. Ein Handbuch für Zauberkünstler*. Thun. 2000.

Oberbeck, Stefanie und Karin Hoffmann, Hsg.: *Einführung in den Konstruktivismus Beiträge von Heinz von Foerster, Ernst von Glaserfeld, Peter M. Hejl, Siegfried J. Schmidt und Paul Watzlawick*. Serie Piper Verlag. [10. Aufl., Bd. 5] 2008.

Onfray, Michel: *Anti Freud – Die Psychoanalyse wird entzaubert*. Knaus: München. 2010.

Picon, Daniel: „Optische Täuschungen." In: *Spielen Denken Lernen*. Fleurus Verlag. 2004.

Pinker, Steven: *The Language Instinct: How the Mind Creats Language*. HarperPerennial: New York. 2007.

Pinker, Steven: *The Stuff of Thought: Language as a Window into Human Nature*. Penguin: London. 2008.

Prinz, Armin: „Schamanen als Clown-Doctors / Ein Beispiel von den Azande Zentralafrikas". In: Baumbach, Gerda, Hsg., *Theaterkunst und Heilkunst: Studien zu Theater und Anthropologie*. Böhlau: Köln/Weimar/Wien. 2002. S.195-210.

Provine, Robert R.: *Laughter – A Scientific Investigation*. Penguine Books: New York. 2000.

Randi, James: *The Truth about Uri Geller*. Prometheus Books. [üba. Aufl.] 1982.

Reddy, Vasu: „Getting back to the rough ground: deception and 'social living'". *Philosophical Transactions of the Royal Society B*. 29. April 2007 vol. 362 no. 1480. S. 621-637.

Ritter, Hans Martin: *Sprechen auf der Bühne. Ein Lehr– und Arbeitsbuch*. [1. Aufl.] Henschel: Berlin. 1999.

Rosch, Eleanor: „Cognitive representations of semantic categories." In: *Journal of Experimental Psychology General*. Vol. 104. No.3. 1975. S. 192-233.

Propper RE, McGraw SE, Brunyé TT, Weiss M: „Getting a Grip on Memory: Unilateral Hand Clenching Alters Episodic Recall." In: *PLoS ONE* 8(4). 2013. e62474. doi:10.1371/journal.pone.0062474

Samelson, Peter: *The Patter Debate*.
[http://www.samelsonmagic.com/linkedItems/PatterDebate.pdf] 2008. S. 1-3. [Zugang 17.11.2012.]

Saussure, Ferdinand de: Course in General Linguistics. [Hsg. Bally, Charles und Albert Sechehaye, Übs. Roy Harris] Open Court: Chicago and La Salle, Illinois. 2008.

Schechner, Richard: *Performance Theory*. [üba. u. erg. Aufl.] Routledge Classics: New York. 2003.

Schneider, Jan Georg: „Sprachkompetenz als Sprachspielkompetenz." In: Buss Mareike et. al. (Hsg.) *Theatralität des sprachlichen Handelns. Eine Metaphorik zwischen Linguistik und Kulturwissenschaften*. Wilhelm Fink: München. 2009.

Schopenhauer, Arthur: *Die Welt als Wille und Vorstellung*. [Bd. I u. II] Reclam Verlag. 1987.

Schröder, Peter: *Hobbes: Grundwissen Philosophie*. Philipp Reclam jun., Verlag: Stuttgart. 2012.

Seym, Simone: *Das Théâtre du Soleil Ariane Mnouchkines Ästhetik des Theaters*. J.B. Metzlersche Verlagsbuchhandlung: Stuttgart. 1992.

Silfer, Dennis: *Kokopelli: The Magic, Mirth, and Mischief of an Ancient Symbol*. Gibbs Smith: Layton, Uta. 2007.

Simon, Eli: *The Art of Clowning*. Palgrave Macmillan: New York. 2009.

Stanislawski, Konstantin Sergejewitsch: „Die Arbeit des Schauspielers an sich selbst im schöpferischen Prozess des Erlebens". [6. Aufl. 2 Bde. Bd.1] In: *Die Arbeit des Schauspielers an sich selbst; Tagebuch eines Schauspielers*. Henschel Verlag: Berlin. 2002.

Stanislawski, Konstantin Sergejewitsch: „Die Arbeit des Schauspielers an sich selbst im schöpferischen Prozess des Verkörperns." [6. Aufl. 2 Bde. Bd.2] In: *Die Arbeit des Schauspielers an sich selbst; Tagebuch eines Schauspielers*. Henschel Verlag: Berlin. Verlag, 2002.

Steele, James, Pier Francesco Ferrari and Leonardo Fogassi: „From action to language: comparative perspectives on primate tool use, gesture and the evolution of human language." In: *Phil. Trans. R. Soc. B*. 367. 2012. S. 4-9.

Steele, Margaret: „Adelaide Herrmann and the Society of American Magicians." In: *MUM*. May 2011.

Stein, Murray: *C. G. Jungs Landkarte der Seele – Eine Einführung*. Patmos. [4. Aufl. Übs. Denzel, Siglinde und Susanne Naumann] 2011.

Stout, Dietrich und Thierry Chaminade: „Stone tools, language and the brain in human evolution". In: *Phil. Trans. R. Soc. B*. 2012. 367, S. 75–87.

Süss, Marco: „Der Medizinmann als ‚Jongleur' und ‚Charlatan.'" In: Baumbach, Gerda: *Theaterkunst und Heilkunst: Studien zu Theater und Anthropologie.* Böhlau: Köln/Weimar/Wien. 2002. S. 211-254.

Tamariz, Juan: *Die fünf magischen Punkte.* [Seminar Skript, Übs. Robert Giobbi] Magic Hands: Herrenberg. 1982.

Tarbell, Harlan: *Tarbell Course in Magic.* [Bd.1] New York. 1971-1993.

Taylor, Rogan P.: *The Death and Resurrection Show: From Shaman to Superstar.* Anthony Blond: London, UK. 1985.

Thompson, Jon: *Naked Mentalism.* [1. Aufl.] Lulu.com. 2007.

Tomasello, Michael: *Die Ursprünge der menschlichen Kommunikation.* [Jürgen Schröder, Übs., 2. Aufl.] Suhrkamp Verlag. 2011.

Travis, Carol und Elliot Aronson: *Mistakes Were Made (But Not by Me): Why We Justify Foolish Beliefs, Bad Decisions, and Hurtful Acts.* Houghton Mifflin Harcourt. 2007.

Turner, Victor: *The Ritual Process: Structure and Anti-Structure.* Aldine de Gruyter: New York. 1969/1995.

Watzlawick, Paul, Beavin, Janet H. und Don D. Jackson: *Menschliche Kommunikation. Formen, Störungen, Paradoxien* [11. Aufl.] Huber: Bern. 1969.

Watzlawick, Paul, Hsg.: *Die erfundene Wirklichkeit Wie wissen wir, was wir zu wissen glauben? Beiträge zum Konstruktivismu*s. Piper Verlag. [17. Aufl.]. 2004.

Weihe, Richard: *Die Paradoxie der Maske Geschichte einer Form.* Wilhelm Fink Verlag: München. 2004.

Wiley, Barry H.: *The Georgia Wonder Lulu Hurst and the Secret That Shook America.* Hermetic Press:Seattle Washington. 2004.

Winkler, Gisela und Dietmar Winkler, Hsg.: *Das große Hokuspokus: Aus dem Leben berühmter Magier.* Berlin. 1985.

„Women of Magic" *Magic* (6) 2012, S. 19.